블록체인 거번먼트

블록체인 거번먼트

4차 산업혁명의 물결 _____ 전명산

BLOCKCHAIN GOVERNMENT

모든 정부는 '정보의 인터넷'을 뛰어 넘어 블록체인에 기반한 '가치의 인터넷'을 활용할 역사적인 계기를 맞이하고 있다.《블록체인 거번먼트》는 이러한 전환에 주목한 첫 번째 책이다. 대한민국은 모든 사람들이 이 책을 읽어야 한다는 걸 자랑스러워해야 할 것이다.

돈 탭스콧Don Tapscott

16권의 베스트셀러를 쓴 저자, 최근작으로는
알렉스 탭스콧과 공저한《블록체인 혁명》이 있다.

신뢰에 대한 역사를 기술하기 위해서는 마을 단위의 삶, 문제 해결을 위해 서로 얼굴을 맞대고 협상해야 하던 시절까지 거슬러 올라가야만 한다. 그다음엔 보다 큰 규모의 왕국과 종교에 기반을 둔 제국들이 대부Big Father에 대한 공통적인 두려움을 어떤 식으로 이용해 신뢰를 지속했는지 알아야 한다. 또 그것이 시민 중심의 국가들에서 어떻게 '빅브러더Big brother'가 되었는지에 대해 말해야 한다. 오늘날 우리는 인터넷과 소셜 미디어 그리고 블록체인이 가지는 Peer to Peer의 특성 덕분에 세계적 규모(또한 지역적이기도 한)의 친밀한 '가상 마을'을 형성하고 신뢰를 확장할 수 있는 가능성을 가지게 되었다. 이러한 흐름에서 범용 원장으로서 등장한 '투명한 블록체인'은 공적 권력과 정부에 어떤 영향을 미칠까?

《블록체인 거번먼트》는 이런 질문에서 시작한 책이다. 곧 우리 앞에 다가올 Peer to Peer 세상과 거버넌스의 새로운 모델에 대해 이야기하는 대단히 중요한 책이다.

미셸 보웬스Michel Bauwens

사회활동가, P2P 재단P2P Foundation 창립자이자 이사

'중앙 집중형 서버'를 넘어서

지금으로부터 10여 년 전 토렌트라는 기술이 처음 발표되었을 때, 나는 문득 '저런 기술이 가능하다면 저 위에 인터넷 서비스도 올릴 수 있지 않을까?' 상상했다. 토렌트라는 기술은 비트토렌트, 유토렌트 등 여러 P2P 파일공유 프로그램으로 구현되었다. 이 프로그램들은 인터넷에서 필요한 파일을 찾을 때 자주 사용된다. 토렌트에는 최신 영화부터 음악파일, 포르노 동영상과 책을 스캔한 문서까지 저작권 위반 자료들이 부지기수로 널려 있다. 그래서 저작권으로 돈을 버는 드림웍스, 월트 디즈니, 워너 브라더스 등 글로벌 콘텐츠 회사들이 토렌트를 금지시키기 위해 각고의 노력을 했지만, 결국 토렌트를 막지 못했다. 왜냐하면 토렌트에는 '특정 서버'가 존재하지 않기 때문이다.

정부가 인터넷 서비스를 규제할 때 흔히 사용하는 방법은 서버를 중지시키는 것이다. 그런데 토렌트 파일은 인터넷의 여기저기에 흩뿌려져 있다. 누군가 토렌트에서 파일을 검색해서 다운로드하면 해당 파일을 가진 수십 대에서 수백만 대의 피시들이 자신의 하드에 저장되어 있는 파일 조각을 보낸다. 또 내가 다른 사용자들에게서 파일을 받는 중간에 누군가 같은 파일을 요청하면, 내 컴퓨터는 방금 받은 파일 조각들을 보내기 시작한다. 이 순간 내 피시는 클라이언트(받는 컴퓨터)이면서 동시에 서버(주는 컴퓨터)가 되는 것이다.

이렇게 클라이언트이자 서버로 작동하는 수백만 대의 피시들이 존재하기 때문에, 토렌트를 규제하는 것은 불가능하다. 더구나 토렌트를 설치한 피시는 전 세계에 흩어져 있다. 혹시나 한 나라를 완벽하게 단속한다 해도, 해외 인터넷 접속을 차단하지 않는 한 토렌트 접속을 막을 수 없다. 알다시피 지구상에 소수 국가를 제외한 대부분의 나라는 해외 인터넷을 차단하면 경제 자체가 붕괴한다.

써본 사람들은 알겠지만 토렌트 서비스는 대단히 잘 돌아간다. 사람들이 많이 찾는 동영상이나 음악 파일은 거의 대부분 찾을 수 있다. 종종 정식으로 서비스되지 않는 오래된 영화나 음악도 구할 수 있다. 필자는 상상의 나래를 폈다.

'그렇다면 토렌트처럼 분산된 환경 위에 인터넷 서비스를 올릴 수도 있지 않을까? 그러면 아마도 토렌트를 검열하려고 해도 검열할 수 없는 것처럼, 정부의 검열에도 중지되지 않는 서비스를 만들 수도 있겠지. 언젠가는 그런 날이 오지 않을까?'

물론 이것은 정말 쉽지 않은 일이다. 현존하는 인터넷 서비스들은 99.9999999%가 중앙 서버를 두고 서비스를 제공한다. 네이버든 페이스북이든 구글이든 아마존이든 모두 특정한 공간에 '서버'를 두고 서비스를 제공한다. 그런데 토렌트와 같은 구조에 서비스를 올릴 수 있다면 중앙 서버가 없어도 된다. 그런데 이것은 쉽지 않은 일이다. '파일'과 '서비스'의 차이 때문이다.

파일은 한 시간이 지나도 일주일이 지나도 한 달이 지나도 동일한 파일이기 때문에, 파일 조각이 어디 흩어져 있는지에 대한 정보만 공유하고 있으면 여기저기서 파일 조각을 불러들여 짜맞출 수 있다. 파일들이 쪼개진 순서만 정확하게 맞추어 조합하면 원본 파일과 동일한 파일을 만들 수 있는 것이다.

그러나 서비스는 그렇지 않다. 예를 들어 미국의 비자카드는 초당 1,700번 정도의 거래가 승인된다.[1] 거래가 승인된다는 것은 비자카드가 운영하는 서버의 데이터베이스 값이 바뀐다는 말이다. 한 번의 거래가 승인되기 위해서 변경되어야 하는 값들은 최소 수십 개이기에, 비자카드 서버 안에서는 단순히 거래를 승인하는 작업만으로도 초당 최소 수만 번의 변화가 발생한다. 즉 인터넷 서비스는 파일처럼 고정된 형태로 존재하는 것이 아니라 매 순간 하나의 데이터 조각이라도 바뀌게 마련이다. 이렇게 순간순간 바뀌는 데이터베이스를 분산된 환경의 피시 수천 대에서 서로 동기화하면서 서비스를 제공하는 것은 결코 쉬운 일이 아니다.

그런데 기어이 이런 것을 가능케 하는 기술이 나오고야 말았다.

블록체인을 만나다

2014년 말 어느 때인가. 러시아 출신 10대 천재 프로그래머 비탈리크 부테린Vitalik Buterin이 TV뉴스에 소개되던 장면을 지금도 기억한다. 천재로 알려진 10대 프로그래머가 구글이나 애플 같은 글로벌 IT 기업에 취직한 것이 아니라 '이더리움Ethereum'이라는 새로운 프로젝트를 시작했다는 소식이었다. 인터뷰에서 비탈리크는 분산된 환경에서 서비스를 구축할 수 있는 이더리움을 소개했다. 나는 그 뉴스를 듣고 '드디어 P2P 기반의 인터넷 서비스가 가능해지는가 보다, 찾아봐야지' 하고 흥분했다. 하지만 그러고는 회사 일에 매몰되어 잊어버리고 말았다. 그렇게 지내던 2015년 중반쯤, 언론에서 비트코인과 블록체인을 소개하는 기사를 보게 되었다.

비트코인에 대해서는 여러 번 들어보았지만 블록체인은 정말로 생소했다. 가장 먼저 블록체인이 비트코인의 기반 기술이라는 것과 비트코인이 해킹 불가능한 이유가 바로 블록체인의 독특한 구조 때문이라는 사실이 눈길을 끌었다. 그런데 그것만이 아니라 블록체인이 사회 시스템을 바꿀 것이라는 이야기도 흘러나왔다. 블록체인 기술은 중간 매개자를 없애는 기술이기 때문에, 블록체인이 도입되면 어쩔 수 없이 중간 매개자들이 없어지고 개인들끼리 직접 (Peer-to-Peer, 통상 P2P라는 약어로 쓴다) 상호작용할 것이라는 얘기였다.

그동안 인터넷은 많은 중개자들을 사라지게 만들었다. 단적인 예로 골목마다 보이던 레코드점이나 서점은 이제 찾아보기 힘들 정도다. 그런데 블록체인의 P2P 기술은 중개자의 역할 자체를 없애버린다. 인터넷이 레코드와 서적 판매를 인터넷 서비스 제공자들이 대신하는 방식으로 다수의 중개자들을 소수의 중개자로 대체시켰다면, 블록체인은 그 소수의 중개자마저 소멸시켜버리고 개인이 다른 개인들과 직접 상호작용할 수 있도록 한다. 그런데 그 중개자에는 중간상인, 소매점, 인터넷 서비스 제공 회사들만이 아니라 은행, 증권사, 보험사와 같이 현대 사회에 없어서는 안 될 필수 기관들, 나아가 대국민 서비스를 독점적으로 제공해오던 정부까지도 포함된다. 즉 블록체인 기술은 진정한 의미의 'Peer-to-Peer' 사회를 완성시키는 기술이라는 것이다.

또한 블록체인은 인터넷 위에 또다른 인터넷, 신뢰 네트워크 Trust Network을 구축할 것이라는 전망도 흘러나왔다. 지금까지의 인터넷은 연결하는 것Inter-networking 그 자체에 초점을 두었기 때문에 보안이나 증빙, 악의적인 공격에 취약했다. 그런데 블록체인은 정보의 기록과 관리 부분에서 현존하는 기술로는 위·변조가 불가능하다는 것이 이미 입증되었다. 기존의 인터넷 망이 연결 그 자체를 위한 기반을 제공했다면, 블록체인 기술은 안전하고 신뢰할 수 있는 연결을 보장해준다.

2017년 1월, 위안화가 약세를 보이자 비트코인 가격이 1,200달러(약 160만 원)까지 급등한 적이 있었다. 중국인들이 평가절하되는 위안화를 대신해 경쟁적으로 비트코인을 구매한 것이다. 2017년 3월에는 비트코인 한 개 가격이 금 1온스의 가격을 넘어섰다.[2] 이미 금융 영역에서 비트코인은 금과 비교 대상이 될 정도로 안전자산으로 인정받고 있다는 것을 증명하는 사건이다. 따라서 쉽지는 않겠지만 인터넷 위에 어떤 방식으로든 블록체인 네트워크가 구성된다면 지금보다 훨씬 더 안전한 인터넷이 되리라는 것은 충분히 예상할 수 있다. 게다가 지금의 러시아처럼 한 나라 내에서 비트코인 거래를 불법화한다 해도 비트코인은 사라지지 않는다.[*] 그것은 토렌트와 비슷한 구조로 전 세계에 퍼져 있는 개인들의 피시 위에서 작동하기 때문이다. 비트코인은 블록체인 기술로 화폐 기능만을 구현한 것이다. 같은 원리로 블록체인 위에 서비스를 올릴 수 있다면 국가의 검열에서 자유로운 서비스를 구축할 수 있을 것이다.

이런 기술이 나왔다는 것이 신기할 뿐이었다. 이더리움에 관한 뉴스를 보았던 기억을 문득 되살리며, 과연 어디까지 가능한 것일까 하는 기대감에 블록체인 공개 세미나를 찾아다니고 책을 구해보기 시작했다. PC를 직접 조립해서 이더리움을 직접 '채굴mining'해보기도 했다. 또한 비트코인과 암호 화폐cryptocurrency에 관심 있는 사람들이 모이는 커뮤니티인 땡글http://www.ddengle.com과 카톡방에 가입해, 수년간 암호 화폐와 블록체인을 공부해온 저잣거리의 진짜 고수들로부터 정보들을 주워들었다.

그렇게 나는 블록체인에 빠져들었다.

SF영화도 예견하지 못한 블록체인

블록체인은 정말로 새로운 세계이고, 신기한 기술이다. 사실 지금까지 나온 중요한 기술의 대부분은 SF영화에서 이미 예견되었다. 생명공학, 로봇기술, 인공지능, 우주항공기술 등에 대해서는 소설과 영화에서 수십 년, 수백 년 분량의 발전량을 미리 예측해놓았

■ 중국의 전 인민은행장 L. H. Li는 중국 CCTV와의 인터뷰에서 비트코인을 중지시키는 것은 불가능하다고 말했다. 2013년 중국 정부는 비트코인을 금지하려 했으나 이제는 그것이 불가능하다는 것을 알았다는 것이다. 이제 중국 정부는 비트코인을 중지하거나 금지하는 것이 아니라 규제하는 쪽으로 방향을 잡고 있다. Joseph Young, "We Shouldn't 'Kill' Bitcoin But Regulate: Former Bank of China Governor to CCTV", 〈The Cointelegraph〉, 2017. 2. 15.

다. 그런데 블록체인과 같은 기술은 소설이나 영화에 한 번도 등장한 적이 없다. 불과 10년 전만 해도 예상하지 못했던 기술이 눈앞에 나타난 것이다.

그런데 당장 용어부터 너무 생소했다. 채굴, 분산 어플리케이션DAP, 분산자율조직DAO, 분산자율기업DAC, 작업 증명POW, 지분 증명POS, 페깅Pegging, 멀티시그multi-signature, 퍼블릭 블록체인Pubilc Blockchain, 프라이빗 블록체인Private Blockchain, 사이드체인Side-chain···. 생소한 개념을 쫓아가는 길은 쉽지 않았다. 이런 과정을 통해 비트코인과 이더리움 이외에도 600~700개가 넘는 블록체인 기반의 암호 화폐가 있다는 사실을 알게 되었다. 소액을 들여 암호 화폐에 투자해보며 그 세계를 조금씩 맛보고, 각각의 코인들이 자신만의 장점과 목표 시장을 가지고 있다는 사실도 배우게 되었다.

무엇보다 블록체인을 구성하는 핵심 기술도 여러 가지라는 사실을 알게 되었다. 일반적으로 알려진 블록체인은 비트코인의 기반 기술로 사용된 블록체인이다. '작업 증명Proof of Work'이라고 불리는 이 방식은 에너지 소비가 많고 거래 처리 속도가 느리다는 단점이 있다. 그래서 그 뒤로 이를 개선한 '행위 증명Proof of Activity' 방식, '지분 증명Proof of Stake' 방식, '위임형 지분 증명Delegated Proof of Stake' 방식, BFTByzantine Fault Tolerant 방식, FBAFederated Byzantine Agreement 방식 등 다양한 블록체인 기술이 나왔다. 비트코인에 매료된 개발자들이 비트코인을 사용하고 테스트해보다가 더 나은 방식은 없을까 고민하면서 그 단점을 보완한 새로운 알고리즘들을 개발한 것이다. 이처럼 2008년부터 시작된 암호 화폐의 역사는 불과 10년도 안 되어 1,000개에 가까운 프로젝트가 만들어질 정도로 활성화되었다.

블록체인에 대해 조금씩 알아가면서 필자는 블록체인이 생각했던 것보다 훨씬 더 할 수 있는 일이 많고 가능성이 크다는 것을 알게 되었다. 이미 비트코인은 암호 화폐가 가치를 가진 화폐로 작동할 수 있다는 것을, 그것도 금과 비견되는 안전자산으로 사용될 수 있다는 것을 증명했다. 비탈리크 부테린이 이더리움에 구현하고 있는 '스마트 컨트랙트smart contract'(특정한 조건이 만족되면 자동으로 계약이 실행되는 디지털 계약) 개념은 블록체인이 암호 화폐의 기반 기술을 넘어 응용프로그램 개발 전率 영역에 활용될 수 있는 가능성을 제시했다. 그리고 이제 새로 발표되는 블록체인 프로젝트들은 스마트 컨트랙트 기능을 블록체인의 당연하고 필수적인 기능으로 간주하고, 이를 보다 안전하고 효율적으로 구현하는 방법을 찾기 위해 노력 중이다.

블록체인, '사회적 기술'을 만드는 기술

블록체인에 열광하는 엔지니어들, 학자들은 블록체인이 사회조직 구조를 바꿀 것이라고 말한다. 심지어 블록체인 기술을 기반으로 정부와 국가를 아예 대체할 수 있다는 주장도 있다. 실제로 블록체인을 기반으로 국가의 경계선을 넘어선 사이버 국가를 구축하겠다는 비전을 가진 '비트네이션'[3]이라는 프로젝트가 존재한다. 필자는 그 정도까지는 아니더라도, 현재 정부의 기능들 중 상당 부분, 즉 관료제가 처리하는 일들의 상당 부분을 블록체인 기반의 시스템이 대체할 것이라고 생각한다. 그리고 이를 통해 지금보다 훨씬 더 투명하고 효율적인 정부를 만들 수 있을 것이라고 생각한다.

이게 도대체 무슨 말이냐고 의문을 제기하는 사람들이 많을 것이다. 블록체인은 그냥 안전한 암호 화폐를 만들어주는 기술 정도가 아니냐고, 그것이 사회조직과는 무슨 관련이 있느냐고, 어떻게 기술이 사람이 직접 움직이는 조직을 대체할 수 있겠냐고. 당연한 질문이다. 그런데 이미 그러한 작업들이 한창 진행되고 있다.

한국도 예외는 아니다. 이 책을 쓰기 시작한 2016년 말, 한국조폐공사가 블록체인 기술을 도입하겠다고 발표했다.[4] 블록체인 기반의 모바일 신분증을 만들어 기존의 주민등록증이나 여권, 운전면허증 등을 대체하겠다는 것이다. 이에 앞서 2016년 6월 서울시는 자체적으로 발행하는 디지털 화폐 'S코인'을 발행하는 데 블록체인 기술을 활용한다고 발표했다.[5] 행정자치부는 블록체인을 활용하는 방법을 연구하기 위한 연구용역을 발주했고, 한국은행은 직접적으로 블록체인 관련 서비스나 시스템 개발 계획을 발표하지는 않았지만 꾸준히 블록체인 기술을 연구하고 동향을 발표하고 있다.[6] 새누리당을 탈당한 남경필 경기도지사는 블록체인 기술을 기반으로 직접민주제 시스템을 도입한 정당을 만들겠다고 공언했다. 한국도 그럭저럭 세계적인 트렌드를 쫓아가고 있는 것으로 보인다.

그런데 다른 나라들은 이미 저만치 달려가고 있다. 이 책의 1장에서 자세하게 살펴보겠지만, 이미 많은 나라 정부들이 크고 작은 블록체인 프로젝트들을 구현하기 시작했다. 에스토니아는 국민들의 신분 증명을 위한 전자시민권 발급에 블록체인 기술을 도입하고 있으며, 블록체인 기반의 전자투표 시스템을 구축하고 있다. 우크라이나는 투표 관리 시스템에, 온두라스는 토지대장 관리에 블록체인 기술을 끌어들이고 있다.

세계 주요국들도 예외가 아니다. 미국은 의료정보 기록 및 공유에 블록체인 기술을 활용할 예정이며, 영국은 공공 서비스에 블록체인 기술을 적용하기 위한 연구 개발을 추진 중이다. 중국은 정말 놀랍게도 10년간 33조 원을 들여 소도시 하나에 블록체인 인프라를 깔고 블록체인 기술을 실험하겠다는 계획을 발표했다. 이외에도 전 세계 약 30여 개 나라에서 100여 개 가까운 프로젝트들이 진행되고 있다. 이 책의 1장에서는 현재 각국 정부들이 진행하고 있는 블록체인 프로젝트들을 자세하게 살펴볼 것이다.

그렇다면 블록체인이라는 기술은 도대체 어떤 성격을 가지고 있기에 많은 나라들이 블록체인 프로젝트에 앞다투어 뛰어들고 있는 것일까? 이를 이해하기 위해 2장에서는 블록체인이 사회조직과 직접적으로 관련된 기술, 즉 '사회적 기술' 성격을 강하게 가지고 있다는 것을 밝히고, 그것이 가지는 의미를 집중적으로 살펴본다. 기술은 크게 두 가지 종류가 있다. 하나는 우리가 통상적으로 '기술'이라는 용어를 사용할 때 의미하는 그것, 즉 "공학적 지식과 과학적 지식을 동원하여 사물을 변화시키거나 변형시키는 방법"이다. 그리고 이와는 또다른 유형의 기술이 존재하는데, 바로 '사회적 기술'이 그것이다.

사회적 기술이란 사회의 구조, 시스템, 사회관계, 개인들의 상호작용 등에 직접적으로 영향을 미치거나 혹은 이것들이 작동하는 데 있어 기반이 되는 기술을 가리킨다. 개인과 개인, 개인과 집단 또는 집단과 집단의 상호작용을 매개하는 기술이라면 모두 사회적 기술이라고 할 수 있다. 이를테면 우리가 일상적으로 사용하는 문자, 카카오톡 혹은 소셜네트워크서비스 등이 '사회적 기술'에 속한다.

블록체인이 사회조직을 바꿀 것이라고 보는 이유는 기존의 사회적 기술들이 담당하고 있던 역할을 블록체인 기반의 기술로 대체할 수 있기 때문이다. 블록체인이 가진 사회적 의미, 사회적 영향을 충분히 검토하기 위해 2장에서는 '사회적 기술'이라는 개념을 조금 깊게 검토할 것이다.

블록체인, 관료제를 대체하다

새로운 기술이 도입된다는 것은 그리 간단한 일이 아니다. 기술이 개인들을 매개한다는 것은 개인들이 '기술이 정해놓은 방식대로'(!) 상호작용한다는 것을 의미하기 때문이다. 즉 기술은 개인들이 상호작용할 수 있도록 해주는데, 단지 '그 기술이 허용하는 특정한 방식'으로만 상호작용하도록 강제한다. 이것은 기술이 개인들의 행동을 구속하는 강제력을 지니고 있음을 의미한다.

특히 지금 시대에 기술의 강제력은 가벼이 넘길 수 있는 성격의 것이 아니다. 이미 한국 사회는 '빅데이터' 그리고 빅데이터에 결합된 인공지능에 기반을 둔 자동화된 '알고리즘 사회'로 이동하고 있다. 알고리즘 사회란 알고리즘의 강제력이 사회 전반에 일반화된 사회를 의미한다. 알고리즘이 내장된 프로그램 코드는 단순히 소프트웨어 언어로 만들어진 문자열의 집합이 아니라, 그 지긋지긋한 공인인증서처럼 개인들의 행동 방식과 상호작용 방식을 구체적으로 제한하는 강제력을 그 안에 내포하고 있다. 그래서 '코드는 법Code is Law' 또는 '법으로서의 코드Code as Law'라는 명제가 제출된다.

블록체인 역시 소프트웨어로 구현된 알고리즘이다. 특히 블록체인의 가장 큰 잠재력으로 이야기되는 스마트 컨트랙트기능은 '이 조건이 만족되면 이 계약을 실행하라'는 조건을 담을 수 있다. 즉 코드 자체가 강제력을 가지고 있으며(해킹이나 위·변조가 불가능한 블록체인의 특성 때문에) 그 조건이 만족되면 그것이 '반드시 실행되는 강제성'을 갖고 있다. 바로 이러한 특징 때문에 블록체인이 관료제를 대체할 수 있다는 것인데, 이것을 제대로 이해하기 위해서는 '코드(소프트웨어)가 법'으로 작동하는 메커니즘을 이해해야 한다. 이 책의 3장에서 다룰 내용이다.

4장에서는 관료제의 특징을 분석한다. 기존에 관료제에 대한 논의는 그것의 비인간성·비효율성과 같은, 너무 도덕적이고 정서(감정)적인 측면만을 분석해왔다. 관료제를 비인간적인 도구로 간주하거나 혹은 효율성이라는 측면에서만 바라보게 되면 왜 사회 내에서 관료제가 발생했고, 그렇게 많은 비판에도 불구하고 수천 년 동안 관료제가 인간 사회와 함께해왔는지를 제대로 파악할 수 없다. 또한 이러한 시각은 관료제가 사회 내에서 담당했던 역할을 제대로 보지 못하게 함으로써, 지금까지 관료제가 맡아왔던 역할이 앞으로 어떻게 변화될 것인지에 대해 제대로 보지 못하게 한다.

필자는 관료제를 '정보처리 기계'로 정의하고자 한다. 즉 관료제는 특정한 공동체 내에서 필요한 정보를 유통시키고 처리하는 역할을 전담하는 사회적 기술이다. 블록체인 기술은 그 자체가 정보를 저장하고 처리하는 역할을 하면서도 안전성과 위·변조 불가능성을 확보하고 있기 때문에 관료제를 대신하는 적확한 기술이 될 수 있다. 더 나아가 블록체인 기술은 기존 정부가 하던 일의 상당 부분을 훨씬 더 안전하고 효율적으로 처리할 수 있도록 해준다. 필자는 이렇게 정부가 처리하는 일들의 핵심적인 도구로 블록체인 기술을 사용하는 정부를 '블록체인 거번먼트' 혹은 '블록체인 정부'라고 부를 것이다.

만약 블록체인 정부와 비슷한 것들이 현실화된다면, 우리 사회는 진정 혁명과도 같은 변화를 겪을 것이다. 5장에서는 블록체인 혁명의 구체적인 내용이 무엇인지 그리고 블록체인이 도입되면 사회에 어떤 변화가 일어날지 살펴본다. 나아가 왜 블록체인이 관료제를 대체할 수밖에 없고, 대체해야 하는지 살펴볼 것이다.

6장에서는 기존의 정부 프로세스를 블록체인 기반으로 변경할 때 견지해야 할 원칙들 그리고 비교적 빠르게 할 수 있는 프로젝트들을 제시하고자 한다. 또한 단지 정부의 기능만이 아니라, 블록체인 기술을 활용하여 우리의 삶이 어떻게 변화될 수 있는지에 대해 다소간의 상상력을 동원하여 보여줄 것이다.

블록체인으로 그리는 미래

물론 블록체인은 만능이 아니다. 아직 초창기 기술이고 해결해야 할 기술적·정책적 난제들이 많다. 그래서 이 책의 마지막 장에서는 블록체인 기술이 가진 현재의 문제점 그리고 풀어야 할 과제들을 확인하고자 한다. 블록체인이 고난이도 기술인 것만은 분명하지만, 그렇다고 단순히 기술만으로 구성되지는 않는다. 블록체인이라는 기술은 상당히 독특해서, 해킹이 되지 않는 알고리즘과 더불어 개인들의 직접적인 참여, 그 참여를 유도하는 인센티브 구조, 시스템을 악용하려는 악의적인 사용자들을 구조적으로 배제할 수 있는 정책들이 잘 버무려져야 성공적으로 구축될 수 있다.

이 세계를 전혀 모르는 사람들이 보기에는 필자가 제시하는 여러 가지 가상의 상황들이 현실성 없는 상상으로 보일지도 모르겠다. 그런데 지금 블록체인의 세계는 1994년이나 1995년쯤의 인터넷 초창기와 비슷하다. 아니, 오히려 더 시간을 거슬러 올라가 현재 인터넷의 기반 기술인 TCP/IP 프로토콜을 만들던 시점과 비슷하다는 평가도 있다. 그만큼 블록체인이 초기 단계의 기술이라는 의미다. 그 시점에 아마존과 구글과 페이스북과 트위터와 토렌트 같은 것들이 등장할 것이라고 상상한 사람들은 극소수에 불과했다. 엄청난 상상력들이 현실화될 수 있는 공간이 다시 한 번 열리고 있는 것이다.

그런 의미에서 필자는 다소 무리수를 두더라도, 블록체인과 관련된 상상을 약간만 절제하고 그대로 펼쳐보기로 했다. 판단은 독자들의 몫이겠지만, 필자의 현실성 없는 상상이 보다 더 현실성 있는 누군가의 상상력을 자극하고 그것이 현실의 실험으로 이어진다면, 몽상가라고 비난을 좀 받아도 괜찮을 것 같다. 어차피 가야 할 방향이라면, 비록 정답이 없더라도 좌충우돌하면서 빨리 가는 것이 차라리 나은 방법일 것이다. 만약 이 책이 우리가 어차피 해야 할 것들을 재촉하는 촉진제가 된다면 필자로서는 더할 나위 없이 보람찰 것이다.

이 책을 쓰면서 많은 사람들로부터 도움을 받았다. 가장 먼저 블록체인OS의 경영진에게 감사를 표하고 싶다. 블록체인OS는 한국에서 거의 유일하게 암호 화폐를 직접 개발·발행하는 프로젝트를 진행하고 있는 블록체인 기술 전문회사다. 블록체인OS에서 1년에 걸쳐 매주 진행한 공개 세미나는, 기술에 무지했던 필자가 블록체인을 공부하는 데 큰 도움이 되었다. 이 책 곳곳에는 그 세미나에서 듣고 토론했던 내용들이 다양하게 녹아 있다.

또한 필자는 2017년 블록체인OS에 결합해서 한국 최초의 글로벌 코인을 발행하는 보스코인BOScoin 프로젝트에 참여하고 있다. 필자에게 이런 기회를 준 박창기 의장, 김인환 대표, 최용관 이사, 최예준 CTO, 홍성호 이사에게 감사의 말씀을 전한다. 뜻하지 않게 이 프로젝트에 참여하게 되면서 필자는 블록체인 기술에 대해 더 깊이 이해할 수 있게 되었다.

한국에서 수년 전부터 선도적으로 비트코인과 블록체인 그리고 암호 화폐를 탐구해온 '거리의 고수'들이 모여 있는 카톡방에서도 정말 많은 것을 배웠다. 특히 필자에게 많은 가르침을 베풀어준 강철멘탈 님, 박상진 님, 류 님, 이선무 님, 조제리 님, 현 님, HQ 님께 감사드린다. 특히 강철멘탈 님은 아마도 한국인으로서는 거의 유일하게 사토시 나카모토와 게시판에서 대화를 해본 분일 것이다. 그래서인지 그를 볼 때면 고승의 제자를 만나는 느낌이 든다.

　블록체인 전문가 한승환 님도 빼놓을 수 없다. 한승환 님은 블록체인에 대한 해박한 지식으로 필자가 어렴풋이 오해하고 있는 기술들의 개요와 현황을 바로잡는 데 큰 도움을 주었다. 아울러 2016년 필자가 이더리움 블록체인을 처음 채굴해보는 과정에서, 여건을 마련해준 권오현 전 유에프오팩토리 대표(현 슬로워크 공동대표)와 동료 직원들에게도 감사의 말씀을 전한다.

　또한 이 책의 초고를 검토해준 분들이 있다. 블록체인OS의 박창기 의장님은 블록체인에 대한 새로운 해석이라며 출판을 독려해주셨고, 김인환 대표님과 스타닥의 김무근 CTO님은 이 책이 빨리 나왔으면 좋겠다고 격려해주셨다. 최용관 이사님과 최예준 CTO님은 기술적인 측면에서 필자가 마구 펼친 상상의 나래들이 어렵겠지만 불가능하지는 않다는 피드백을 주었다. 특히 최용관 이사님은 최민오 님과 함께, 최근 출판된《블록체인 혁명》의 저자 중 한 명인 돈 탭스콧 그리고 P2P 재단의 미셸 보웬스에게 연락하여 추천사를 받는 과정에 큰 도움을 주었다. 이 자리를 빌어 깊은 감사의 말씀을 전한다. 나의 오랜 친구 김진욱 님, SK커뮤니케이션즈 연구소에서 만나 지금까지 인연을 이어오고 있는 개발자 백정훈 님, 싸이월드 음악서비스팀에서부터 10년 가까이 IT 산업에서 같이 일을 하고 있는 김종현 님, 필자를 알마 출판사에 소개해준 임태훈 박사님, 필자의 정신적인 멘토이자 이론과 현장을 경험을 두루 겸비하신 사물인터넷 분야의 최고 전문가 이상길 선생님 그리고 처음 인연을 맺은 이후부터 필자의 집필 작업을 끊임없이 격려해주시는 대구경북과학기술원DGIST의 윤진효 교수님에게도 감사드린다. 이분들의 논평과 격려는 이 책을 잘 마무리하는 데 큰 도움이 되었다.

끝으로 부족한 표현과 글틀을 다듬어 예쁜 책으로 만들어주신 알마 출판사에 깊은 감사의 마음을 전한다. 편집 과정에서 전달해주신 여러 가지 의견들은 이 책의 질을 한 단계 더 높이는 데 큰 도움이 되었다.

이 책이 나올 수 있도록 도와주신 많은 분들께 블록체인 기술이 한국 사회에 제대로 쓰이도록 하여 보다 나은 사회를 만드는 데 일조하는 것으로 보답하고자 한다.

강변북로를 지나는 좌석버스에서

2017년 3월 전명산

차례

1

정부, 블록체인을 만나다

블록체인과 미래의 정부

블록체인은 불과 1년 전만 해도 소수의 마니아들에게나 알려진 변방의 기술이었지만, 이제는 OECD나 세계은행, 세계경제포럼 등에서 '미래의 4대 기술' 혹은 '미래의 10대 기술'을 언급할 때 빠지지 않는 핵심 기술이 되었다. 다보스포럼은 2016년 포럼에서 2027년 전 세계 GDP의 10%가 블록체인에 보관될 것이라고 예상했다. 평균 10%이니 빠른 곳은 20~30%를 넘어설 것이다. 이제 불과 10년 남은 시점이다. 더불어 블록체인을 정부 시스템에 사용하자는 주장도, 처음에는 굉장히 낯선 주장처럼 들렸지만 이제는 정설이 되었다. 또한 2017년 3월 G20에서는 'G20이 경제적 탄력성, 금융 포용성, 과세, 무역 및 투자, 고용, 기후, 보건, 지속 가능한 발전 및 여성 능력 강화와 같은 핵심 영역에서 정책 목표를 달성하기 위해' 블록체인 기술 활용을 위한 결정적인 조치를 취해야 한다고 발표했다. 블록체인 기술이 제대로 된 정부의 역할을 수행하는 데 상당한 도움이 될 수 있다고 판단한 것이다. 정부 영역에서 블록체인 기술을 채택하는 속도는 예상보다 훨씬 빠르게 진행 중이다.

블록체인과 정부(정부 시스템)는 언뜻 보면 별 연관성이 없는 것 같지만, 사실 이보다 더 궁합이 잘 맞는 조합도 드물다. 영국 과학부의 최고과학고문인 마크 월포트는 2015년 12월, 〈분산원장 기술: 블록체인을 넘어서〉라는 보고서를 발표했다.[1] 이 보고서는 블록체인을 단순히 비트코인의 기반 기술로만 볼 것이 아니라, 정부 행정 시스템에 적극적으로 도입해야 한다는 내용을 담고 있다. 이 보고서는 정부가 블록체인 기술을 도입하는 데 있어 비전과 리더십을 보여주고 정부의 각 부처들이 블록체인 기반 분산원장 기술을 활용할 수 있도록 플랫폼을 제공해야 한다고 권장하고 있다.[2]

특히 보고서에서 영국 정부는 "블록체인은 대헌장Magna Carta을 새로 창조하는 것만큼이나 중차대한 사건으로 기록될 만큼 그 영향력이 지대할 것"이라고 전망했다. 이는 블록체인이 산업적 기초를 다시 다질 수 있을 만큼 중요한 기반 기술이라는 의미다.[3] 또한 영국 중앙은행인 잉글랜드은행은 국내총생산GDP의 30%에 해당하는 정부 채권을 '블록체인 보안 기술blockchain security technology' 기반 디지털 화폐로 발행하면 다양한 장점이 있을 것이라는 보고서를 발표했다.[4] 실질이자율 하락, 조세 왜곡 개선, 거래비용 감소 등의 효과로 GDP가 영구히 3% 늘어나고, 중앙은행의 경기 안정 기능 또한 높아질 것이라는 내용이었다. IBM은 2018년에 전 세계 10개국 중 9개국이 블록체인 프로젝트를 진행할 것이라고 예상하고 있다.[5]

이보다 더 놀라운 소식도 있다. 중국의 메이저 자동차 업체인 완샹그룹이 만든 비영리 연구소인 '완샹 블록체인 연구소'[6]는 2016년 9월, 항저우에 인구 규모 약 9만 명의 블록체인 기반 스마트 시티를 개발하겠다고 발표했다.[7] 10년간 총 33조 원을 들여 도시의 인프라 전체를 블록체인에 연결하고, 완전히 새로운 도시 구조를 만들겠다는 것이다. 이 블록체인 인프라에는 출생 및 사망과 관련된 개인 신원 관리, 결제 처리, 사물인터넷 기기 간 통신, 문서 관리, 투표 등 거의 전 분야에 블록체인 기술이 적용될 예정이다.[8]

진정 블록체인 기술은 자산 관리, 공공기록물 관리, 공공 서비스, 정책 투표, 거버넌스■ 문제 해결 등 정부 행정과 관련된 여러 가지 분야에 적용될 수 있는 최적의 기술이다. 필자는 이 책에서 왜 블록체인과 정부의 조합이 환상적인 궁합인지 실질적인 사례와 이론적인 근거를 들어 구체적으로 보여주고자 한다. 또한 블록체인으

■ 거버넌스governance란 우리말로 번역하기 쉽지 않다. 거버넌스라는 단어에는 주도권을 가진 누군가가 전제되어 있지 않다. 흔히 '협치'라고 번역하지만, 협치란 단어 역시 정부나 국가를 중심에 둔 뉘앙스가 있기 때문에 이 역시 번역어로 적합하지 않다. 필자의 판단에 가장 가까운 의미는 '합의 구조' 혹은 '의사결정 시스템'이 아닐까 싶다.

로 정부 시스템을 재구조화하는 것이 기술적으로 가능한 일일 뿐만 아니라 사회적·경제적으로도 어떻게 이득이 되는지, 나아가 이러한 변화가 왜 필연적으로 일어날 수밖에 없는지를 제시할 것이다.

그럼에도 불구하고, 블록체인은 워낙 생소한 기술이다. 수많은 SF영화들이 수학, 양자물리학, 천문학, 항공우주학, 생물학, 유전공학, 생명공학, 컴퓨터 사이언스 등 최신의 학문들을 바탕으로 수십 년에서 수천 년 후 미래의 모습까지 그려놓았다. 물론 이들 중 상당 부분은 다소 과장된 상상의 산물이지만, 대단히 엄밀한 과학적 검증을 기반으로 제작되는 영화들도 많다. 이런 영화들 덕분에 우리는 미래 사회에 나타날 기술들에 대해 비교적 익숙하다. 외계생명체, 우주전쟁, 인간을 능가하는 로봇, 인간이 만들어낸 돌연변이 생명체, 타임머신을 타고 온 미래 인간….

그런데 그 어떤 영화에서도 블록체인과 비슷한 기술이 소개된 적은 없었다. 즉 이 기술은 기상천외한 상상력을 시각화하는 영화인들조차도 상상하지 못했던 기술이다. 따라서 이 기술의 구조를 이해하는 것도 쉽지 않거니와, 이 기술을 어떻게 활용할 수 있을지 상상하는 것 역시 쉽지 않다.

그래서 1장에서는 먼저 블록체인이 무엇인지 개관하고, 각국 정부들이 블록체인 기술을 어떻게 활용하고 있는지 그 현장을 살펴보려 한다.

블록체인이란 무엇인가?

블록체인 기술을 이해하는 것은 결코 쉽지 않다. 그것은 블록체인이 최신 암호알고리즘과 독특하고 복잡한 구조로 되어 있기 때문이기도 하지만, 우리가 일상적으로 접하던 기술과는 상당히 다른 철학으로 구현되어 있기 때문이다. 그래서 기존의 서버-클라이언트 방식 구조를 잘 이해하고 있는 개발자들이 블록체인을 보고 오히려 더 이해가 안 간다고 어려움을 호소하는 경우가 많다. 개발자가 아닌 일반인들이 블록체인을 이해하기 위해서는 다음의 4가지만 기억하면 된다. 첫 번째는 블록, 두 번째는 체인, 세 번째는 똑같은 복사본, 네 번째는 블록체인 위에 올라가는 프로그램. 앞의 두 개는 블록체인을 그대로 따온 것이니 뒤의 두 개만 추가로 기억하면 될 것이다.

1)블록: 비트코인 블록체인을 들여다보면 하나의 폴더 안에 엄청난 개수의 파일이 들어 있다. 이 파일들은 대략 10분에 1개씩 만들어져서 2017년 3월 기준으로 파일의 개수는 총 45만 개 정도에 이른다.[*] 이 각각의 파일들이 하나의 블록이다. 이 블록 안에는 해당 블록이 몇 번째 블록인지를 나타내는 순서값, 블록이 만들어진

---

[*] 비트코인 블록체인의 기본 정보에 대해서는 http://bitcoincharts.com/bitcoin/를 참고하라.

시간 등 여러 가지 정보가 담겨 있고 특히 10분 동안 거래되었던 거래 내역이 담겨져 있다. 즉 특정한 시간 동안 거래된 거래내역과 관련정보들을 묶어서 하나의 파일로 만든 것을 '블록'이라고 부른다.

2)체인: 그런데 이 블록들은 각각의 파일로 분리되어 있지만, 구조적으로는 연결되어 있다. 즉 1001번째 블록을 만들 때 1000번째 블록의 정보를 섞어서 암호화하는 것이다. 다시 말하면 1000번째 블록의 정보가 1001번째 블록을 만들 때 하나의 구성요소로 들어가는 것이다. 1001번째 블록의 정보는 1002번째 블록을 만들 때 사용된다. 그래서 1000번째, 1001번째, 1002번째 블록들은 서로 다른 파일이지만, 보이지 않는 끈으로 연결되어 있다. 이 끈을 체인이라고 부른다. 블록체인이란 서로 연결되어 있는 파일들의 묶음인 것이다.

여기서 블록체인만의 독특한 안전장치가 만들어지는데, 그것은 만약 누군가 의도적으로 1001번째 파일을 변경하면 그 파일은 앞뒤 파일과 연결된 고리가 없기 때문에 문제가 있는 파일이라는 것을 쉽게 확인할 수 있다는 점이다.■ 또한 블록체인은 각 개인들의 컴퓨터에 동일한 복사본을 저장하고 있으므로, 만약 어떤 파일이 다

■　보다 자세한 과정에 대해서는 http://hanmomhanda.github.io/2016/01/23/BlockChain-%EA%B8%B0%EC%B4%88-%EA%B0%9C%EB%85%90/를 참조하라.

른 수천 개의 블록체인에 저장된 1001번째 파일과 다르다는 것이 확인되면 자동으로 원래의 파일로 교체된다. 따라서 블록체인에서 일시적인 파일의 위·변조는 가능해도 블록체인 전체를 변경하는 것은 거의 불가능하다.

　3)수천 개의 복사본: 세계사에 유례없는 역사 기록물인 조선왕조실록은 똑같은 문서가 총 4군데에 나누어져 보관되어 왔다. 그것은 혹시나 불이 나거나 도난을 당하거나 혹은 누군가 의도적으로 훼손해서 기록이 유실되는 것을 방지하기 위한 것이었다. 블록체인 역시 이와 동일한 구조를 가지고 있다. 즉 해당 블록체인에 참여하는 개인들의 컴퓨터(이것을 '노드node'라고 부른다)에 똑같은 파일들이 보관된다. 그렇게 쌓인 블록들이 1000개라고 치면, 그다음에는 누군가 가장 최근에 거래된 거래내역을 묶어 1001번째 블록을 만든다. 비트코인 블록체인은 가장 먼저 블록을 만든 사람에게 인센티브로 비트코인을 주기 때문에 모든 노드들이 가장 먼저 새로운 블록을 만들기 위해 경쟁한다. A노드가 새로운 블록을 만들면 A노드는 블록 생성에 따른 인센티브를 받기 위해 즉시 이 블록을 다른 노드들 B, C, D…에 전파한다. A노드가 만든 1001번째 블록이 B노드에 전달되면, B노드는 1001번째 블록을 만들던 작업을 중지하고 전달받은 1001번째 블록을 자신이 보관하고 있는 1000번째 블록과 비교해서 문제가 없는지 검사해 문제가 없으면 1001번째 블록으로

저장한다. 저장한 후에는 또 그것을 다른 노드에 공유한다. 이 과정이 반복-이것을 '블록 동기화Block synchronization'라고 부른다-되면 어느 순간 모든 노드들이 동일한 원본을 갖게 되는 것이다. 여기에는 진본과 사본의 구분이 없다. 조선왕조실록이 진본과 사본이 없는 것과 마찬가지로 모든 노드들이 모두 똑같은 진본을 보관한다. 그래서 블록체인을 네트워크에 연결된 모든 노드들이 똑같은 거래 정보를 저장하고 있는 거대한 분산원장 혹은 분산장부Distributed Ledger라고 부른다.

만약 누군가 오류가 있는 1001번째 블록을 보낸다면? 그 블록을 받은 노드는 그것을 자신이 가지고 있는 그 이전의 블록과 비교해보고 틀린 부분이 있다는 것을 확인한 후 저장하지 않는다. 즉 오류가 있는 블록은 더 확산되지 않는 것이다. 대신 다른 노드들이 보낸 문제가 없는 1001번째 블록을 저장한다. 이렇게 함으로써 블록체인의 무결성(오류 없음)이 확보되는 것이다. 만약 거의 비슷한 시간에 A와 B노드가 동시에 블록을 생성했다면 어떻게 될까? 이럴 경우에는 가장 먼저 전체 노드의 51%에 저장된 것이 진본으로 확정되고, 51%를 확보하지 못한 블록은 버려진다.

4)블록체인 위에 올라가는 프로그램: 이러한 과정을 통해 분산원장이 지속적으로 업데이트된다. 이 분산원장에는 데이터가 기록되기 때문에 이것은 마치 데이터베이스와 비슷한 기능을 할 수 있

다. 더구나 이 안에 저장된 정보는 사실상 위·변조가 불가능하기 때문에, 블록체인 기술은 위·변조되면 안 되는 중요한 정보를 담는 도구로 사용될 수 있는 것이다.

여기까지 오게 되면 블록체인의 활용처가 갑자기 확 늘어난다. 비트코인은 블록체인에 화폐 거래내역을 담는데, 이 대신 공문서, 개인정보, 의료정보, 송장, 부동산 등의 자산 정보, 상거래 정보, 원산지 정보, 투표 내역 등을 담는 것이 가능하기 때문이다. 애초 블록체인은 비트코인의 기반기술로 세상에 출현했지만, 그 방대한 활용성을 확인하고 난 시점에서 보면 비트코인이 블록체인을 응용해서 만들어진 수많은 응용서비스 중 하나가 되는 것이다.

그런데 블록체인 기술은 여기서 한걸음 더 나아간다. 비트코인의 블록체인에 거래내역을 저장한 것과 동일하게, 부동산의 소유권이 A에서 B로 이동한 정보도 저장할 수 있을 것이다. 여기에 적절한 프로그램 기법을 동원한다면, 'B가 A에게 약속된 금액을 지급한 것이 확인되는 즉시 부동산 소유권자를 A에서 B로 변경하고 이것이 블록체인에 자동으로 저장되도록 하는 서비스'를 구현할 수 있다. 스웨덴 정부가 현재 테스트하고 있는 블록체인 기반 서비스로, 뒤에서 살펴보게 될 것이다.

이것은 바로 이더리움이라는 블록체인이 제시한 스마트 컨트랙트Smart Contracts라는 개념이다. 이더리움은 데이터베이스처럼 사용될 수 있는 블록체인의 특성을 활용하여 특정한 조건이 만족될 때 관련된 정보들이 블록체인에 자동으로 기록될 수 있도록 만든, 블록체인 기반 응용 서비스 개발 플랫폼이다. 즉 이더리움은 프로그램 가능한 블록체인을 구축해서 누구나 사용할 수 있도록 만든 것이다. 이더리움이 등장함으로써 블록체인의 활용성은 폭발적으로 증대되었다. '블록체인 정부'와 같은 원대한 프로젝트가 가능한 이유는 이와 같은 프로그램 가능한 블록체인 기술이 개발되었기 때문이다.

블록체인은 상당히 복잡한 기술이지만, 위의 네 가지만 기억하면 기본적인 구조 및 활용성을 이해할 수 있을 것이다.

지금부터 블록체인 서비스 개발 기술을 활용하여 각국 정부들이 실제로 사용하고 있는 서비스들 혹은 실험 중인 서비스들을 살펴보자. 블록체인 기술이 본격적으로 언론에 다루어지기 시작한 것이 불과 2년 남짓인데, 그 사이에 100여 개에 가까운 정부 프로젝트들이 진행되고 있다. 각국이 현재 구축했거나 구축하고 있는 블록체인 활용 사례들은 한국이 블록체인 기술을 어떻게 사용할 수 있는지에 대한 훌륭한 사례를 제공한다.

에스토니아: 공공 블록체인의 프런티어

세계적으로 공공 영역에 블록체인을 활용하는 선두주자를

꼽으라면 에스토니아를 들 수 있다. 에스토니아는 발트해 연안에 있는 작은 나라로 한때 나치 독일에 점령되었다가 1991년 소련 연방이 해체되면서 독립한 신생국가다. 인구는 131만 명으로 서울시보다 훨씬 적다. 우리에게는 잘 알려져 있지 않지만 에스토니아는 꽤 일찍부터 디지털 기반의 공공 서비스를 구축해왔다. 소련연방에서 독립하면서 새로운 국가 설립의 도구로 디지털 기술과 인터넷에 주목한 것이다. 그리고 지금은 기존에 구축된 시스템에 블록체인 기술을 접목하는 작업을 하나둘씩 실행에 옮기고 있다.

에스토니아는 1997년부터 디지털 정부를 구축하는 계획을 시작했고, 2001년에는 정부 각 기관과 민간 부문이 함께 사용하는 엑스로드X-Road라는 분산형 데이터베이스 시스템을 도입했다. 2002년에는 세계에서 최초로 전자신분증 이–아이디e-ID을 도입했고, 인구밀집 지역에는 무료 와이파이 망을 설치했다. 2005년에는 전 세계에서 최초로 전자투표를 도입했다. 이러한 과정을 통해 에스토니아에서는 전자투표나 전자 세금 처리, 전자경찰, 전자 의료보험, 인터넷뱅킹, 전자 스쿨 등이 일반화되어 있다.[9] 전 세계에서 가장 빠른 속도로 IT 기술을 행정 서비스에 적용하여 이 영역의 프런티어가 된 것이다. 사회 및 정부 행정의 각 영역에 IT 기술을 활용하는 측면에서는 한국도 프런티어 그룹에 속하지만, 에스토니아에 비하면 한참 뒤처져 있다. 현재 에스토니아가 이미 구축했거나 혹은 개발 중인 블록체인 기반 행정 프로젝트들은 다음과 같다.

엑스로드

에스토니아는 2001년부터 정부 기관, 지방 정부, 민간 영역이 연결된 '엑스로드'라는 분산형 데이터베이스 망을 구축하기 시작했다. 그리고 2003년에는 모든 정부 기관이 엑스로드에 연동되도록 하는 법을 통과시켰다. 이러한 과정을 거쳐 현재는 219개의 개별 데이터베이스와 939개의 기관이 연결되어 있고, 정부와 민간 부분을 포함해 1,723개의 서비스가 엑스로드에 연동되어 있다.[10]

엑스로드는 분산형 데이터베이스로 구축되어 있다. 정부의 모든 데이터가 한곳에 모여 있는 중앙 서버를 두지 않고, 각 기관이나 기업이 실제 사용하고 있는 데이터베이스들을 서로 연결한 것이다. 애초 분산형 데이터베이스가 도입된 것은 전략적 선택이라기보다는 대당 수억에서 수십억 원을 호가하는 중앙 집중형 서버를 도입할 비용이 없었기 때문이라고 한다. 그런데 그 선택이 결과적으로 더 안전하고 효율적인 시스템을 만들 수 있도록 한 것이다.[11]

엑스로드는 에스토니아에서 제공하는 디지털 서비스의 백본backbone(소형 회선들로부터 데이터를 모아 빠르게 전송할 수 있는 대규모 전송회선)과 같은 역할을 하고 있다. 국민들은 이곳에 접속하여 자신의 개인정보 및 금융·보험·통신 관련 정보를 한꺼번에 파악하고 필요한 정보를 얻을 수 있다. 얼핏 보면 개인정보 유출에서부터 사생활 감시까지 온갖 사고들이 발생했을 것 같지만, 모든 정보들이 안전하게 관리되고 있어 국민들의 신뢰가 높다. 에스토니아는 이 시스템이 2001년에 오픈한 이래 한 번도 다운된 적이 없다고 자랑한다.

개인들은 엑스로드에 저장된 자신의 정보를 직접 관리할 수 있다. 예컨대 각 개인들이 자기 정보를 공개할 대상과 감출 대상을 설정할 수 있다. 또한 누가 혹은 어떤 기관이 개인의 정보를 열람하거나 혹은 열람 시도를 하는 경우, 해당 개인에게 자신의 정보를 누가 들여다보았는지 알려준다. 만약 어떤 기관이 특정 개인의 정보를 정당한 이유 없이 들여다본 경우에는 그 이유를 해명해야 하며, 해명이 적절치 못하면 법적으로 처벌받는다. 이렇게 개인정보 데이터 관리 권한을 해당 개인에게 부여해놓았기 때문에 국민들은 안심하고 이 시스템을 사용한다. 엑스로드 프로젝트는 그 성과와 안전성을 인정받아 최근에는 라트비아, 아제르바이잔, 핀란드 등이 엑스로드 프로젝트를 자국에 도입하는 작업을 시작했거나 검토 중이다.[12]

에스토니아는 최근 엑스로드에 연결되어 있는 국민들의 의료정보 관리에 블록체인 기술을 도입하는 작업을 시작했다.[13] 의료정보는 개인정보 중에서도 상당히 중요하고 산업적으로 활용도가 높아 이를 노리는 기업이나 세력들이 꽤 많다. 당장 개인 의료정보에는 이름, 연령, 성별, 주소, 개인식별번호, 진단 코드, 보험정보, 개인 의료 내역 등 온갖 개인정보들이 포함되어 있다. 신용카드 등은 사고발생 즉시 카드 사용을 중지시킬 수 있지만 의료정보는 유출되더라도 변경할 수 없는 정보들이다.[14] 발표에 의하면 2015년 미국에서 약 1억 1300만 건의 환자 기록이 해킹으로 공개되거나 탈취당했다고 한다.[15]

　　나아가 시스템에 저장된 개인의 의료정보가 변경되면 심각한 문제가 발생한다. 예컨대 정부의 건강 관련 데이터베이스에 저장되어 있는 특정인의 혈액형 정보가 해킹이나 실수로 변경된 후, 잘못된 정보를 기반으로 수혈을 받거나 처방을 받게 되면 환자가 사망할 수도 있다. 이런 이유로 의료정보는 해킹이나 위·변조되지 않도록 관리하는 것이 중요하다.

　　이러한 의료정보 유출이나 위·변조 위험성을 원천적으로 방지하기 위해 2016년 3월 에스토니아는 엑스로드를 통해 관리되는 데이터베이스에 블록체인 기술을 적용하기로 했다. 에스토니아 정부는 가드타임Guardtime이라는 보안 전문회사와 협약을 맺고, 엑스로드에 가드타임이 개발한 KSIKeyless Signature Infrastructure(키 없는 전자서명 인프라스트럭처) 블록체인을 도입하기로 한 것이다.[16] 가드타임은 현재 에스토니아가 사용하고 있는 전자신분증 기술을 개발한 회사인데, 2007년부터 블록체인 기반의 KSI를 개발해왔다고 한다. 에스토니아 정부는 2011년부터 수년 동안 공식적인 협력관계를 맺고 KSI 기술을 도입 중이다.[17]

전자신분증

에스토니아는 2002년에 전자신분증을 도입했다. 전자신분증 이-아이디 카드는 신용카드와 같은 플라스틱 카드에 IC칩을 내장한 것인데, 이 카드에는 개인정보와 디지털 서명이 들어 있다. 에스토니아 국민들은 이 전자신분증으로 엑스로드를 비롯하여 1,000개가 넘는 정부 서비스에 원스톱으로 접속할 수 있다. 즉 이 신분증을 정부의 행정 시스템에 접근하는 아이디로 사용하는 것이다.[18] 또한 카드에 등록된 디지털 서명으로 행정문서 확인, 결제 처리, 세금 납부 등을 원클릭으로 처리할 수 있다. 진정한 의미의 디지털 행정 시스템을 구축한 것이다. 조만간 이 전자신분증에 가드타임이 개발한 KSI 블록체인 인증시스템이 적용될 예정이다.

디지털 영주권 제도

에스토니아는 여기서 한발 더 나아갔다. 에스토니아는 2015년 5월 전 세계인을 대상으로 블록체인 기반의 디지털 영주권 제도 e-Residency를 오픈했다. 'e-estonia.com'에 회원 가입하여 50유로를

에스토니아의 전자신분증 이-아이디를 컴퓨터에 연결하는 장치.
출처: http://www.pluss-id.com.

내고 신청을 완료한 뒤, 일주일 정도 후에 각 국에 주재하는 에스토
니아 대사관에 가면 카드 형태로 된 에스토니아 영주권을 발급받을
수 있다.[19]

　　이 영주권은 에스토니아에 거주할 수 있는 권한을 가진 시
민권하고는 차이가 있다. 이 영주권을 받으면 에스토니아 영주민으
로서 에스토니아 금융기관에 계좌를 만들거나 사업자등록을 할 수
있다.[20] 세계 어디에 있든지 상관없이 에스토니아에 회사를 설립하
고 사업을 할 수 있는 것이다. 물론 행정 처리는 모두 온라인으로 가

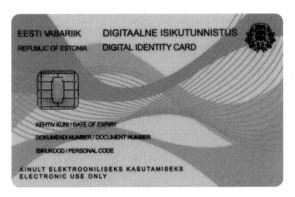

에스토니아에서 발급하는 디지털 영주권 카드.
출처: https://apply.e-estonia.com.

능하다. 최근 생겨나는 스타트업들은 여러 나라 사람들이 한 기업 내에서 협업을 하는 경우가 많은데, 에스토니아에 사업자등록을 하면 장부상의 회사 소재지를 에스토니아에 두고 근무는 전 세계 어디에서나 할 수 있기 때문에 최근의 창업 트렌드에 잘 맞는다. 이 정책 덕분에 에스토니아의 수도 탈린은 북유럽 스타트업계의 신흥 강자로 떠오르고 있다.[21]

에스토니아는 총 1000만 명의 디지털 영주권자를 목표로 잡고 있으며, 2016년 3월 현재 약 1만 명이 디지털 영주권을 신청했다.[22] 이 영주권은 유럽연합 내에서 공식적인 신분증으로 이용할 수 있다.

전 세계인을 대상으로 디지털 영주권을 발급한다는 것은 상당히 새롭고 독특한 시도다. 이 사업을 통해 에스토니아는 가입비와 더불어 에스토니아에서 창업하는 기업들이 내는 세금으로 추가적인 수입을 얻을 수 있다. 이것은 정부가 새로운 기술을 적극적으로 차용함으로써 새로운 산업 혹은 새로운 비즈니스를 창출할 수 있다는 것을 보여주는 사례인 동시에, 국경이 점점 옅어지는 글로벌 환경에서 일국의 정부가 어떻게 새로운 영역으로 확장할 수 있는지를 보여주는 사례다.

전자투표 시스템

또한 에스토니아는 2005년, 세계에서 처음으로 인터넷 기반의 전자투표 시스템 '아이보팅i-Voting'을 도입했다. 아이보팅은 에스토니아의 전자신분증 이-아이디로 투표하는 시스템이다.[23] 즉 이-아이디만 있으면 인터넷을 통해 전 세계에 어디에서든 투표가 가능하다. 특히 이 시스템은 사전 선거 기간에 반복적으로 투표할 수 있도록 되어 있다. 이전에 투표를 했어도 새로 투표를 하면 이전의 기록은 지워지기 때문에 최종 순간까지 결정을 수정할 수 있다. 또한 자신의 투표가 제대로 중앙 시스템에 반영되었는지 확인할 수 있는 기능도 제공한다.

아이보팅을 통해 투표하는 사람들의 수는 점점 늘어나 2015년에는 의회 선거에 총 17만여 명, 전체 인구의 19.6%가 아이보팅 시스템으로 선거에 참여했다.[24] 에스토니아는 최근 기존의 전자투표 시스템을 개선해서 블록체인 기반의 전자투표 시스템을 개발하고 있다.[25]

블록체인 기반 주주투표 시스템

에스토니아가 미국의 나스닥과 함께 새롭게 진행하고 있는 프로젝트가 있는데, 그것은 블록체인 투표 시스템을 기업의 주주투표에 적용한 것이다. 나스닥은 2016년 2월 에스토니아 수도 탈린에 소재한 주식거래소에 등록된 기업의 주주를 대상으로 전자투표 시스템을 구축한다고 발표했다.[26] 미국의 나스닥이 에스토니아에서 블록체인 기반의 실험을 진행하고 있는 것이다. 에스토니아에서 이런 실험이 가능한 이유는 에스토니아가 이미 전자신분증으로 정부의 주요 시스템 및 서비스에 접근할 수 있는 인프라를 구축해놓았고, 또한 전 세계 누구나 디지털 영주권을 획득할 수 있도록 해놓았기 때문이다.

이상으로 에스토니아에서 현재 진행 중인 블록체인 관련 프로젝트들을 살펴보았다. 에스토니아 엑스로드의 사례는 기존 시스템을 버리고 새로운 시스템을 구축하는 것이 아니라, 현재 가동 중인 시스템에 블록체인 기술을 새롭게 추가 적용한다는 측면에서 여러모로 귀감이 된다. 특히 에스토니아의 개인 신원정보 관리기술이나 의료정보에 적용된 블록체인 기술 등은 타국에서 관련 서비스를 검토할 때 반드시 벤치마킹하는 기술이다.

영국: 연금 관리도 핀테크도, 블록체인으로

영국 역시 비교적 일찍 블록체인 기술의 가능성을 주목한 나라 중 하나다. 2015년 9월 영국 정부는 기록 관리의 투명성과 정확성을 제고하기 위해 블록체인 기술 활용을 검토하고 있다고 발표했다. 정부 기록 관리와 관련된 가장 큰 이슈는 각 정부 기관들이 보관하고 있는 정보들이 서로 불일치하는 경우가 많다는 점이다. 블록체인 기술의 세계에서는 네트워크에 참여하는 모든 구성원들이 각각 동일한 데이터베이스 원본을 가지고 있기 때문에 데이터 불일치 현상을 근본적으로 막을 수 있다. 따라서 기록 관리 영역에서는 블록체인이 아주 적확한 해결책이 될 수 있다는 것이다.[27]

몇 개월 후 영국정부는 블록체인 기술 도입을 위한 보다 본격적인 행보에 나섰다. 정부의 중앙 집중된 공공 서비스 분야(토지, 주택, 차량, 특허 관리, 선거 투표 관리 등)에 블록체인 기술을 도입하는 것을 고려하겠다는 것이다. 이에 따라 2016년 6월 영국의 노동연금부는 연금 지급을 관리하는 데 블록체인 기술을 활용하는 방안을 시험하고 있다고 밝혔다.[28] 이 시스템은 복지 연금 수령자가 수령하거나 송금한 금액을 기록하는 모바일 앱 및 블록체인 시스템으로 구성되어 있다.[29] 이 시스템은 연금 수령 사용자들의 사용 내역을 기록해 연금의 부당한 사용을 확인하려는 목적을 가지고 있다. 이 프로젝트에는 영국의 핀테크 기업 거브코인GovCoin, 바클레이은행 그리고 런던대학이 함께 참여하고 있다.[30]

영국정부는 2017년 3월, 이 실험이 성공적으로 수행되었다고 판단하고, 더 큰 규모의 실험을 진행할 것인지 논의하고 있다. 또한 그 동안 이 실험에서 사생활 침해 논란으로 문제가 되었던 부분에 대해서는 정부가 사용자의 데이터에 접근하지 않는 것으로 입장을 정했다.[31]

또한 2016년 8월 영국 정부는 크레디츠Credits라는 회사가 제공하는 '서비스로서의 블록체인Blockchain as a Service' 계약에 서명했다. 이를 통해 스코틀랜드, 웨일스, 북아일랜드의 지방 정부를 포함한 모든 영국 정부 기관, 정부 당국, 지방 당국은 무료로 블록체인 서비스를 사용할 수 있게 되었다.[32] 즉 모든 정부 기관들이 자신들에게 필요한 블록체인 서비스를 직접 구성해 운영할 수 있도록 길을 열어준 것이다.

나아가 영국의 금융감독기관 FCAFinancial Conduct Authority는 최근 블록체인 기술회사 트래모넥스Tramonex에 블록체인 기반 화폐 발행 기능을 처음으로 공식 허용했다.[33] 이 화폐는 법정 화폐와 동일한 자격을 가지며, 트래모넥스는 이 화폐를 기반으로 결제 간소화, 응용 서비스 개발 등 다양한 핀테크 서비스들을 개발할 것으로 예상된다.

또한 최근 영국 중앙은행은 2017년 4월, 차세대 은행간 정산 시스템을 블록체인과 호환되도록 구성하겠다고 발표했다.[34] 향후 정산시스템이 블록체인 기술의 장점을 활용할 수 있도록 미리 대비해 놓겠다는 취지다.

두바이: 모든 정부 문서를 블록체인에 담겠다

두바이 역시 공공 영역에 블록체인 도입을 선도하고 있는 나라 중 하나다. 두바이 미래박물관 재단은 2016년 4월, 정부 기관, 국제 기업, UAE은행 및 국제적인 블록체인 기술 회사 등이 참여하는 서른두 명의 인사로 '글로벌 블록체인 협의회GBC'를 구성한다고 발표했다. 이후 5월에 GBC는 관광, 상속 및 재산 이전, 다이아몬드 확인 및 교역, 건강 기록 및 디지털 금융 거래 서비스 등에 관한 일곱 개의 블록체인 파일럿 프로그램을 발표했다.[35]

또한 2016년 10월, 두바이의 미래 전략을 총괄하고 있는 세이크 함단 빈 모하메드 알 막툼 왕세자는 〈두바이 블록체인 전략Dubai Blockchain Strategy〉이라는 문서에서 발표한 전 세계 최초로 2020년까지 모든 정부 문서를 블록체인에 담겠다는 계획을 발표했다. 이것이 실현되면 문서의 조작이나 위·변조가 불가능해지고, 기록을 그 자

체로 영구히 보관할 수 있게 된다.[36]

그리고 두바이 정부는 2017년 2월, IBM과 협약을 맺어 블록체인 기술을 활용해 두바이의 세관과 무역 기업의 물품 및 선적 상태에 대한 실시간 정보를 제공하는 무역거래 시스템을 구축한다고 발표했다.[37] 단순한 정보 전달이나 처리를 넘어 블록체인 기반으로 정보의 실시간 처리 및 처리 자동화를 시도하는 것이다.

두바이 정부는 이처럼 정부 행정 시스템에 선도적으로 블록체인 기술을 적용함으로써 디지털 환경에서 국가 경쟁력을 향상시키고 세계의 리더 역할을 할 것이라고 기대하고 있다.

중국: '블록체인 도시'라는 대담한 구상

블록체인 기술과 관련해 중국의 행보는 놀라울 정도다. 2016년 9월 중국의 '중국 전국사회보장기금 협회NCSSF'의 왕종민 부회장은 사회보장 시스템에 블록체인 기술을 적용한다는 계획을 발표했다.[38] 중국의 사회보장기금은 2015년 기준으로 1조 9000억 위안(약 335조 원)으로 매년 24.6%씩 성장하고 있다.

홍콩 중국은행과 HSBC는 2016년 10월, 블록체인 기술을 활용해 부동산 담보대출을 할 수 있는 프로젝트를 발표했다.[39] 부동산 담보대출 실행 시, 고객이 부동산 담보대출을 신청하면 은행은 각각 다른 조사원을 여러 번 보내서 부동산 가치를 평가하는데, 블록체인 시스템을 활용하면 관계자들이 가장 마지막의 조사 결과를 실시간으로 공유받을 수 있게 된다. 따라서 대출까지 걸리는 시간을 대폭 줄일 수 있고, 동시에 부동산 정보를 거의 오류와 위조 위험 없이 저장하고 공유할 수 있다는 장점이 있다.

또한 2017년 1월 11일, 중국 우편저축은행PSBC은 IBM과 함께 블록체인 기술에 기반을 둔 자산 관리 사업을 출시했다고 발표했다.[40] 이는 중국 현지 은행들 가운데 은행의 핵심 업무에 가장 먼저 블록체인 시스템을 적용한 사례다. 자산 관리 사업에는 일반적으로 고객, 자산 관리 매니저, 자산 보관인, 투자 자문의 네 관계자가 있다. 자산 관리 프로세스에서 막대한 자금이 이동하게 되는데, 이 과정에서 각 관계자들은 각자 전화, 팩스, 이메일 등으로 수시로 자산을 확인해야 한다. 그런데 이런 방법은 시간이 제법 걸리고 또한 자산 조사 과정에서 자산에 변동이 생기면 정보의 불일치 현상이 발생할 가능성이 존재한다. PSBC의 블록체인 시스템은 여러 관계자들이 정보를 실시간으로 공유함으로써 정보를 반복적으로 확인할 필요가 없게 만들어, 자산 관리 서비스 절차를 기존보다 60~80%까지 단축시킬 것으로 예상된다.[41]

그런데 중국에서는 이보다 훨씬 더 대담한 프로젝트가 진행 중이다. 앞서 언급했던 블록체인 기반 도시 말이다. 이 프로젝트는 중국의 자동차 그룹이 만든 블록체인 연구소 '완샹 블록체인 연구소'가 주도하고 있는데, 중국 정부가 관련 규제를 모두 제거하는 등 프로젝트에 필요한 사항들을 전폭적으로 지원하고 있다. 또한 이더리움의 창시자 비탈리크 부테린도 이 연구소에 공동설립자로 참여하고 있다.

완샹그룹은 이미 2016년 9월 상하이에서 열리는 글로벌 블록체인 컨퍼런스에서 블록체인 도시 계획을 발표했다. 이 프로젝트는 인구 9만 명 규모의 스마트시티(10제곱 킬로미터 규모)에 블록체인 기술을 적용하는 것인데, 연구소의 아다샤오 연구총괄 이사는 "블록체인 기술을 사물인터넷IoT과 디지털월렛(전자지갑) 등에 적용해 모든 게 온라인으로 연결된 도시를 건설할 계획"이라고 밝혔다. 또한 도시 내 모든 시설은 자동화되고 금융거래는 물론 출생·사망증명서 발급과 투표에 이르기까지 사회 인프라 영역 전반에 블록체인 기술을 적용한다. 완샹 그룹은 이 프로젝트를 위해 7년간 총 2000억 위안(약 33조 4000억 원)을 투자할 예정이다.[2]

즉 새로운 도시를 만드는 데 아예 처음부터 블록체인 기반으로 전체 인프라를 구성하겠다는 것이다. 본 프로젝트는 현재까지 각 국가들이 진행하는 프로젝트 중 가장 대담한 프로젝트다. 현재까지 검토된 블록체인 기술의 집약체로, 실제로 진행된다면 블록체인 기술이 사회 인프라 영역의 어디까지 사용될 수 있는지를 보여주는 청사진 같은 프로젝트가 될 것이다.

미국: 블록체인에 법적인 지위를 부여하다

블록체인 열풍은 미국도 예외가 아니다. 2016년 6월 미국 대선에서 힐러리 클린턴은 행정 시스템에 블록체인을 도입해 더 투명하고 안전하게 만들겠다는 공약을 내걸었다.[43] 같은 해 6월 미국의 우정청은 〈블록체인 기술: 미국 우정국을 위한 가능성 모색〉이라는 보고서[44]에서, 우정국 자체 발행 디지털 코인인 포스트코인, 신원 관리, 우편 관련 기기 간 네트워크(사물인터넷의 일종) 등에 블록체인 기술을 사용할 것을 제안했다.

미국 연방준비은행은 2016년 내내 블록체인과 비트코인 그리고 핀테크 기술에 대해 연구했으며,[45] 새로운 기술을 활용한 지급결제 시스템을 개발해 은행과 증권 관련 금융기관들이 실제 금융거래에 적용할 수 있는 플랫폼을 연구 중이다.

한편 미국에서 의료정보 해킹과 탈취가 빈번하게 발생한다는 사실은 이미 위에 기술한 바 있다. 2017년 1월 미국 식품의약국은 IBM왓슨헬스IBM Watson Health와 함께 개인 건강정보를 온라인으로 전송하는 것을 포함하여, 블록체인 기술을 활용해 공공 의료 영역을 개선할 수 있는지를 확인하는 연구 작업을 시작했다.[46] 이 테스트 과정에서 소유자의 메타정보(의료 관련 정보)는 모바일 기기(스마트폰이나 태블릿)나 웨어러블 장비 그리고 사물인터넷 등 여러 기기에 전송될 예정이다. 이는 단지 웹 환경만이 아니라 모바일과 사물인터넷을 아우르는 환경에서 블록체인 기반 의료정보 시스템의 사용성을 테스트하려는 계획이다. 블록체인 기술을 활용해 의료정보를 안전하게 관리하면서도 사물인터넷 기기를 중심으로 하는 4차 산업혁명에 공격적으로 대응하겠다는 의도로 보인다.

사소한 사례이기는 하지만, 미국 증권거래위원회는 기업이 블록체인 기반으로 주식을 발행하는 것을 공식적으로 허용했다.[47] 아울러 미국 최대 공무원 연·기금인 캘리포니아 주의 캘퍼스도 400조 원 규모의 기금 관리를 위해 블록체인 도입을 시사했다.[48] 델라웨어 주는 국가기록물보관소 기록물을 블록체인에 담기로 했으며, 또한 델라웨어 주 소재 기업이 주주명부를 블록체인으로 관리하는 것을 허락했다.[49] 이처럼 미국 역시 연방 정부 차원에서 그리고 주 정부와 지방 정부 차원에서 다양한 블록체인 프로젝트들을 진행하고 있다.

보다 더 의미심장한 사례가 있다. 미국 애리조나 주 하원의원은 2017년 2월 6일 블록체인에 저장되는 스마트 컨트랙트에 대해 법적인 지위를 부여하는 HB2417 법안을 제출했다.[50] 이 법안은 스마트 컨트랙트에 저장된 계약 내용을 공식적인 계약으로 간주하겠다는 것이다. 이에 앞서 2016년 5월 17일 미국의 버몬트 주 상·하원도 블록체인에 저장된 기록이 법정에서 증거로 채택될 수 있는 법안을 통과시켰다.[51] 이 두 가지 사례는 여러 가지 의미를 갖는다. 스마트 컨트랙트 기술이 법적인 효력을 가질 만큼 계약으로서 의미가 있다는 것을 인정하는 것인 동시에, 블록체인에 저장된 스마트 컨트랙트의 법적인 지위를 공식적으로 인정하는 것이기 때문이다.

우크라이나: 정부가 블록체인 개발에 앞장서다

블록체인 기술 도입을 서두르는 또다른 나라는 우크라이나다. 우크라이나는 '이복스E-vox'라는 이더리움 기반의 블록체인 투표 시스템을 개발하는 것으로 알려져 있다. 이복스는 앰비세이프Ambisafe, 바리거 그룹Vareger Group, 디스트리뷰티드 랩Distributed Lab 그리고 키트소프트Kitsoft 등 우크라이나의 대표적인 블록체인 개발사들이 연합해서 개발하고 있는 프로젝트다. 우크라이나 정부는 이 프로젝트를 국가 투표 시스템에 사용하겠다는 각서를 체결했다.[52]

이복스는 현재 우크라이나에서 시행하고 있는 온·오프 라인 투표 시스템에 통합되어 사용될 예정이다. 또한 이복스는 투표 사기를 방지하기 위해서 정부가 발행하는 디지털 서명, 우크라이나 3대 은행이 관리하는 디지털 서명(뱅크 아이디Bank IDs), 폰번호 인증 등 다양한 인증기술을 통합했다. 한편 이 투표 시스템은 공개 소프트웨어 라이선스인 MIT라이선스로 공개될 예정이다.[53] MIT라이선스는 소스의 이용·수정·재배포가 완전히 오픈된 라이선스로, 이 시스템을 사용하고 싶은 사람은 누구나 마음대로 사용할 수 있다.

또한 우크라이나는 세계에서 최초로 블록체인 기반의 경매 시스템을 개발하고 있다. 이 역시 민간에서 개발하는 프로젝트를 정부가 채택한 사례인데, 정부는 이 시스템을 정부가 소유한 자산을 경매하는 데 사용할 계획이다. 정부 관계자는 이 시스템을 사용할 경우 정부의 경매가 투명해지고 조작이 불가능해질 것으로 기대하고 있다.[54]

나아가 우크라이나는 2017년 말까지 현금 없는 경제를 구축한다고 발표했다. 우크라이나국립은행NBU은 2016년 11월, '현금 없는 경제'의 실현을 위해 블록체인 기반의 전자 화폐를 개발하는 로드맵을 공식적으로 승인했다.[55]

이처럼 우크라이나는 민·관이 협력해 굵직한 블록체인 프로젝트들을 진행하고 있다. 우크라이나는 유럽 중에서도 블록체인 관련 기술이 꽤 발전한 나라다. 정부가 블록체인 기술 개발을 적극적으로 유도하고 있으며, 대학에서는 이미 블록체인 개발 과정을 개설해 지속적으로 개발자들을 양성하고 있다. 이에 따라 블록체인을 개발할 수 있는 개발자 풀도 제법 많은 것으로 알려져 있다.[56]

스웨덴: 공공영역에 스마트 컨트랙트를 도입하다

스웨덴 국토조사국은 2016년 6월, 스웨덴의 블록체인 기술 회사인 크로마웨이Chromaway와 함께 블록체인 기반의 토지 관리 시스템을 테스트하고 있다고 발표했다. 스웨덴 국토조사국이 실험적으로 구축하고 있는 토지 관리 시스템은 단순히 토지를 등록하던 것에서 한 단계 더 나아가 스마트 컨트랙트를 기반으로 한 자동화된 거래 프로세스를 구축하는 것을 목표로 하고 있다.[57]

국토조사국은 스마트 컨트랙트 기술을 활용해 토지 주인과 구매자, 부동산 중개인과 은행, 토지등기소를 하나의 서비스에 연동하려고 한다. 그리하여 토지를 즉시 거래하고 잔금 이체가 완료되면 등기 이전까지 한 번에 처리할 수 있는 자동화 시스템을 구축하려는 것이다. 현재 토지나 주택을 구매하는 일은 모든 일이 순조롭게 진행된다고 해도 최소한 수일 정도의 시간을 써야 한다. 그런데 만약 이 시스템이 구축되면 토지나 주택을 거래하는 시간이 하루 정도로 단축될 것으로 예상된다.[58]

2017년 1월 10일, 크로마웨이의 대표 헨리크 엘테Henrik Hjelte는 2017년 3월에 블록체인 기반 토지대장 시스템을 공개적으로 테스트한다고 발표했다.[59] 본 테스트는 실제 등기 정보와 연동된 것은 아니지만, 테스트용 데이터를 기반으로 처리 절차, 보안 이슈, 사용자 인터페이스 등을 실제와 비슷하게 테스트를 진행했다.

2017년 3월말 크로마웨이는 본 테스트가 성공적으로 끝났다고 밝히고, 다음 단계로 현재의 은행 결제 프로세스 상에서 계약을 확정하는 과정을 통합하는 기술을 테스트하는 작업을 진행할

스웨덴 국토조사국이 진행하고 있는 토지 거래 시스템의 프로토타입 앱의 예시 화면.
출처: http://chromaway.com/landregistry

것이라고 말했다. '블록체인 기술이 다음 단계로 나아가기에 충분한 신뢰'를 제공한다고 판단한 것이다. 크로마웨이는 또한 다른 나라의 열두 개 공공기관들이 이 프로젝트에 대해 문의하고 있다고 말했다.[60] 이번 결과가 성공적이라면 다음 절차는 실제 등기 정보와 연동된 시스템을 테스트하는 것이 될 것이다.

　스웨덴의 사례는 세계에서 처음으로 스마트 컨트랙트가 구현된 행정 처리 시스템을 테스트하는 것이기에 눈여겨봐야 한다.

싱가포르: 은행 거래에 도입되는 블록체인

싱가포르는 은행 사기를 막기 위해 은행 간 거래에 블록체인 기술을 적용하는 방안을 모색하고 있다. 싱가포르의 스탠다드차타드은행은 2년 전 중국 칭다오 항구로부터 중복된 송장을 받고 약 2억 달러(약 2300억 원) 정도의 사기를 당한 적이 있다. 사기를 친 회사는 동일한 물건에 대해 중복된 송장을 발송하여 은행에서 거듭 돈을 받는 수법을 썼다. 이에 싱가포르 당국은 모든 송장에 대해 유일한 해시값▪을 생성하여 블록체인에 저장하는 방식으로 송장 사기를 원천적으로 방지하는 방법을 도입하기로 했다.[61] 블록체인은 애초의 목적 하나가 이중지불(사기)을 원천적으로 차단하려는 것이기 때문에, 위와 같은 문제에 매우 적절한 해결 방법이다.

이에 따라 2016년 11월, 싱가포르 중앙은행인 싱가포르통화청은 증권거래소 그리고 자국 및 해외 은행과 협력해 블록체인 기반 결제 시스템을 구축하는 프로젝트를 발표했다. 이 시스템이 구축되면, 같은 은행 혹은 서로 다른 은행들이 중복된 송장을 받게 되면 바로 경고가 뜨게 된다. 이 프로젝트에는 뱅크오브아메리카 메릴

▪ 해시값은 비유하자면 문서의 지문이라고 말할 수 있다. 해시값이란 문서에 담긴 내용 전체를 암호화 알고리즘을 통해 특정한 문자열로 변경한 값을 말한다. 보통 해시값을 안다고 해도 변환되기 이전의 내용을 쉽게 복구할 수 없도록 되어 있다. 그래서 패스워드나 주민번호 등 비공개 처리해야 할 정보들을 다루는 데 많이 사용된다.

린치, 도쿄미쓰비시은행, 크레딧스위스, DBS, 홍콩상하이은행, JP모건, OCBC, UOB 등 여덟 개 은행이 참여한다.

이 프로젝트가 완료되면 다음 단계에서는 블록체인 기반 시스템을 외환 거래에까지 확대 적용할 예정이다.[62] 이는 곧 국가 간 거래에 블록체인 기술을 적용하겠다는 의미다.

온두라스와 조지아:
블록체인 기반의 토지 관리 프로젝트

축구 팬이라면 온두라스를 리우 올림픽 8강전에서 한국 팀을 이긴 나라로 기억하겠지만, 아마 많은 한국인에게 낯선 나라일 것이다. 그런데 블록체인을 아는 사람들 사이에서 온두라스는 유명한 나라 중 하나다. 온두라스는 중앙아메리카에 위치한 인구 약 800만 명의 작은 나라로 커피·바나나가 수출의 절반을 차지한다. 2013년 온두라스의 1인당 GDP는 1,577달러로, 아메리카 대륙에서 가장 빈곤한 나라 중 하나로 꼽힌다. 특히 온두라스의 살인 발생률은 세계 최고로 알려져 있다. 이러한 온두라스에서 블록체인 기술을 활용한다니 다소 의아할 것이다. 그런데 그럴 만한 이유가 있다.

2009년, 온두라스의 수도 테구시갈파 시의 외딴집에서 30년간 살아온 마리아나 카탈리나 이자레르는 갑자기 경찰의 퇴거 명령을 받았다. 그녀는 그 집에 대한 법적 등기권을 가지고 있었는데, 경찰은 국가 등기소에 등록된 다른 사람의 소유권 등기를 가지고 온 것이다. 결국 그녀의 집은 철거되고 말았다.[63]

온두라스는 아직 체계적인 국가 시스템이 구축되지 않아, 국가 시스템에 등기되지 않은 토지가 전 국토의 절반이 넘는다. 즉 토지 관리 제도가 상당히 허술한 상태다. 그래서 국가의 데이터베이스에 비교적 쉽게 접근할 수 있는 일부 관료들이 데이터베이스를 조작해 토지를 불법으로 취득하는 일이 빈번하게 벌어진다. 관료들뿐만 아니라 대기업들도 불법적으로 토지를 인수하는 등 토지 관련 문제가 빈번히 발생한다. 이자레르의 사례는 단지 그 수많은 사건들 중 하나일 뿐이다.

이러한 불법에 맞서 온두라스 정부는 위·변조할 수 없는 토지 자산 정보를 구축하기 위해 블록체인 기술을 활용하기로 했다. 2015년 5월, 온두라스는 미국의 블록체인 기술 회사인 팩텀Factom과 함께 블록체인 기반의 토지대장 관리 프로젝트를 진행하기로 했다. 팩텀의 사장 피터 커비Peter Kirby는 이에 대해 다음과 같이 설명한다.

과거에 온두라스는 토지 사기로 분쟁을 겪었다. 또한 이 나라의 데이터베이스는 쉽게 해킹당한다. 그래서 관료들이 데이터베이스에 들어가 해변의 자산을 취득할 수 있었다.[64]

프로젝트를 시작한 지 약 1년이 되는 2016년 4월, 이 프로젝트는 다소 늦어지고 있다고 알려졌는데,[65] 비공식적으로는 프로젝트가 좌초된 것으로 알려졌다. 일반적으로 이런 정도 규모의 프로젝트가 일정대로 진행되는 것은 쉽지 않은데, 국가 시스템이 제대로 자리 잡지 않은 나라에서는 더더욱 쉽지 않았을 것이다.

우리에게는 그루지야로 알려진 '조지아'도 온두라스와 비슷한 프로젝트를 진행하고 있다(조지아는 1991년에 소련 연방에서 독립한 이후 국호를 러시아어 '그루지야'에서 영어 '조지아'로 공식 변경했다). 조지아 정부는 2016년 4월 비트코인 채굴업체인 비트퓨리Bitfury와 함께 부동산 등기부 등본을 블록체인에 기록하는 프로젝트를 시작한다고 발표했다. 조지아 공공등기청의 수장인 파푸나 우그레크헬리제는 "블록체인을 기반으로 부동산 등기를 관리하고, 블록체인 기술의 보안을 활용해 부동산 소유권의 투명성을 증가시키고 토지 관련 사기를 방지할 것"이라고 말했다. 아울러 "조지아 공화국이 현대적이고, 투명하며, 부패하지 않은 나라임을 전 세계에 알릴 수 있을 것"이라고 말했다.[66]

가나: 블록체인으로 사회문제에 접근하다

가나 역시 블록체인으로 토지 관리 시스템을 구축하는 실험이 진행되고 있다. 가나는 현재 약 78%의 토지가 등록되어 있지 않고, 토지 분쟁이 끊이지 않는 나라다. 가나는 1957년에 영국에서 독립했는데, 그때부터 지금까지 토지 문제를 해결하지 못하고 있다. 가나의 블록체인 프로젝트는 가나 정부와 NGO 단체인 비트랜드가 함께 진행하고 있다.[67]

비트랜드는 블록체인 기술을 기반으로 저개발 국가의 토지 문제를 해결하려는 자발적인 참여자들로 구성된 비영리단체다. 비트랜드는 토지 자산을 관리하는 데 있어 "쉽게 사용할 수 있고 투명하며 정부의 부정부패로부터 자유로운" 시스템을 만드는 데 목적이 있다고 밝히고 있다.[68]

비트랜드의 첫 파일럿 프로젝트가 가나의 구마시Gumasi 시에서 진행하고 있는 토지대장 등록 프로젝트다. 비트랜드는 '비트셰어Bitshare'라는 암호 화폐에 사용된 '그래핀'이라는 블록체인 엔진을 활용해 토지대장을 구축할 수 있는 기술을 제공한다. 가나의 구마시에서 진행하고 있는 이 프로젝트가 완료되면 가나 전체에 확대 적용될 예정이다. 또한 비트랜드는 가나에서 파일럿 실험을 진행한 후, 아프리카 대륙 전체에 이 프로젝트를 확대할 계획이다.

러시아: 누구도 블록체인을 거부할 수 없다

푸틴이 장기독재하고 있는 나라인 러시아는 공식적으로 비트코인 거래를 금지한 상태다. 그럼에도 불구하고 블록체인 기술 도

비트랜드의 로고. 출처: 비트랜드 홈페이지[69]

입이 시도되고 있다. 2016년 8월 수도 모스크바의 지방 정부는 부정투표 방지를 위한 블록체인 기반 투표 시스템을 비롯하여 다양한 블록체인 활용처를 모색하고 있다고 발표했다.[70] 또한 러시아 정부의 연방반독점청은 스베르뱅크와 함께 블록체인 기반의 문서관리 시스템을 구축하기로 했다.[71] 독재국가이자 공식적으로 비트코인 거래를 금지한 러시아에서 블록체인 기술이 도입되고 있다는 것은 어떠한 정부도 블록체인 기술을 거부할 수 없음을 역설적으로 보여준다.

블록체인 기반의 강력한 투표 시스템

국가나 지방 정부 또는 정당 수준에서 블록체인 기반 투표 시스템을 도입하는 사례들이 점차 늘어나고 있다. 이미 앞에서 에스토니아와 우크라이나의 사례는 언급한 바 있는데, 그 이외에도 많은 국가에서 블록체인 기반의 투표 시스템 실험이 진행되고 있다.

2014년 돌풍을 일으킨 스페인의 신생 정당 포데모스는 '아고라 보팅'이라는 블록체인 기반의 온라인 투표 플랫폼을 사용하고 있다.[72] 덴마크의 자유연합당 역시 이미 2014년부터 정당 내부 투표에 블록체인을 사용하고 있다.

이러한 흐름은 점차 확대되고 있다. 2016년 미국 텍사스 주에서 자유당은 대선 후보 선정에 블록체인 기술을 활용한 온라인 투표를 도입했다. 또한 유타 주의 공화당 역시 블록체인에 기반을 둔 온라인 투표 시스템을 활용했다. 2016년 10월 중동의 아부다비 증권거래소도 주주 투표에 블록체인 투표 시스템을 도입하기로 했다.[73] 러시아의 수도인 모스크바 지방 정부가 블록체인 기반 투표 시스템을 구축한다는 것은 이미 앞에서 설명했다.

오스트레일리아 정부의 우정청 역시 블록체인 기반의 투표 시스템을 도입하기로 했다. 우편국장인 아담슨은 블록체인 기술을 사용하면 투표 위치는 알 수 없지만 투표가 제대로 되었는지 확인할 수 있는 추적 가능성traceability을 제공하고, 익명성을 확보하면서도 조작을 방지할 수 있으며, 서비스 거부 공격에 강한 투표 시스템을 구축할 수 있다고 발표했다. 현재는 기업의 주주 투표 및 커뮤니티 투표에 실험적으로 적용하고 있는데, 궁극적으로는 전국 단위 의회 선거에 사용할 예정이다.[74]

우리나라도 예외는 아니다. 경기도는 '2017년 따복공동체 주

각국의 블록체인 기반 투표 시스템 구현 현황

국가 (기관)	시스템 명	기반 기술	적용
스페인 포데모스	아고라 보팅	비트코인 기반	정당 투표
덴마크 자유연합당	-	이더리움 기반	정당 투표
에스토니아	아이보팅	KSI	의회 등 국가 투표
우크라이나	이복스	이더리움 기반	국가 투표
텍사스 주 자유당	-	블록체인	정당 투표
유타 주 공화당	블록체인 애퍼래터스 BlockChain Apparatus	영국 스마트매틱 사의 프라이빗 블록체인	정당 투표
모스크바 지방 정부	-	-	지방 정부 투표
아부다비 증권거래소	-	-	주주투표
오스트리아 우편국	-	-	국가 투표
오스트레일리아 우정청	-	-	빅토리아 주의 전자 투표
미국 나스닥	-	-	주주 투표
한국(경기도) 따복공동체	코인스택 스마트 컨트랙트	블로코 사의 스마트 컨트랙트 기술	주민제안 공모사업 투표

민제안 공모사업'에 국내 최초로 블록체인 기반의 투표 시스템을 도입하기로 했다.[75] 본 서비스에는 국내 업체인 블로코가 만든 '코인스택 스마트 컨트랙트Coinstack Smart Contract' 기술이 사용된다.

이처럼 블록체인 기반의 투표 시스템은 국가나 지방 정부 단위, 혹은 정당이나 기업 영역에서까지 우후죽순으로 사용되고 있다. 이때 투표가 온라인으로 이루어지기 때문에 장소에 구애받지 않으며, 에스토니아처럼 개인 인증과 연동만 잘 되면 아주 간단하게 투표 시스템을 구축할 수 있다. 예컨대 선관위가 문자를 보내면 해당 문자를 클릭해 투표용 스마트폰 앱을 열고 간단하게 개인 인증을 마친 후 투표를 할 수 있는 것이다.

최근에 출시되는 스마트 기기들은 지문인식이나 생체인식 기능을 제공하기 때문에, 이러한 시스템이 잘 정비되어 개인 인증까지 연동된다면 투표소(오프라인)에서 투표하는 것보다 훨씬 더 강력한 보안 시스템을 구축할 수 있다. 더불어 이러한 방식의 새로운 시스템은 투표 장벽을 대폭 낮추고 참여율을 비약적으로 높여줄 것으로 예상된다.

현금 없는 국가를 향하여

블록체인을 기반으로 거대한 전환이 진행되는 또다른 영역은 화폐 영역이다. 현재의 실물 화폐를 디지털 화폐로 전환하는 작업에 블록체인이 핵심 기술로 사용될 예정이다. 앞으로 10여 년 사이에 지폐와 동전은 사라지고 모든 거래 수단이 네트워크를 통해 디지털 화폐로 바뀔 것이다. 전자 화폐란 우리가 손으로 보고 만지는 지폐나 동전 없이, 오로지 전산상에 등록된 숫자만으로 존재하는 화폐를 말한다.

이렇게 이야기하면 굉장히 낯설어 보이지만, 사실 우리는 이미 현금보다 디지털 화폐를 더 많이 사용하고 있다. 대표적인 것이 카드다. 2015년 한국은행의 조사에 따르면, 한국 사람들의 카드 사용 비중(40%)이 현금 사용 비중(36%)을 넘어섰다. 체크카드까지 포함한다면 카드 사용 비중이 54%에 달한다.[76] 이미 우리의 일상에서 현금의 비중이 점점 작아지고 있다. 벨기에, 캐나다, 프랑스 등은 이미 비현금 거래가 90%를 넘어선 상태다.[77]

벌써 많은 나라들이 기존에 사용하던 지폐와 동전을 없애고 디지털 화폐로 전환하겠다고 선언했다. 특히 유럽의 선진국들은 의도적으로 현금 사용을 억제하여 '현금 없는 국가'로 나아가려고 노력하고 있다. 덴마크는 2017년 1월 1일부터 아예 화폐 생산을 중단해버렸다. 전문가들은 스웨덴, 핀란드, 노르웨이가 전 세계에서 제일 먼저 현금 없는 국가가 될 것이라고 예측하고 있다.

한국 역시 이 대열에 동참하기로 했다. 한국은행은 2016년 4월 25일 2015년도 지급 결제 보고서'[78]에서 향후 추진 과제의 하나

블록체인 기반의 디지털 법정화폐를 준비하고 있는 국가 현황

국가	화폐 위상	내용
바베이도스	법정화폐(사용중)	스타트업이 만든 법정화폐를 중앙은행이 승인
튀니지	법정화폐(사용중)	이미 사용하던 이디나를 블록체인 기반으로 변경 (안드로이드 거래 앱으로 사용)
세네갈	법정화폐(사용중)	승인 완료. 화폐 명칭 'eCFA' 향후 서아프리카 경제통화연합의 공식 화폐로 사용될 예정
우크라이나	법정화폐	프로젝트 시작
중국	법정화폐	조기 도입 예정(일정 미정)
영국	법정화폐	도입 검토 중
캐나다	법정화폐	실험 중(CAD Coin, 이더리움 기반)
에콰도르	법정화폐	실험 중
프랑스	법정화폐	실험 중(2016년 6월 1차 테스트 진행)
독일	법정화폐	실험 중(하이퍼레저 프로젝트)
스웨덴	법정화폐	중앙은행이 발행하는 이크로나eKrona 검토 중
네덜란드	법정화폐	실험 중(DNB Coin을 3개월간 테스트)
남아프리카 공화국	법정화폐	남아프리카 준비 은행에서 블록체인 기반의 암호 화폐 발행을 검토 중
러시아	은행간의 메시징 툴 (거래 청산 등)	이더리움 기반의 마스터체인Masterchain 테스트
덴마크	법정화폐	도입 검토 중
인도	법정화폐	도입 검토 중
홍콩	법정화폐	홍콩 중앙은행에서 블록체인 기반 법정화폐 검토 중
한국	–	한국은행에서 논의 중

로 '동전 없는 사회'를 제시했다. 이에 따라 한국은행은 2017년 4월부터 동전 사용을 최소화할 수 있도록, 거스름돈이 생기는 경우 그것을 선불카드에 충전하는 방안을 실험하기로 하고, 2월에 시범사업자를 모집하여[79] 3월에 열두 개 업체를 선정 완료했다.[80] 그런데 이것은 디지털 화폐 전면 도입에 따른 충격을 줄이기 위한 과도기적인 방안일 뿐이다. 금전 거래에서 동전이 사라질 수 있으면 지폐가 사라지는 것은 정말 쉬운 일이기 때문이다.

그럼 왜 국가들이 나서서 이런 정책을 시행하는 것일까? 그것은 바로 투명성과 정확성 때문이다. 디지털 화폐는 실물이 존재하지 않는다. 그저 인터넷상에 거래 기록만 남을 뿐이다. 현금은 이 사람에서 저 사람으로 건네어질 때 누가 누구와 거래했는지에 대한 정보가 남지 않는다. 그런데 디지털 화폐란 바로 그 거래 기록으로만 존재한다. 모든 거래 내역이 투명하게 확인되기 때문에 지하경제 자체가 불가능해진다. 또한 그동안 발행되었던 지폐와 동전 자산이 디지털 화폐로 등록되는 과정에서 각 개인들이 은닉했던 재산 내역이 투명하게 드러나게 된다. 사실상의 '화폐 개혁'을 통해 사회의 투명성이 비약적으로 증가하게 되는 것이다.

또한 현재 은행, 증권사, 보험사 등 금융 관련 기관들 사이에 오가는 돈을 계산(청산)하고 결제하는 일에 상당한 비용이 소요되는 것으로 알려져 있다. 한 컨설팅 회사에 따르면 전 세계적으로 금융산업 청산 및 결제에서 발생되는 총비용은 연간 650억~800억 달러에 달한다고 한다.[81] 블록체인 기술을 활용하면 이 비용을 획기적으로 줄일 수 있을 것으로 예상된다.

그런데 디지털 화폐는 치명적인 단점을 가지고 있다. 한번 해킹되면 수습 불가능한 대형 사고가 발생할 수 있다. 따라서 디지털 화폐 시스템은 블록체인 기술을 채택할 수밖에 없다. 블록체인 기술은 시스템과 데이터가 완전히 공개되어 있는 환경에서도 해킹이나 데이터 위·변조가 불가능하다는 것이 증명되었기 때문이다.

이미 튀니지와 바베이도스와 세네갈은 이미 블록체인 기반의 법정 디지털 화폐를 사용 중이다. 튀니지는 2015년 12월, 이미 사용 중이던 디지털 화폐 이디나eDinar를 블록체인 기반으로 변경한다고 발표했다. 튀니지는 튀니지 우편국에서 발행한 이디나를 이미 60만 명 정도가 사용 중이었는데, 이를 거래 시스템 전문회사인 모네타스Monetas가 제공하는 블록체인 기술로 변경했다.[82] 전 세계에서 최초로 블록체인 기반의 국정 디지털 화폐가 탄생한 것이다. 이 시스템은 거래를 위한 안드로이드 스마트폰 앱을 통해 돈을 송금할 수 있도록 구성되어 있다.

바베이도스는 2016년 2월 비트Bitt라는 회사가 구축한 블록체인 기반 디지털 화폐를 공식 화폐로 사용하기로 했다.[83] 세 번째로 블록체인 기반 디지털 화폐를 도입한 나라는 세네갈이다.[84]

2016년 12월 세네갈은 블록체인 기반의 전자 화폐 eCFA를 도입한다고 발표했다. 'eCFA'는 서아프리카 경제통화연합WAEMU의 지원을 받고 있으며, WAEMU는 곧 회원국인 코트디부아르, 베냉, 부르키나파소, 말리, 니제르, 토고, 기니비사우에 eCFA를 도입할 예정이다. 이처럼 현재 아프리카 대륙은 암호 화폐 기반의 혁신이 벌어지고 있다.[85]

이들 이외에 10여 개국이 블록체인 기반의 법정 화폐를 실험 중이거나 검토하고 있다.[86] 중국 인민은행은 2016년 1월 블록체인 기반의 디지털 법정 화폐를 발행할 계획이라고 발표했다가, 2016년 8월에는 디지털 화폐를 조기 발행하겠다고 발표했다.[87] 인민은행은 이미 2014년부터 디지털 화폐를 본격적으로 연구해왔다. 2014년에는 디지털화폐연구팀을 설립했고, 2015년 초부터 핵심기술인 블록체인은 물론 디지털 통화의 발행 및 유통 환경, 관련 법률 문제를 연구해왔다.[88]

또한 2017년 4월 현재 홍콩 중앙은행은 블록체인 기반의 디지털 화폐를 테스트하고 있다고 밝혔다. 중앙은행은 올해 말까지 이 시스템의 콘셉트를 증명하는 작업을 완료할 예정이다.[89]

캐나다 중앙은행은 은행 간 거래에 사용할 블록체인 기반 기술을 실험하고 있다고 발표했다.[90] 싱가포르통화청 역시 은행 간 거래에 사용할 블록체인 기반의 디지털 화폐를 테스트하고 있다.[91] 이외에도 프랑스·독일·네덜란드가 블록체인 기반의 디지털 화폐를 실험하고 있으며, 미국·영국·덴마크·인도 등이 도입을 검토 중이다.

정부 기관은 아니지만 유명 은행들도 자체적인 블록체인 기반 디지털 화폐를 개발하고 있다. 스위스의 UBS은행을 비롯한 싱가포르 DBS, 스페인 산탄테르, 뉴욕 멜론은행 등 글로벌 대형 은행 네 곳은 2018년 초 상용화를 목표로 블록체인 기반 디지털 화폐를 공동 개발 중이다.[92]

사실 은행들에게 블록체인 기술은 그렇게 환영할 만한 기술은 아니다. 자칫하면 은행의 핵심 기능을 대체할 잠재력을 지니고 있기 때문이다. 디지털 화폐가 도입될 경우, 개인들은 지금처럼 여러 은행에 여러 개의 계좌를 개설하지 않고 중앙은행에 하나의 계좌만 개설하면 된다. 법정 화폐에 대한 최종적인 책임은 국가에게 있기 때문에 디지털 화폐 정보는 중앙에서 관리할 수밖에 없기 때문이다. 즉 은행마다 개인 계좌를 둘 이유가 없어지고, 개인들은 중앙은행에서 돈을 직접 인출하거나 입금하는 구조가 될 수밖에 없다. 은행의 존재 이유 중 큰 부분이 갑자기 사라지는 것이고, 은행의 역할과 사회적 위상에서 변화가 생길 수밖에 없다. 이처럼 블록체인의 도입은 현존하는 금융산업에 지각변동을 일으킬 것이다. 그럼에도 불구하고 은행들이 블록체인 기술을 도입하지 않을 수 없는 것은 그것이 비용이나 안전성 면에서 도저히 거부할 수 없는 대세이기 때문이다.

예정된 미래 '블록체인 사회'

지금까지 각 국가의 공공 영역에서 진행되고 있는 블록체인 프로젝트들을 살펴보았다. 이 글을 쓰기 위해 자료를 뒤져보기 전까지는 필자 역시 이렇게 많은 블록체인 프로젝트들이 진행되고 있으리라고는 생각하지 못했다. 특히 온두라스와 같은 경제 빈국들, 서아프리카의 여러 나라들처럼 사회적 인프라가 제대로 개발되지 않은 나라들, 권력층이 정보 조작으로 비리를 저지르는 나라들에서 자국의 문제들을 극복하기 위해 블록체인을 도입하려는 현상은 주목할 만하다. 어쩌면 이들 국가들 중에서 2000년대 IT 붐으로 경제 성장을 이루었던 한국처럼 신흥강국이 등장할 가능성도 배제할 수 없다.

필자가 블록체인을 본격적으로 파고들기 전인 불과 1년 전과 비교하면 정말 엄청난 변화가 벌어지고 있다. 물론 여기서 언급한 어떤 프로젝트들은 소리 소문 없이 문을 닫았을 수도 있다. 그러나 이 정도만으로도 정부 및 공공 영역에서 블록체인을 도입하는 것이 곧 대세가 될 것이라는 사실을 보여주는 데는 부족함이 없을 것이다. 정부가 블록체인을 도입하는 것은 거스를 수 없는 세계적 흐름이다.

그런데 혹시나 이것이 한국이 비교적 빠르게 선도해왔던 또

다른 전자정부 프로젝트는 아닐까? 그렇지 않다. 블록체인을 정부 및 공공 영역에 도입하는 것이 정부 조직에 근본적인 변화를 가져올 것이기 때문이다. 전자정부는 기존의 정부 조직을 그대로 두고 기존의 문서를 거의 그대로 전자문서로 바꾸는 프로젝트에 가까웠다고 볼 수 있다. 반면 블록체인 기술이 도입되면 기존의 정부 조직 자체가 바뀔 수밖에 없다. 스웨덴의 토지 거래 시스템과 같이 자동화된 행정 시스템이 도입되면, 지금까지 손과 종이로 토지 거래를 처리했던 많은 공무원들이 불필요해지기 때문이다. 나아가 이러한 시스템이 기존 행정 시스템을 본격적으로 대체하기 시작한다면, 현재와 같은 공무원들의 위상과 역할이 바뀔 수밖에 없다.

블록체인이 가져올 사회경제적 변화는, 그저 조금 나은 디지털 기술을 도입하는 정도가 아니다. 그것은 지금까지 우리가 경험해보지 못했던, 중간 매개자 없는, 탈중앙화된 혹은 분권화된 신뢰 시스템을 구축하는 것이기 때문이다. 블록체인을 아는 사람들은 블록체인이 기존의 모든 중간 매개자들을 없앨 것이라고 예견한다. 예컨대 블록체인 기반 증권 거래 시스템이 들어오면 당장 증권예탁원의 용도가 없어진다. 주식을 사거나 팔면 3일 후에 거래가 완료되는 것은 증권예탁원에서 거래를 처리하는 시간 때문이다. 그런데 블록체인 기반의 증권 거래 시스템이 도입되면 거래 과정이 실시간으로 바뀐다. 따라서 증권예탁원 같은 중간 매개 조직이 필요 없어지는 것이다. 중간 매개 조직이 그저 없어지는 것만이 아니다. 개인들이 중간 매개자 없이 직접 네트워크로 연결됨에 따라 P2P 금융, P2P 보험 등 개인들의 연대 그 자체만으로 구성된 새로운 형태의 금융 서비스가 등장하게 된다.

아니, 보다 정확하게 이야기하자면 기존의 중간 매개자들이 블록체인 기술로 구현된 어떤 기술적 서비스로 대체되는 것이다. 블록체인은 기술이 제공하는 신뢰를 기반으로 사회 시스템을 재구조화하는 툴이다. 블록체인 기술이 성숙한 수준으로 사용될 경우 우리는 기술이 매개하는 사회, 기술이 매개하는 조직, 기술이 매개하는 경제 시스템 속에 살게 될 것이다. 이러한 현상은 민간 영역만이 아니라 정부 조직에서도 비슷하게 나타나게 될 것이다. 그것은 예정된 미래다.

이 현상을 이해하기란 쉽지 않다. 인류는 사람이나 조직이 아니라 오로지 기술이 개인들 사이를 매개하는 사회를 경험해본 적이 없기 때문이다. 사람이 매개하는 사회적 기술에 의해서가 아니라, 사회의 규칙과 약속들이 기술적 장치들 속에 온전히 내장되어 단지 기술만으로 사람들의 관계를 매개하는 그런 사회를 경험해본 적이 없기 때문이다. 그런 측면에서 이 현상들을 보다 근본적인 수준에서 분석할 필요가 있다. 우리는 아직 블록체인이란 기술을 어떻게 바라봐야 할지, 그것이 사회적으로 가지는 의미가 무엇이고 사회를 어떻게 근본적으로 바꾸어낼지를 해석할 수 있는 틀이 부족하다. 그래서 필자는 블록체인 정부의 구체적인 모습을 그리기 전에, 현재의 기술 변화 그리고 그 기술 변화가 사회에 미치는 영향을 먼저 고찰하고자 한다.

2
사회적 기술

기술과 동거하기

영화사에 길이 남을 스탠리 큐브릭의 명작 〈2001 스페이스 오디세이〉는, 우연히 '뼈다귀'의 사용 용도를 발견하는 유인원을 클로즈업하는 장면으로 시작한다. 유인원이 발견한 새로운 도구인 뼈다귀는 하늘 높이 던져져 우주선으로 변신한다. 큐브릭은 도구의 사용이 유인원과 인류가 갈라지는 지점이라는 것을 이렇게 극적으로 영상화했다. 최근의 인류학적 연구는 인류의 조상들이 250만 년 전부터 도구를 사용해왔음을 증명한다.[1] 남아 있는 인류학적 증거가 그 시점이니, 인류는 훨씬 오래전부터 도구를 사용했을 것이다. 그리고 우리는 현대적인 도구에 대해 '기술'이라는 이름을 붙였다.

인류는 끊임없이 기술을 개발해왔다. 사실 인류의 역사는 기술과 함께한 역사라고 봐도 무방하다. 들짐승을 길들여 가축으로 기르는 일, 볍씨를 심어 농작물을 재배하는 일, 돌을 파서 글자를 새기는 작업, 파피루스나 닥나무로 종이를 만드는 일, 나무의 꽃이나 뿌리 등에서 즙을 내어 천을 염색하는 방법 등은 지금은 너무도 자연스러워 그것이 태초부터 인간과 함께한 삶의 방식처럼 느껴진다. 하지만 사실 그런 기술들 하나하나가 사회에 자리 잡기까지는 최소 수백 년에서 수천 년이 걸렸다.

그리고 그렇게 차곡차곡 발전한 기술 덕분에, 우리는 이제 인간보다 더 바둑을 잘 두는 알파고와 '동거'하는 시대에 이르렀다. 우리는 그야말로 기술의 극단 시대에 살고 있다. 전 세계 인구를 네트워크로 묶어낸 IT 기술, 생명의 신비를 한 꺼풀씩 벗겨내고 조작하는 것을 넘어 이제 생명 그 자체를 창조하는 단계에까지 이른 유전공학과 생명공학, 분자 수준의 물질을 조작하고 움직이는 나노 기술, 달을 넘어 화성까지 진출하고 있는 우주항공 기술, 영화 〈매트릭스〉에서처럼 인간의 감각과 인지 기능을 프로그램으로 대체하는 가상현실 기술, 인간과 같이 두 발로 걷는 로봇 기술, 알파고와 같이 인간의 계산력과 판단력을 따라잡고 있는 인공지능, 그리고 이 책에서 다루고 있는 블록체인 기술까지… 과연 우리는 기술의 홍수 속에 살고 있다. 날마다 새롭게 쏟아지는 기술들을 보면서 기술의 엄청난 발전 속도에 매일매일 압도당한다.

이 흐름은 마치 엔트로피 법칙처럼 비가역적이다. 한번 사회에 수용된 기술은 인간에게 일종의 환경처럼 숙명이 된다. 그리고 기술은 마치 유전자가 그러하듯 끊임없이 진화한다. 기술의 역사를 보자면 마치 기술에서도 다윈주의가 관철되는 듯하다. 이러한 기술 앞에서 인간에게는 두 가지 선택지가 제시된다. 기술을 수용하고 적응하고 활용하든가, 아니면 기술에 의해 외면당하든가. 이것은 역사적으로도 현실적으로도 부정할 수 없는 사실이다.

기술만능주의를 이야기하려는 것이 아니다. 기술만능주의는 기술에 기대어 자신의 욕망을 감추려는 위장막일 뿐이다. 기술결정론을 이야기하려는 것도 아니다. 사실 모든 결정론은 회고적 시점에 불과하다. 역사를 구성했던 다양한 사건들을 되돌아보면 마치 '그것은 그렇게 될 수밖에 없었다'고 판단하게 되는 사후적 필연성이 존재한다. 마치 그것이 과거의 어느 시점부터 결정되어 있었다는 듯이…. 그러나 이러한 필연성은 그 역사를 구성하는 수많은 사건들의 개요와 역사적으로 확정된 결과들을 재구성해서 도출되는 사후적인 판단일 뿐이다. 결정론은 사후적인 판단을 과거로 투사하여 마치 그것이 필연성을 갖고 있었던 것처럼 오인하는 '인식론적 착각'일 뿐이다. 사실 그렇게 따지면 모든 과거는 필연적이다. 과거는 이미 결정되었기 때문이다. 그렇다고 미래가 정해져 있는 것은 아니다.

기술만능주의와 기술결정론의 반대편 극단인 기술무용론 혹은 기술로부터의 도피를 외치는 주장 역시 이 시대를 진단하는 데는 의미 없는 담론이다. 기술무용론은 오늘날과 같이 기술이 발

달한 시대에는 그야말로 무용한 이야기일 뿐이다. 우리는 환경으로부터 지대한 영향을 받고 사는데, 그 환경의 아주 많은 요소들을 구성하는 것이 바로 기술이다. 이미 오래전부터 우리는 기술의 섬 위에서 기술과 동거하고 있다.

　　기술에 대한 결정론적 시각 혹은 기술로부터 도피할 수 있다는 시각은, 기술을 단순히 '기계'라는 물리적 실체에 구현된 어떤 것으로 볼 때에나 가능한 것이다. '기술이 결정한다'는 주장은 사람들의 적응, 노력, 저항, 변형, 전유 등이 기술 그 자체에 영향을 미칠 수 없다는 전제를 깔고 있다. 또한 기술로부터 도피할 수 있다는 생각은 기술을 우리로부터 떼어놓을 수 있는, 우리가 그것 없이도 살아갈 수 있는 '그 무엇'으로 인식할 때나 가능한 이야기다.

　　이러한 현상은 기술이 가지고 있는 물리적 측면만을 바라봄으로써 나타나는 인식론적 착각이다. 우리는 두 종류의 기술을 구분해야 한다. 하나는 통상적으로 '기술'이라는 용어를 사용할 때 의미하는 물리적 기술Physical Technology, 즉 "공학적 지식과 과학적 지식을 동원하여 사물을 변화시키거나 변형시키는 방법"을 의미한다. 그리고 이와는 또다른 종류의 기술이 존재하는데, 바로 사회적 기술Social Technology 또는 Socio-Technology이 그것이다.

사회적 기술이란 무엇인가

사회적 기술이라는 개념은 우리에게 그리 친숙한 개념이 아닙니다. 게다가 그 개념은 여러 가지 의미로 사용되고 있다. 그래서 먼저 필자가 사용하려는 사회적 기술의 개념을 명확하게 할 필요가 있다. 사회적 기술이라는 개념은 크게 세 가지의 의미를 내포하고 있다.

첫 번째는 사회적 기술을 사회의 대인관계에서 개인이 행동을 '적절하게' 혹은 '잘' 하는 기술skill을 지칭하는 용어로 사용하는 것이다. 통속적인 용어로 이야기하자면 '처세술' '용인술' '대인관계술'과 같이 타인과 원만하게 관계를 맺거나 조율하는 기술, 그리고 때로는 타인을 조종하는 기술(매너, 태도, 화법, 설득법 등)이다. 이것이 '사회적 기술'에 대해 가장 많은 사람들이 떠올리는 개념일 것이다. 예컨대 인터넷 서점에서 '사회적 기술'을 검색하면 상단에 주로 이런 종류의 책들이 나온다.

두 번째는, 사회적 기술Social Technology을 사회과학Social Science이라는 개념의 상보적인 개념으로 보는 것으로, 사회과학적 지식을 사회 문제를 해결하는 데 사용하는 구체적인 기술이나 방법론을 의미한다. 두 번째 개념은 사회적 문제나 과제 해결을 위해 사회적 기술을 '활용'하는 것에 초점을 둔 개념이다. 이와 같은 입장은 1901년에 헨더슨C. R. Henderson이 쓴《사회적 기술의 범위The Scope of

Social Technology》에 잘 정의되어 있는데, 이 같은 시각이 학문 영역에서 일반적으로 논의되는 사회적 기술 개념이다.[2]

첫 번째 개념과 두 번째 개념은 다소 명확하게 구분할 수 있다. 첫 번째 개념은 개인이 다른 개인을 어떻게 대할 것인가에 관심을 둔다. 즉 사회적 기술을 태도와 매너의 관점에서 본다는 측면에서 다른 두 개념과 차이가 난다. 특히 첫 번째 개념은 기술을 개인이 혼자 소유할 수 있고 체화할 수 있는 것으로 본다는 면에서 큰 차이가 있다.

세 번째 '사회적 기술' 개념은 인간의 활동에 직접적으로 연결되어 인간들의 행동을 매개하고 개인들의 행동양식, 개인들 사이의 커뮤니케이션 방식과 커뮤니케이션 속도, 공동체 내부의 정보 유통 방식과 의사결정 방식을 매개하고 이들을 틀 짓는 일련의 기술들을 지칭한다. 즉 사회적 기술은 사회의 구조, 시스템, 사회관계, 개인들의 상호작용에 직접적으로 영향을 미치거나 혹은 그것들이 작동하는 데 기반이 되는 기술이다. 통상적으로 우리가 생각하는 '기술'이란 일상적인 개인들의 활동과 무관한, 공장이나 연구실 저 깊숙한 곳 또는 기계 속에 체화되어 작동하는 것들이다. 반면 사회적 기술은 바로 인간의 활동과 연계해 인간 사회를 움직이는 데 사용되고 있는 기술들을 의미한다. 즉 세 번째 개념은 사회를 구성하는, 사회가 작동하는 데 중요한 **매개체로 기능하는 기술 그 자체**를 명명하는 개념이다. 이러한 사회 장치들은 공동체 전체의 상호작용으로 만들어지는 것이지 개인이나 특정 집단(예컨대 두 번째 개념의 전문가 집단)에 속한 것이 아니다.

세 번째 개념은 미국의 유명한 경제학자 리처드 넬슨Richard Nelson이 정의한 것이다. 리처드 넬슨은 기술을 물리적 기술Physical Technology과 사회적 기술Social Technology로 구분하고, 사회적 기술을 "법, 제도, 화폐, 도덕규범 등 사회를 지탱하고 유지하는 체계"로 정의했다.[3] 필자가 사용하는 사회적 기술 개념은 여기에 기초를 두고 있다.[4] 사회적 기술이라는 개념이 중요한 까닭은 그것이 사람과 사람 사이의 교류 방식을 정의해주고, 커뮤니케이션을 가능하게 해주며, 개인과 조직, 조직과 조직 사이를 매개하거나 연결해주는 장치들이기 때문이다.

사회적 기술에는 우리가 통상적으로 '기술'로 취급하지 않았던 영역들이 포함된다. 사회적 기술의 대표적인 사례는 시장, 화폐, 관료제 등을 들 수 있다. 또한 말과 문자와 같은 언어 시스템, 왕정, 귀족정, 간접민주제, 직접민주제와 같은 정치 시스템도 사회적 기술이라고 볼 수 있다. 즉 사회를 유지하고 관리하고 운영하기 위해 사용되는 기법이나 방법론, 제도, 시스템 등이 모두 사회적 기술의 범주에 포함될 수 있다. 즉 우리는 사회적 기술을 일상적으로 사용하고 있는 것이다.

사회적 기술은 이렇게 거대하고 거창한 것들만 있는 것이 아니다. 인원수가 조금 많은 친목회에서 회장·부회장·총무를 뽑는 것, 몇 명이 같이 작업을 할 때 분업하는 것도 사회적 기술이다. 또한 농촌에서 집중적으로 노동력 투입이 필요한 시기에 노동 자원을 효율적으로 배분하기 위해 만들어진 두레나 계와 같은 사회조직 역시 사회적 기술에 포함된다. 우리가 지금 익숙하게 사용하고 있는 다양한 사회적 기술들은 인류가 수많은 시행착오를 거쳐 만들어온 것이다. 우리는 그것을 아주 어릴 때부터 세상을 살아가는 하나의 방법으로 일상생활에서, 학교에서, 혹은 사회에서 배워왔다.

앞에서 예를 든 시장, 화폐, 관료제는 물론이고 일부 공동체 조직에서 선택하는 만장일치 합의제, 근대 민주주의의 핵심 원리인 과반수 합의제, 간접민주제, 직접민주제 등은 모두 사회를 운영하기 위해 셀 수 없는 시행착오를 거쳐 역사적으로 만들어온 사회적 기술이다. 어떤 분들에게는 시장, 화폐, 관료제 및 여러 가지 정치체제들이 사회적 기술의 일종이라는 말이 낯설지도 모르겠다. 그런데 이 장치들을 사회적 기술로 해석할 때 우리는 기존과는 전혀 다른 관점에서 이 장치들을 해석할 수 있다. 또한 왜 블록체인이 이러한 기술들을 변형하거나 혁신하거나 대체하는 기술이 될 수 있는지를 설명할 수 있다.

나아가 사회적 기술의 맥락에서 '기술'을 바라볼 경우 기술

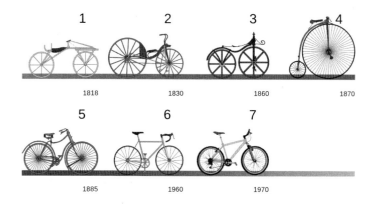

자전거의 변천사. 출처: 위키피디아[5]

만능주의나 기술무용론과 같은 시각과는 사뭇 다른 지평들이 열린
다. 사회적 기술은 기술과 인간(인간 사회)의 상호작용, 개인들의 상
호작용 사이에서 작동한다. 사회적 기술은 창조의 영역이면서 동시
에 싸움의 전장이기에, 기술 자체가 사회적으로 형성되고 결정된다.
아니, 물리적 기술조차도 사실은 사회적 갈등과 타협을 통해 만들
어진다. 위비 바이커Wiebe E. Bijker는 《자전거, 베이클라이트, 그리고
전구에 대하여Of Bicycles, Bakelites, and Bulbs》라는 책에서 자전거가 어떤
사회적 논란과 갈등을 거쳐 오늘날의 전형적인 자전거 디자인이 탄
생했는지를 보여준다.[6] 자전거 디자인은 1818년에 최초로 나온 이
후 자전거 스포츠 동호회와 자전거를 만드는 기술자들, 안전을 중요
시하는 여성들의 욕구, 자전거 반대론자들의 이해관계가 뒤얽히면

서 지속적으로 바뀌었다. 즉 오늘날의 자전거 디자인과 기술은 사회적 갈등과 타협의 과정을 통해 결정되었다는 것이다.

물리적 기술이 이러하다면, 사회적 기술은 더 말할 필요도 없다. 따라서 사회적 기술이라는 개념을 고려한다면 기술결정론 혹은 기술무용론, 기술로부터의 도피와 같은 주장 같은 것들은 자리 잡을 공간이 없어진다. 이러한 주장은 사회적 기술이라는 영역의 존재 자체를 인지하지 못하거나 혹은 의도적으로 배제해야만 성립할 수 있는, 기술에 대한 극단적이고 편협한 시각이다.

세상을 변화시키는 '사회적 기술'

로버트 라이트는 《넌제로》에서 다수의 개인들이 "협업을 할 수 있도록 유도하는 특정한 방식의 기술"에 대해서 이야기했다.[7] 예를 들면 한 명이 산토끼를 잡기 위해 이리 뛰고 저리 뛰는 것보다 여러 명이 모여서 토끼를 잡는 것이 더 성공 가능성이 높을 것이다. 또한 그물을 만들어 여러 명이 그물을 들고 토끼가 움직일 공간을 넓게 둘러싸고, 또다른 사람들이 그물이 있는 방향으로 토끼를 몰아간다면 잡을 가능성은 훨씬 높아질 것이다.

만약 열 명이 10미터의 그물을 가지고 있다 치자. 한 시간 동안 열 명이 제각각 1미터씩 그물을 나누어 갖고 각자 토끼를 잡는 경우와, 열 명 중 다섯 명은 토끼를 그물 쪽으로 몰고 다섯 명은 10미터짜리 그물을 들고 토끼를 잡는 경우를 생각해보자. 후자가 확실하게 성과가 좋을 것이다. 두 가지 경우에서 투입된 인력(열 명)과 자원(그물 10미터) 그리고 노동 시간(한 시간)은 동일하다. 그런데 성과는 다르다. 이 성과의 차이는 어디에서 기인하는 것일까? 바로 여러 사람들의 협동이다. 한 명이 혼자 일하는 것보다 열 명이 협력해서 일하는 것이 더 효율적이라는 말이다. 그렇다고 모든 협동이 다 효율적인 것은 아니다. 만약 열 명이 동시에 10미터의 그물을 들고 토끼를 쫓아 다닌다면, 당장 그물이 나뭇가지에 걸려 움직이지도 못할 것이다. 어쩌면 한 명이 토끼를 잡는 것보다 더 비효율적일지도 모른다. 그렇다면 모든 협력이 다 효율적이지는 않다는 의미가 된다. **즉 보다 효과적이고 효율적으로 성과를 얻어내는 협력의 방식이 존재한다.**

　　로버트 라이트는 긴 인류의 역사를 볼 때 협업을 유도하는 기술들이 점차 발전하는 방식으로 사회가 변해왔다고 한다. 이때 기술(여기서 말하는 기술이 바로 '사회적 기술'이다)이란 사람들이 상호작용하는 관계를 조정하는 기술일 수도 있고, 사람들의 행동을 특정한 방식으로 조직하는 도구들(앞에서 살펴본 '그물'과 같은 도구)을 사용하는 방법일 수도 있고, 작업의 순서를 재배치하는 것일 수도 있다.[8] 중요한 것은 이 기술들이 사람들의 관계를 어떤 방식으로 배치하느냐에 따라 협업을 더 쉽게 만들어준다는 것이다.

여기서 우리는 사회적 기술이 가지고 있는 몇 가지 특징을 확인할 수 있다. 첫 번째, 사회적 기술은 정해진 답이 없다. 사실 '정답'이 없다는 것은 '기술'의 특징이기도 하다. 과학은 수학적으로 검증되는 답 혹은 정해진 공식, 변하지 않는 단일한 법칙을 갖는 경우가 많지만, 어떤 목적을 달성하기 위한 기술의 가짓수는 정해져 있지 않다. 다만 여러 방법 중 보다 나은 방법 혹은 보다 적합한 기술이 있을 뿐이다. 사회적 기술 역시 그러하다. 어떤 일이나 문제를 해결하는 방법은 무수히 많다. 열 명이 토끼를 잡는 방법은 엄청나게 다양할 것이다. 물론 그렇다고 우리가 기술을 무작위로 선택하지는 않는다. 인간은 일반적으로 경제적·시간적 자원의 제한을 받고 있기 때문에, 많은 경우 수많은 방법들 중 보다 효과적이거나 효율적인 방법을 채택한다.

두 번째, 사회적 기술은 끊임없이 진화하고 확산된다. 이는 인간들이 효과적이거나 효율적인 방법을 채택하는 경향이 있기 때문이다. 어떤 개인의 노력으로 혹은 우연히 더 효과적이거나 효율적인 방법이 발견되거나 발명되면 많은 사람들이 기존의 방법을 버리고 새로운 방법을 채택한다. 이러한 방식으로 사회적 기술은 끊임없이 진화해왔다. 또한 사회적 기술은 비교적 쉽게 확산된다. 한번 도입된 사회적 기술은 리처드 도킨스가 '밈'[9]이라고 부른, 바로 그와 같은 방식으로 주변에 확산된다.

세 번째, 사회적 기술은 물리적 기술과 맞물려 작동한다. 앞의 토끼잡이 사례에서 보자면, 여럿이 협력하여 토끼를 잡는 사회적 기술에 '그물'이라는 물리적 기술이 결합되어 있다. 아마도 역사의 어느 시점에 그물이라는 물리적 기술이 외부에서 전파되었거나 혹은 내부에서 발명되었고, 이들은 그것을 토끼잡이에 적용했을 것이다. 혹은 그물을 만드는 기술과 더불어 그물을 이용한 토끼잡이 기술이 한꺼번에 다른 부족으로부터 전달되었을 수도 있다. 여기서 물리적 기술의 도입 경로는 그리 중요하지 않다. 중요한 점은, 새로운 물리적 기술이 도입될 때 기존의 사회적 기술을 변형시키거나 개선하는 방식으로 도입된다는 것이다. 토끼몰이 사례에서 그물은 사회적 협업 방식(=사회적 기술)을 개선하는 중요한 요소로 작동했다. 즉 그물이라는 물리적 기술이 도입됨으로써 사회적 기술이 보다 효과적이고 효율적으로 재구성된 것이다. 혹은 사람들은 사회적 기술을 개선하기 위해 물리적 기술을 의도적으로 도입하기도 한다.

인류 역사를 곰곰이 되새겨보면 물리적 기술이 배제된 순수한 사회적 기술을 찾기가 쉽지 않다. '문자 체계'라는 사회적 기술을 예로 들어보자.[*] 문자 체계는 글씨를 쓰는 붓, 연필, 펜과 같은 도구와 글씨가 쓰이는 점토판, 파피루스, 종이 혹은 인쇄기, 타자기 그리고 최근에는 컴퓨터와 같은 도구가 없으면 성립되지 않는다. 문자는 아주 명백하게 붓, 연필, 펜, 점토판, 파피루스, 종이, 인쇄기, 타자기,

컴퓨터와 같은 물리적 기술과 연동되어 있다.

문자보다 조금 덜 물리적일 것 같은 입말(구어)은 어떨까? 그것 역시 입술과 혀, 목구멍, 호흡근 움직임과 같은 물리적 기술이 개입된다. 어떤 분들은 말의 경우 인간의 신체로 구현되는 것인데 그것이 왜 '물리적 기술'로 분류되느냐고 반문할 수 있다. 그런데 폐에 있는 공기를 목구멍으로 내보낸다고 '말'이 되지는 않는다. 정해진 문법에 따라 정해진 입과 혀의 놀림으로 정해진 음가를 발음해야 비로소 말이 되는 것이다.

그러려면 입과 혀와 목과 호흡근이 특정한 혀 놀림과 입 모양, 목구멍의 크기, 숨을 내뿜는 강도를 조절할 수 있도록 수많은 훈련을 거쳐야 한다. 즉 근육을 움직이는 물리적 기술을 익혀야 하는 것이다. 보통 이 작업은 갓난아이부터 두세 살 사이에 집중적으로 이루어지기 때문에 이것을 물리적 기술을 배우는 과정이라고 생각하기 어렵지만, 이 과정은 명확하게 우리의 신체가 물리적 기술을 체화하는 과정이다. 입말은 인간이 자신의 신체로 물리적 기술을 익힘으로써 작동하는 사회적 기술이다.

■ 왜 문자 체계가 사회적 기술일까? 문자 체계는 개개의 문자 낱말이 각각 존재하는 것이 아니라 '문법'이라는 사회적 약속에 결부되어 작동한다. 문법이 없다면 문자 체계는 아무런 의미를 갖지 않는다. 즉 문자 체계는 사회적 약속으로 존재한다. 즉 사람들이 모두 그것을 문자로 인정하고 사용할 때만 작동하는 기술이다. 그것은 사회적 기술이다.

이처럼 사회적 기술과 물리적 기술은 서로 실타래처럼 얽혀 있다. 사람들이 상호작용하는 데 있어 새로운 물리적 도구가 도입되면 기존의 사회적 기술이 이 물리적 도구를 효과적으로 사용하는 방향으로 변화한다. 이렇게 되면 기존의 협업 방식에서 개인들이 맡았던 역할이 변하고 역할의 중요성도 변한다. 때로는 기존에 있었던 역할이 아예 없어지기도 한다. 즉 새로운 물리적 기술이 도입되면 그 물리적 기술에 맞추어 사회적 기술이 변화하거나 혹은 새로운 사회적 기술이 개발되고, 나아가서 사회의 구조도 함께 변화하는 것이다. 이러한 사례는 역사 속에서 수도 없이 찾아볼 수 있다. 문자, 종이 제조 기술, 인쇄 기술, 인터넷이라는 실시간 네트워크 기술, 말 (승마), 수레, 자동차… 이러한 물리적 기술의 도입은 기존에 사용하던 사회적 기술을 변형시키거나 대체해왔다.

네 번째, 중추적인 사회적 기술의 변화는 곧 사회 자체의 변화를 의미한다. 아니, **사회의 변화는 그 사회의 중추적인 사회적 기술이 변화함에 따라 일어난다**고 말하는 것이 더 정확할 것 같다. 더불어 이 말은 사회적 기술에 획기적인 변화가 없으면 사회가 크게 변화했다고 말할 수 없다는 의미이기도 하다. 언어(말), 문자, 활자와 인쇄기술, 인터넷 등의 도입이 인간 사회에 어떠한 영향을 미쳤는지 생각해보라. 언어(말)는 인간이 동물과 구별되는 중요한 특징이 되었고, 문자는 인류가 지식 축적의 단계로 이끌었다. 인쇄 기술은 정보의 대중화를 이끌어 근대사회를 만들었고, 인터넷은 인류를 또다른 새로운 종으로 바꾸는 중이다.[10] 이처럼 사회의 중추적인 사회적 기술이 변화되면 인간 사회 자체가 변화한다.

사회 전체의 효율성은 사회가 얼마나 효율적인 커뮤니케이션 기술을 사용하는지 혹은 사회적 기술을 얼마나 효과적으로 사용하는지에 따라 달라진다. 강철규 교수는《사회적 기술과 경제발전》에서 1998년부터 2006년까지 68개 국가들에 대해 조사한 결과 사회적 기술을 잘 구축한 나라일수록 경제성장률이 상대적으로 빠르게 증가했다는 점을 실증적으로 분석했다.[11] 통상적으로 우리는 물리적 자원이 풍부한 나라가 경제성장률이 빠를 것이라고 생각하지만, 실제로는 물리적 자원보다 사회적 기술이 훨씬 더 중요한 역할을 한다는 것을 보여준 것이다. 이에 대해 에릭 바인하커는《부의 기원》에서 다음과 같이 이야기한다.

이스털리와 레빈은 이런 모든 요소들이 어느 정도 중요하기는 하지만 가장 의미 있는 요소는 국가의 사회적 기술 상태라는 사실을 알게 되었다. 법률 규정, 재산권의 존재, 잘 조직된 금융 제도, 경제적 투명성, 부정부패 척결 그리고 그 외의 사회적·제도적 요인들이 국가의 경제적 성공을 결정하는 데 다른 범주에 속하는 요인들보다 훨씬 더 큰 역할을 했다. 천연자원이 거의 없고 정부가 무능한 국가라 할지라도 강력하고 잘 개발된 사회적 기술이 있다면 상당한 성과를 거둘 수 있다. 이렇듯 사회적 기술이 형편없는 국가들 중에 좋은 성과를 거둔 나라는 하나도 없었다.[12]

또한 대런 애쓰모글루와 제임스 로빈슨은《국가는 왜 실패하는가》라는 책에서 한 나라의 성장과 발전을 좌우하는 것은 지리적 위치, 자연자원, 문화 등 다른 어떤 요인들보다 제도라고 말한다. 억압적이고 수탈적인 정치사회 제도는 결국 포용적인 제도에 밀릴 수밖에 없다는 것이다.[13] 여기서 말하는 '제도'가 바로 사회적 기술이다. 위와 같은 분석들은 사회와 경제발전의 함수를 이해하는 데 있어 대단히 중요한 분석이다. 우리가 어떠한 사회적 기술을 사용하느냐에 따라 사회가 달라진다면, 그것은 새로운 사회적 기술을 개발함으로써 사회를 변화시킬 수 있다는 의미가 되기 때문이다.

인류의 역사는 물리적 기술 그 자체에 의해서 변화해왔다기보다는 새롭게 등장한 물리적 기술을 활용하여 새로운 사회적 기술을 만들어내는 사람들의 노력에 의해 변화해왔다. 바로 이 지점에서 인간들의 '노력'이 역사에 개입할 여지가 생긴다. 개인들의 노력이 사회를 바꿀 수 있다고 말할 수 있는 이유는, 개인들이 그 시점에 존재하는 물리적 기술을 활용하여 특정한 상황에 특정한 문제를 해결하기에 적합한 사회적 기술을 새로 '개발'해왔기 때문이다. 사회적 기술이라는 개념이 유용한 것은, **사회를 개선하는 데에 인간의 노력이 개입할 여지를 제공**해주기 때문이다. 더불어 사회적 기술이라는 개념을 도입해야만 IT 기술 그리고 나아가 블록체인 기술이 가지고 있는 독특한 성격을 분석할 수 있다. 바로 이 시각에서 현재를 바라본다면, 블록체인 기술을 어떻게 활용하느냐에 따라 우리가 사회가 달라질 것이라고 말할 수 있다.

IT, 사회적 기술의 황금기를 만들다

필자가 특별히 지금 시대에 사회적 기술에 대해 강조하는 이유는 IT 기술이 사회적 기술의 진면목을 보여주고 있기 때문이다. 이 책의 주제인 블록체인 기술 역시 IT 기술의 일부다. 특히 사회적 기술은 '소프트웨어'라는 새로운 물리적 기술이 등장하고 나서부터 그 확장성이 폭발했다. IT 기술은 새로운 유형의 사회적 기술을 개발하는 데에 탁월한 성능을 가지고 있기 때문이다. 소프트웨어는 사회적 기술을 만들 수 있는 가장 유연한 도구다. 따라서 사회적 기술이란 개념은 소프트웨어에 기반을 둔 IT 시대에 이르러서야 비로소 제대로 조명받을 수밖에 없다.

IT란 Information & Telecommunication(정보통신)의 줄임말이다. IT 기술은 문자 그대로 두 가지 기술이 결합되어 있다. 하나는 디지털 기술로 정보를 생산·저장·변형하는 기술이고, 다른 하나는 통신 즉 정보를 주고받는 네트워크 처리 기술이다. IT 기술은 입말 언어, 문자 언어, 인쇄 언어, 그림 언어를 포함한 현존하는 거의 모든 커뮤니케이션 기술들을 디지털 기반으로 바꾸어버렸고, 그럼으로써 공간의 제약을 벗어난 커뮤니케이션을 가능하게 해주었다. 정보를 디지털화하여 보다 효율적으로 다루는 '정보기술'과 공간적 제약을 뛰어넘어 정보를 전달할 수 있는 '네트워크 기술'이 결합되어, 우리가 일상적으로 사용하는 커뮤니케이션 기술들을 완전히 바꾸어놓은 것이다. 그래서 학문적으로 IT 기술을 다른 모든 미디어 기술들을 통합한 '통합 미디어 기술'이라고 부르기도 한다.

IT라는 개념 안에 이미 '커뮤니케이션Communication'이라는 단어가 들어 있는 것에서 볼 수 있듯이, IT 기술은 특별히 커뮤니케이션 기술과 깊은 연관성을 가지고 있다. 커뮤니케이션 기술이란 인간의 협력, 협업, 공동작업과 직접적으로 연결되는 기술이며 또한 인간들의 가장 기본적인 활동이기도 하다. 그래서 IT 기술은 다른 어떠한 기술보다 더 사회적 기술의 성격을 강하게 띤다. 그동안 과학기술은 제품에 내재되어서만 사용자를 만났다. 예를 들어 자동차 기술은 사회 전체의 이동 속도를 가속화함으로써 엄청나게 사회를 변화시켰음에도 불구하고, 단지 물리적 기술로만 인식될 뿐 그것이 '사회적 기술'로 작동했다는 사실은 크게 인식되지 않는다. 그래서 기술에 대한 논의에서 기술이 가지는 사회성은 눈에 잘 보이지 않았다. IT 기술은 이와 사뭇 다르다. IT 기술은 그 자체로 사회적 기술로 존재한다. 즉 **인간의 활동 자체에 연결되는 것이 IT 기술의 특징**이다.

 인간의 활동 자체에 연결되는 기술이라는 말은 곧 개인과 개인의 상호작용을 IT 기술이 매개한다는 것을 의미한다. 개인과 개인의 상호작용을 기술이 매개하는 사례는 흔하게 볼 수 있다. 우리가 일상적으로 사용하는 문자메시지, 카카오톡 혹은 소셜네트워크 서비스 등이 모두 이러한 기술에 속한다. P2P 기술도 마찬가지다. 서문에서 "블록체인 기술은 진정한 의미의 '피어 투 피어Peer-to-Peer'사회를 완성시키는 기술"이라고 썼는데, 피어 투 피어 사회는 개인과 개인이 면 대 면Face-to-Face으로 직접 상호작용하는 사회가 아니다. 그것은 개인과 개인의 상호작용을 다른 사람, 다른 회사, 다른 조직이 매개하는 것이 아니라 바로 '기술'이 매개한다는 의미다. 피어 투 피어, 즉 P2P라는 개념은 한국어로 번역하기 쉽지 않은데, 이것을 '퍼슨 테크놀로지 퍼슨Person-Technology-Person'으로 재해석하면 아주 쉽게 이해된다. 여기서 'to'는 'Technology'와 같은 의미다. 즉 '기술이 매개하는 인간 상호작용'으로 해석하는 것이 정확하다.

 IT 시대를 사는 우리들은 엄청나게 많은 커뮤니케이션 도구들 즉 개인과 개인의 상호작용을 매개해주는 기술들을 경험하고 있다. 게시판 형태의 커뮤니케이션 도구가 있는가 하면, 서로 흩어져 있는 개인끼리 일대일로 혹은 여러 명이 마치 앉아서 대화를 하는 것과 같은 커뮤니케이션을 가능하게 해주는 카카오톡이나 라인, 왓츠앱 같은 실시간 커뮤니케이션 도구도 있다. 페이스북이나 트위터처럼 현실의 사회관계망을 온라인으로 옮긴 SNS형 커뮤니케이션 도구도 있다. 그 밖에도 엄청나게 많은 커뮤니케이션 도구들이 난무하는 것이 우리가 사는 세상이다. 지인과 단 둘이 나누던 대화 방식, 귓속말로 주고받던 방식, 한 명이 여러 명을 대상으로 이야기하는 방식, 여러 명이 서로 자기주장을 하면서 토론하는 방식, 편지로 커뮤니케이션하는 방식 등 기존의 오프라인에서 하던 거의 모든 커뮤니케이션 양식들이 온라인화되어 구축되어 있다.

스냅챗[14]이라는 미국의 서비스는 상대방이 내용을 확인하면 10초 후에 채팅 내용이 사라지는 새로운 커뮤니케이션 양식을 구현했다. 입말 언어는 말하는 즉시 사라지고 문자 언어는 문자로 쓰이면 기록이 남는 특성이 있는데, 문자 언어에 기반한 온라인 채팅에 입말 언어와 같은 특성을 구현한 것이다. 또한 게시판 댓글이나 채팅방과 같이 다수가 다수와 함께 대화하는 모델은 오프라인에서는 쉽게 구현되기 어려운 커뮤니케이션 양식이다.

이처럼 IT 기술의 시대에 와서 커뮤니케이션 기술은 폭발하고 있다. IT 기술이 그야말로 사회적 기술의 황금기를 만들어낸 것이다.[15] 필요하다면 기존에는 불가능했던 커뮤니케이션 방식도 구현할 수 있다. 21세기를 살아가는 우리는 역사상 존재했던 어떠한 기술적 도구보다 더 강력한 도구를 가지고 있는 것이다. 바로 이런 의미에서 개인과 개인 혹은 개인과 집단, 집단과 집단 사이를 엮어주는 기술의 성격과 특징이 중요한 논제로 떠오른다. 사회적 기술이란 바로 기술의 이러한 특징을 파악하고 분석할 수 있도록 해주는 개념이다.

그런데 IT 기술 시대로 진입하면서 물리적 기술의 비중과 역할은 훨씬 더 커졌다고 볼 수 있다. IT 기술이 확산되는 과정은 분명히 기술에 대한 인간의 의존성이 커지는 과정이다. 인간이 기계에 의존하는 비중이 커진다는 것은 사회적 기술에서 물리적 기술이 차지하는 비중과 역할이 커지고 있다는 말과 같다. 그렇다고 물리적 기술이 사회적 기술을 압도하거나 사회적 기술의 가능성을 줄이는 것이 아니다. 오히려 여기서 주목해야 할 것은 IT 기술이 기존의 물리적 기술로는 불가능했던 새로운 사회적 기술을 가능하게 해준다는 점이다.

그런데 이 말이, 아무거나 원하는 대로 만들 수 있다는 뜻은 아니다. 모든 기술의 속성이 그러하듯이, 소프트웨어를 가지고 무엇을 만들면 필연적으로 소프트웨어가 가진 속성으로부터 제한을 받게 된다. 소프트웨어 기술을 활용해 자유롭게 우리가 원하는 기능을 만들 수 있음에도 불구하고 그것이 우리에게 주는 제약은 무엇일까? 그것은 소프트웨어로 구현된 **코드가 법으로 작동한다**code is law는 사실이다. 즉 소프트웨어는 우리의 행동을 제한하는 법으로 작동한다. 이것에 대해서는 다음 장에서 자세하게 살펴보자.

지금 여기서 우리가 주목할 점은 블록체인은 여기서 한걸음 더 나아간다는 사실이다. **블록체인은 '코드가 곧 법'이라는 것을 완성하는 기술**이다. 블록체인은 소프트웨어로 구현되었지만 '아무도 위반할 수 없는 법'을 구현해주기 때문이다.

정치가 결합된 기술, 블록체인

블록체인 기술은 기술과 사회가 만나는 바로 그 지점에서 작동한다는 것이 재미있고 독특하다. 사실 기존의 IT 기술은 거의 대부분 인간의 개입이 없어도 작동된다. 아주 단순화한 예를 보자면, 컴퓨터-모뎀-라우터-라우터-모뎀-컴퓨터로 연결되는 인터넷 연결망은 인간이 개입하지 않아도 그 자체로 작동한다. 장비들을 설치하고 인터넷 선과 전기를 잘 연결하면 그만이다. 인간은 그 기술들이 만들어놓은 네트워크 기능을 사용할 뿐이다.

그런데 블록체인 기술은 그렇지 않다. 그것은 성공적으로 설치하는 것만으로는 작동하지 않고 인간이 참여해야만 작동한다.[■] 물론 블록체인은 당연히 물리적 기술 없이는 돌아가지 않는다. 그것은 엄청난 하드웨어 자원과 더불어 컴퓨터공학 수학, 암호학, 게임이론, 경제이론 등이 버무려져 알고리즘으로 구현된 고난이도 소프트웨어 기술의 집약체다. 예를 들어 비트코인을 가능하게 해주는 비트코인 블록체인은 현존하는 슈퍼컴퓨터 500대를 합친 것보다 더 많은 컴퓨팅 자원을 사용하고 있다. 그러나 블록체인은 그것만으로 작동하지 않는다. 블록체인은 기술과 조직운영 정책이 맞물려야만 돌아가는 재미있는 기술이다.

이것은 블록체인이 '합의 알고리즘Consensus Algorithm'이기 때문이다. 즉 블록체인은 블록에 어떤 정보를 담을 것인가를 '합의'를 통해 결정하도록 되어 있다. 통상 블록체인은 잘 돌아가기에 이 합의 과정이 별 역할을 하지 않는 것처럼 보이지만, 실제로 블록체인

■ 여기서 모든 블록체인이 이와 같은 성격을 갖는 것은 아니라는 점을 밝혀두어야 할 것 같다. 2016년을 기점으로 제한적인 목적을 가지고 새롭게 개발되고 있는 블록체인 기술은 인간의 참여 과정이 대폭 줄어들었다. R3 프로젝트와 같이 금융권에서 개발하고 있는 허가형 블록체인 기술Private blockchain, Permissioned blockchain은, 기존의 비트코인이나 이더리움과 같은 오픈형 블록체인Public blockchain, Permissionless blockchain과는 달리, 블록체인 기술을 단지 '안전하고 효율적인 저장 장치'로 사용하는 데 초점을 두고 있다. 비트코인이나 이더리움은 아무도 신뢰를 보장하지 않는 환경 속에서 네트워크 자체가 신뢰를 보장하는 구조이지만, 금융권 등이 개발하고 있는 블록체인은 기존의 은행 등 전통적으로 신뢰를 담보해오던 기관들이 신뢰 담보기능을 제공하고, 안전하고 빠르고 효율적인 저장 장치를 제공하는 기술 정도로 블록체인을 활용하는 것이다. 이와 관련해 최근 R3 측은 자신들이 구현하는 기술은 분산원장Distributed Ledger이지 블록체인 기술이 아니라고 의사를 표명한 바 있다.(https://www.cryptocoinsnews.com/r3-corda-is-not-a-blockchain-and-we-didnt-say-it-was-as-critics-take-aim 참조). 여기서 필자가 대상으로 하는 블록체인 기술은 비트코인, 이더리움과 같이 블록체인 그 자체가 신뢰를 보증하는 장치로 작동하는, 아무나 사용할 수 있고 참여할 수 있는 '허가가 필요 없는 블록체인' 혹은 '퍼블릭 블록체인'이다.

이 처리하는 일은 하나의 데이터를 저장할 것인가 버릴 것인가를 매 순간 반복적으로 검증하여 합의하는 과정이다. 블록체인은 안전하지만, 다수의 개인들이 이 네트워크에 참여하지 않으면 안전성이 담보되지 않는다는 특성을 가지고 있다. 그래서 각 블록체인들은 개인들이 자발적으로 네트워크에 참여하도록 다양한 인센티브 정책을 구현해놓았다.

비트코인 블록체인에 구현된 작업 증명 방식은 개인이 컴퓨터와 전기세를 들여 그 네트워크에 참여해야 작동한다. 그래핀[16]이라는 블록체인 기술은 합의를 처리하는 '증인Witness'이라는 제도를 두었고, 텐더민트[17]도 '검증인Validator'이 합의 과정에 참여함으로써 작동한다. 또다른 블록체인 알고리즘인 스텔라[18]는 개인들이 소집단을 형성해서 합의를 처리하도록 구성되어 있다. 이렇게 블록체인은 다양한 방식으로 인간이 해당 알고리즘이 돌아가는 데 참여하도록 되어 있다.

한편 이와는 또다른 참여 과정이 존재한다. 블록체인 네트워크에 참여한 개인들은 블록체인 안에 구현된 알고리즘 자체에 대한 정책 결정 과정에 참여한다. 만약 블록체인의 성능 개선을 위해 핵심적인 부분에 수정안이 제출된다면, 네트워크에 참여한 개인들은 수정안을 적용할지 말지 판단하고 결정해야 한다. 따라서 블록체인은 인간의 개입이 있어야만 돌아가는 기술이라고 말할 수 있다.

그래서 **블록체인은 기술이 결합된 정치 혹은 정치가 결합된 기술**이다. 블록체인OS의 박창기 대표는 이러한 특징을 가진 기술을 거번테크Govern-tech[19]라고 이름 붙였다. 거번테크란 의사결정 구조 governance와 과학기술technology의 합성어로, 거버넌스(의사결정)와 관련된 어떤 사회적 기술들이 내재되어, 기술 그 자체가 공공 영역의 의사결정 과정에 바로 적용될 수 있는 기술을 의미한다. 그런 의미에서 블록체인은 거번테크의 대표적인 기술이라고 말할 수 있다.

사실 이전까지 우리가 아는 대부분의 물리적 기술 중 조직 운영 원리나 정책이 결합되어야만 작동하는 기술은 거의 존재하지 않았다. 대부분의 물리적 기술은 사회적 기술과 독립적으로 존재한다. 물론 물리적 기술들은 사회적 기술을 보다 잘 활용할 수 있도록 끊임없이 개발되고 개선된다. 예를 들면 스마트폰은 엄청난 물리적 기술의 집합체이며 또한 그것은 사람들이 손쉽게 사용할 수 있도록 세밀하고 미세하게 다듬어져 있다. 스마트폰의 성능과는 무관하게 단지 사람들에게 편리한 사용성을 제공하기 위해 독자적으로 고안된 엄청난 기술과 기능들이 결합되어 있다. 그럼에도 불구하고 그것은 사회적 기술과는 독립적으로 존재한다. 다만 사회적 기술을 잘 활용할 수 있도록 최적화되어 있는 것이다.

오히려 근대 이후 물리적 기술들의 과제는, 예를 들자면 자율주행 자동차나 자율주행 비행기, 운전사 없이 굴러가는 무인 철도나 무인 지하철 시스템, 사람 없이 돌아가는 무인공장, 스스로 작동하는 로봇처럼, 가능하면 인간의 개입 없이 기술 그 자체로 돌아가는 것을 만드는 것이 목적이었다. 인공지능의 목표 중 하나가 인간의 개입 없이 최대한 많고 복잡한 계산과 추론을 자동으로 수행하도록 하는 것이다.

그런데 블록체인은 기술의 역사에서 전혀 다른 계통을 만들어냈다. 블록체인은 그 작동 로직의 핵심에 사회적 기술이 녹아 있다. 즉 블록체인 안에는 물리적 기술과 사회적 기술이 결합되어 존재하는 것이다. 기존의 기술들이 자동화를 위해 중앙집중화를 극대화하는 방식으로 발전해왔다면, 블록체인은 수많은 개인들이 동등한 권한과 책임으로 참여하여 시스템을 작동시키는 분산형 시스템이다. 블록체인은 분권화해야만 작동하는 기술이고, 역으로 분권화를 위한 기술로 활용될 수 있는 기술이다. 그런 측면에서 블록체인은 특수한 기술이고 독보적이고 독창적인 기술이다. 블록체인은 기술이 인간에게 준 선물이다.

이러한 성격은 블록체인이 기본적으로 P2P 기술로부터 출발한 것에서 기인한다. P2P 기술은 독특한 성격을 가지고 있다. 그 자체가 인간의 참여로 이루어지는 기술이기 때문이다. 서문에서 언급했던 토렌트는 익명의 개인들 수십만, 수백만 명이 모여 거대한 P2P 네트워크를 형성한다. 여기서 참여자들은 권한도 의무도 동등하다.

P2P 기술은 1인 1표라는 민주주의의 기본 원리를 바탕으로 작동한다. 민주주의 원리는 사회적 합의, 약속, 규약, 법에 기반을 둔 사회적 기술로 작동하는데, P2P 기술에는 이 사회적 기술이 소프트웨어(물리적 기술)에 내장된 법으로 구현되어 있다.

블록체인은 P2P 기술의 이러한 성격을 이어받았고, 여기서 한걸음 더 나아갔다. P2P 기술은 그 내부에 합의 메커니즘이 존재하지 않는다. P2P 구조에서 개인들은 동등하게 참여하지만 무엇이 맞는지 틀리는지를 두고 합의할 일이 없기 때문이다. 그런데 블록체인은 '사회적 기술'로만 존재했던 합의 메커니즘을 기술 속에 내장했다. 우리는 통상 과반수 법칙, 만장일치 법칙, 2/3 결정의 법칙과 같은, 합의를 위한 사회적 기술을 사용한다. 합의 구조는 사회의 핵심 운영 원리다. 국가를 운영하는 국민투표의 원리에서부터, 친목회의 회장과 총무를 누구로 할지 혹은 더 사소하게 친구와 무엇을 먹을까 사다리를 타는 행위에도 합의 구조가 작동한다. **블록체인은 '다수의 합의'라는 사회적 기술을 활용하여 '위·변조 불가능한 데이터를 저장'하는 물리적 기술 즉 신뢰를 제공하는 기술을 구현한 것이다.**

블록체인의 설계 속에는 복잡한 컴퓨터공학, 수학, 암호학만이 아니라 행동경제학, 게임이론, 정치학 등 인문학적 통찰들이 녹아 있다. 블록체인의 해킹을 사실상 불가능하게 만드는 장치는 복잡한 암호학에도 있지만, 인간 행위의 동기 분석, 집단 행동 동학, 합의 메커니즘 등 고도의 인문사회학적 지식을 활용한 독특한 합의 구조도 큰 역할을 하고 있다. 블록체인 기술이 태생적으로 사회적 기술의 성격을 강하게 내포할 수밖에 없는 이유다. 그리고 바로 이런 이유 때문에 블록체인은 기존의 사회 시스템을 운영하는 데 필요한 조직, 운영 원리 등을 대체할 수 있는 물리적-사회적 기술이다.

3

코드는 법이다

소프트웨어가 나를 구속한다?

2007년 9월 10일, 국내 인터넷 1위 사이트 네이버는 대선을 맞이하여 한시적으로 정치 영역에 댓글을 달지 못하도록 각 기사 하단의 댓글 기능을 삭제했다.■1 대통령 선거가 끝날 때까지 댓글 기능을 열지 않겠다는 것이었다. 대신 네이버는 정치에 대한 글을 하나의 게시판에 쓰라며 '정치토론장'2을 열었다. 사용자들은 그 게시판에 정치에 대한 글을 쓰는 대신 네이버에 항의하는 글들을 쓰기 시작했다. 게시판은 정치토론장이 아니라, 순식간에 네이버에 대한 성토장이 되어버렸다. 네티즌들의 항의와 더불어 댓글 차단으로 인한 트래픽 하락을 경험한 네이버는 결국 11월 26일 댓글 기능을

■　보통 이런 경우에 댓글을 감추는 작업은 댓글 기능을 삭제하는 것이 아니라, 특정한 그룹의 뉴스에 댓글 입력란이 노출되지 않도록 하는 방식으로 처리된다.

다시 복원하게 되었다.[3]

그전까지 포털의 뉴스 기사는 그것이 좋은 토론이든 나쁜 토론이든, 수많은 사람들이 의견을 내고 토론하고 싸우는 공간이었다. 그런데 갑자기 댓글이 차단되고 사람들은 말할 공간을 빼앗겨버렸다. 네이버와 같은 서비스 제공자가 화면에서 댓글을 쓸 수 있는 기능을 노출하지 않으면 사용자들은 댓글을 쓸 방법이 없다! 댓글 기능 하나를 열어둠으로써 포털 기사는 논쟁과 토론과 소통의 공간이 되는가 하면, 막아버리면 포털 기사는 일방적인 통보의 공간이 되어버린다. 쌍방향 성격의 인터넷 뉴스가 졸지에 종이신문과 같이 일방적 정보 전달의 도구로 전락해버린 것이다. 그것은 단지 기능 하나의 차이지만, 그 효과는 절대적이다.

이것을 가볍게 생각하면, 권력의 압력에 굴복한 혹은 권력에 '알아서 긴' 굴지의 인터넷 서비스 업체가 서비스 기능 일부를 차단한, 지질한 에피소드 정도로 보일 것이다. 그런데 조금만 더 깊게 생각하면 차원이 다른 문제가 여기 놓여 있다. 그것은 곧 소프트웨어로 어떤 기능을 하나 만들거나 만들지 않는 것, 있던 기능을 하나 없애거나 없애지 않는 것이 곧 사람들이 무엇을 할 수 있고 할 수 없는지를 결정한다는 것이다. 즉 소프트웨어에 구현된 정책이 사용자들의 행위를 특정한 방향으로 유도하거나 제약하거나 혹은 금지할 수 있다는 것이다. 이것은 소프트웨어에 내재된 정책에 따라 사람들의

서비스 **종료 안내** 드립니다

네이버 NBOARD 1.1 공통 게시판 서비스가 종료하게 되었습니다.

네이버 NBOARD 1.1 공통 게시판 서비스를 애용해주셨던
여러분께 불편을 끼쳐드리는 점
진심으로 사과 드리며, 향후 더욱 좋은 서비스로 이용자
여러분들을 찾아 뵐 수 있도록 최선을 다하겠습니다.

관련 문의사항은 **고객센터**에 알려주시면
친절하게 안내해 드리겠습니다.

[이전 페이지] [네이버 홈]

네이버 '정치토론장'의 서비스 종료 안내 화면, 2017년 2월 12일 캡쳐.

행위가 통제되거나 특정한 방향으로 유도될 수 있다는 것을 의미한
다. 네이버는 단순히 댓글창 하나를 닫은 것이 아니라, 법과 비슷한
수준의 권력을 행사한 것이다.

고작 댓글창 하나 닫았다고 법과 비슷한 수준의 권력을 행
사했다니? 네이버는 일개 사기업인데 이게 말이 되는 것일까? 이에
대해 오픈소스 운동으로 유명한 하버드대학의 로렌스 레식 교수는
《코드》[4]라는 책에서 코드(소프트웨어)는 법과 같은 성격을 가지고
있다고 말한다. 즉 코드가 법으로서 작용한다Code is Law는 것이다.

물론 그것은 법전에 근거를 둔 공식적인 법은 아니다. 그렇지만 코드는 법과 같은 수준의 구속력과 강제력을 가지고 있다.

법이 소프트웨어 코드에 내장되는 사례는 자율주행 자동차를 보면 명확해진다. 자율주행 자동차는 도로 정보, 현재 차량의 위치 정보, 도로의 차선 정보, 교통 신호 정보, 앞·뒤·옆을 지나가는 사람, 정지한 사물, 움직이는 사물 등에 관한 정보를 취합해서 인공지능이 자율적으로 판단하고 운전하는 자동차다.

그런데 여기 한 가지가 더 있다. 바로 교통법규다. 자율주행 자동차에는 도로에 적용되어 있는 온갖 교통법규들이 내장되어 있다. 사실 이 교통법규 정보는 지금도 이미 네비게이션에 다 등록되어 있다. 차이점은 네비게이션은 운전자가 단지 운전에 참고할 뿐이라는 것이고, 자율주행 자동차는 교통법규를 따르도록 코드에 내장되어 있다는 것이다. 그리고 적어도 자율주행 모드에서는 이 법을 위반할 수 없도록 강제장치가 적용되어 있다.

이러한 특징은 자율주행 자동차의 소프트웨어에만 해당되는 것이 아니다. 네이버의 사례에서 볼 수 있듯이 모든 소프트웨어 코드들이 법과 같은 강제력을 가지고 있다. 따라서 우리는 이렇게 이야기할 수 있다. **종이 시대에 법은 종이에 저장되고 소프트웨어 시대에 법은 소프트웨어 코드에 저장된다. 코드는 법이다.**

그런데 소프트웨어가 가지고 있는 강제력은 현실의 법보다 더 엄격하다. 법은 어길 수 있다. 예컨대 우리는 '빨간불일 때 건널목을 건너지 말라'는 교통법규를 위반할 수 있다. 우리가 법을 어기고자 결심만 한다면 그럴 수 있다. 아이러니한 점은 어길 수 없는 것이라면 굳이 법으로 정할 필요도 없다는 것이다. 그런데 소프트웨어가 만들어놓은 제한은 어기기 쉽지 않다. 우리를 지금까지 괴롭히고 있는 액티브엑스나 공인인증서를 생각해보라. 사람들은 인터넷 뱅킹이나 카드를 사용하기 위해서 길게는 한 시간 넘게 이것을 깔아라 저것을 깔아라 시키는 대로 해야 한다. 다른 방법은 없다. 그렇게 하지 않으면 은행 거래를 할 수 없다!

이것은 길거리에 휴지를 버리거나, 재활용 쓰레기에 일반 쓰레기를 슬쩍 끼워 넣거나, 금연 구역에서 담배를 피우는 등의 문제와는 차원이 다르다. 그러나 공인인증서를 깔지 않고는 은행 거래를 할 수 없고, 댓글 기능이 없는 게시판에 댓글을 쓰는 것은 불가능하다. 물론 해커들은 할 수 있지 않느냐는 반론은 가능하다. 그런데 횡단보도 법규 위반을 '할 수 있는' 사람들의 숫자와 댓글 기능 없는 게시판을 해킹해서 댓글을 쓰거나 공인인증서를 해킹해서 은행 거래를 '할 수 있는' 사람들의 숫자를 비교해본다면 그 차이가 얼마나 큰지 알 수 있다. 소프트웨어가 가지고 있는 강제성은 그만큼 강하다.

약한 강제성, 강한 강제성, 절대적 강제성

물론 이러한 강제성이 소프트웨어에 국한된 특성은 아니다. 도로나 건물의 구조, 방과 방 혹은 방과 복도를 나누는 칸막이와 같은 성격을 가지고 있다. 물리적인 사물들의 배치들은 모두 우리의 행동을 제한하고 특정한 방향으로 흐르도록 유도하거나 강제한다.[5] 길은 사람들이 길을 따라 걷도록 유도한다. 도로에 설치된 횡단보도와 신호등은 우리가 신호에 따라 도로를 건너도록 유도하거나 혹은 제약한다. 물리적인 사물들의 배치는 이보다 더 강한 강제력을 행사하기도 한다. 예컨대 복도는 우리가 그 복도를 따라서만 걷도록 강제한다. 통상 우리는 복도를 뚫고 지나갈 수 없다.

여기서 우리는 두 종류의 강제성을 구분할 수 있다. 첫 번째는 사람들의 행동을 특정한 방향으로 유도하거나 다소 제한하는 '약한 강제성'이고, 두 번째는 그것 이외에 다른 선택이나 행동을 거의 불가능하게 만드는 '강한 강제성'이다. 예컨대 횡단보도는 빨간불일 때 못 건너도록 되어 있다. 그러나 빨간불이라고 아예 못 건너가거나 혹은 항상 제재를 받는 것은 아니기에, 여기서는 다소간의 심리적 압박감을 동반한 '약한 강제성'이 작동한다. 즉 도로 위의 신호등과 같은 제한은 마음만 먹으면 위반할 수 있는 종류의 제한이다.

반면 무조건 따라야 하는 종류의 제한이 존재한다. 빌딩 숲 사이의 자동차 도로를 생각해보자. 자동차는 그 도로로만 가야 한다. 자동차가 빌딩을 뚫고 갈 수는 없기 때문이다. 또한 집들이 빼곡하게 들어서 있는 지역에서 그 집들 사이로 구불구불하게 왼쪽 오른쪽으로 꺾어지는 골목을 상상해보자. 사람들은 그 골목길을 따라 왼쪽 혹은 오른쪽으로 꺾어서 가야 한다. 직선으로 가기 위해 담을 넘거나 벽을 뚫고 갈 수는 없다. 여기서는 물리적 사물들이 만들어내는 강한 강제성이 작동한다. 물리적 환경이 강한 제약 조건으로 기능하는 것이다. 물론 그것을 아예 거스를 수 없는 것은 아니다. 골목길을 벗어나기 위해 담을 넘거나 벽을 허물고 지나갈 수도 있다. 하지만 그것은 예외적인 경우다.

그렇다면 소프트웨어에 내재되어 있는 강제성은 어떤 성격을 가지고 있을까? 그것은 거의 위반하기 힘든 수준으로 사람들의 행동을 제한한다는 측면에서 '강한 강제성'이라고 볼 수 있다. 댓글 쓰는 곳이 없으면 댓글을 쓸 수 없다. '좋아요' 버튼이 있으면 '좋아요'를 누를 수 있고, 없으면 '좋아요'를 누를 수 없다. 또한 '좋아요'가 많은 댓글이 맨 위에 노출되도록 하면, 사람들은 무조건 '좋아요'가 많은 댓글이 맨 위에 노출되는 페이지를 볼 수밖에 없다. 페이스북 타임라인의 노출 순서는 페이스북이 개발한 특정한 알고리즘에 따라 정해진다. 페이스북 사용자들은 그 공간의 주인임에도 불구하고 노출 순서를 자신의 요구에 맞게 변경할 수 없다.

소프트웨어에 구현된 기능은 작동시킬 수 있고, 구현되지 않은 기능은 (당연하게도) 작동시킬 수 없다. 네이버가 댓글 기능을 차단한 사건의 경우처럼, 하지 못하도록 막아놓은 행위는 할 수 없다. 물론 해킹을 통해 소프트웨어에 정의된 기능이나 정책을 무시하거나 파괴할 수는 있다. 그러나 그것은 신호등을 파괴하는 것과 같은 예외적인 경우다.

그렇다면 소프트웨어가 '소프트soft'하다는 것은 어떤 의미일까? 그것은 소프트웨어가 강한 강제성을 가지고 있음에도 불구하고, 다른 선택 기능을 만드는 작업이 훨씬 쉽다는 얘기다. 소프트웨어에 구현된 법은 상대적으로 바꾸거나 수정하거나 개선하기 쉬운 특성을 가지고 있다. 한번 구축된 하드웨어는 바꾸기 어렵다. 길, 벽, 건물과 같은 하드웨어는 바꾸는 데 상당한 노력이 들어간다. 예를 들면 열 번 꺾어서 가야 하는 골목길을 직선으로 만들려면, 건물을 허물고 새로 길을 뚫어야 한다. 즉 물리적 사물들의 배치를 바꾸는 작업은 상당한 자원과 노력이 투여된다.

반면 소프트웨어에서 다른 옵션을 만들어주는 것은 상대적으로 쉬운 일이다. 댓글나 '좋아요'가 많은 글 혹은 가장 최근에 쓴 글을 먼저 보도록 하는 장치를 만드는 것은 그렇게 어렵지 않다. '좋아요' 기능을 추가하여 간단하게 호감을 표현하도록 장치를 만드는 것은, 집을 부수고 도로를 만드는 작업과는 비교할 수 없을 정도로 간단한 일이다.

바꾸자고 결정만 하면 몇 분 안에 수정할 수 있는 기능도 있다. 예를 들어 'best 댓글'이 여론을 쏠리게 만드는 측면이 있다는 비판이 제기될 수 있다. 이때 코드 몇 줄만 수정하면 best 댓글의 노출을 막을 수 있다. 또한 이 모든 것들에 대한 선택권을 사용자에게 주는 것도 가능하다. 즉 소프트웨어는 새로운 기능이나 다른 형태의 화면 배치를 비교적 적은 자원으로 빠르게 구현할 수 있다. 그리고 필요한 기능들을 다른 어떠한 기술보다 훨씬 유연하게soft 만들어 낼 수 있다.

그럼에도 불구하고 이렇게 만들어진 소프트웨어는 그것이 허용하는 행위 이외의 다른 행위를 허락하지 않는다. 소프트웨어에서 열 가지 기능을 제공했다면, 사용자는 열 가지 기능 외에 다른 행위를 할 수 없다. 즉 소프트웨어는 그 안에 구현된 기능 이외에 다른 행동은 허용하지 않는 강제적 속성을 가지고 있는 것이다. 소프트웨어가 어떤 것을 구현하는 데 유연하다는 것과 그것이 작동할 때 강제성을 발휘한다는 것을 혼동해서는 안 된다.

블록체인은 여기서 한 단계 더 나아간다. **블록체인은 소프트웨어의 '강한 강제성'에 '절대적 강제성'을 부여한다.** 즉 블록체인 위에 어떤 규칙이 저장된다면, 그 규칙은 (법 자체가 수정되기 전까지는) 반드시 실행되는 특징을 가지고 있다. 지금까지 인류가 만든 규칙(법, 규약, 약속 등)은 지켜질 수도 있고 지켜지지 않을 수도 있는 것이었다. 규칙을 어긴 대가를 치를 각오만 되어 있다면 그것은 언제든 위반할 수 있었다. 그리고 바로 그러한 **'위반할 수 있는 법'의 성격 때문에 법을 강제로 따르도록 공권력을 행사할 수 있는 '국가'라는 사회적 기술이 그 존재의 정당성을 얻었다.** 그런데 '반드시 실행되는 법'이 등장한 것이다. '반드시 실행되는 법'이라는 것은 인류 사회가 아직까지 경험해보지 못한 종류의 것이다. 바로 이것이 블록체인이 다른 기술과 차별화되는 지점이다.

비트코인은 아주 정확한 사례다. 비트코인의 작동 알고리즘은 비트코인 코드 내에 정의되어 있다. 코드가 법으로서 정확하게 작동하는 것이다. 더 나아가 이더리움의 스마트 컨트랙트는 '프로그램 가능한 법'이라고 불린다. 그것은 위반할 수 없는 다양한 규약들을 블록체인 위에 설계하고 구현하려는 놀라운 계획이다. 이에 대해서는 5장에서 보다 자세하게 살펴보자.

4차 산업혁명: 살아 있는 사물들의 시대

지금 이 시대에 우리가 알고 있던 법과는 전혀 다른 측면에서 작동하는, 소프트웨어의 법적 강제력을 인식하는 것은 대단히 중요하다. 왜냐하면 소프트웨어가 우리 삶에 통합되는 수준이 점점 더 두터워짐에 따라, 아주 일상적인 행동까지도 소프트웨어 코드에 내재된 강제력의 제한을 받기 때문이다. 이제는 거의 모든 주차장

입구에 설치된 자동차 차단기, 아파트나 회사의 출입문에 설치된 카드 출입기 혹은 지문 출입기 등은 소프트웨어가 사람들의 흐름을 통제하는 초보적이면서도 직접적인 사례다. 최근 보편화되고 있는 식당의 자동주문기는 사용자들이 사전 설정된 순서대로 따르지 않으면 아예 주문을 할 수 없다. 이처럼 소프트웨어를 기반으로 사람들의 흐름을 제어하는 사물(장치)들은 점점 더 많아질 것이다.

이러한 사물들은 다음의 세 가지를 기본적으로 장착하고 있다. 첫 번째, 이 사물들은 센서를 가지고 있다. 이때 센서들은 빛의 세기, 물체와의 거리, 움직임, 진동 등 용도에 따라 다양한 감지 능력을 보여준다. 사물들은 센서를 통해 주변 환경으로부터 정보를 취득하여 처리한다. 즉 사물들이 감각기관을 가지기 시작한 것이다.

두 번째, 사물들은 혼자 독립적으로 작동하는 것이 아니라 네트워크에 연결되어 작동한다. 사물인터넷에 연결된 사물들은 센서를 통해 얻은 정보를 주위 사물들이나 중앙 서버 등 자신이 연결된 네트워크에 공유하고, 반대로 자신이 연결된 네트워크에서 필요한 정보를 자동으로 전달받아 정보를 처리한다. 이제 냉장고, 세탁기, TV, 가로등, 신호등, CCTV, 자동차, 스마트폰, 네비게이션, 블랙박스 등 대부분의 기기들이 네트워크에 연결되어 작동할 것이다. 아니, 이미 많은 사물들이 인터넷에 연결되어 있다.

이러한 경향은 스마트폰, 스마트TV, 스마트홈, 스마트시티, 스마트카 등에 공통적으로 사용되는 '스마트'라는 단어에 집약되어 있다. 여기서 '스마트'는 '자동화된' '자동으로 움직이는' 혹은 '자동으로 처리하는' 정도로 해석하면 크게 틀리지 않는다. 우리는 벽이 말을 알아듣고, 문이 나를 알아보고, 냉장고가 그 안에 무슨 음식을 가지고 있으며 그 음식이 며칠이나 되었는지 알려주는 그러한 세계로 나아가고 있다. 이미 자율주행 자동차는 나를 알아보고 자동으로 문을 열고, 내 음성을 인식하고 내 말에 따라 움직인다.

세 번째, 여기서 자동화란 임의의 작동을 의미하지 않는다. 그것은 코드에 내장된 법에 따른 움직임을 뜻한다. 사물들은 특정한 방식으로 자동 작동되도록 정의된 알고리즘을 내장하고 있다. 알고리즘이란 로직과 제어 기능이 소프트웨어 코드 내에 구현된 것으로,[6] 특정한 조건이 주어지면 스스로 판단해서 자동 실행하도록 되어 있다.[7] 카드키나 손가락 지문, 얼굴 등을 대야만 문을 열어주는 사무실의 자동문처럼, 이 사물들은 코드에 구현된 알고리즘이 허용하는 행위만 가능하도록 제한 혹은 유도할 것이다. 이러한 장치들이 자동차, 출입문, 신호등, 엘리베이터, 화재 경보 및 신고 시스템과 같은 안전장치, 난방기기, 카메라, TV, 주방기기 등 거의 모든 사물에 적용되고 있다. 바로 이러한 방식으로, 살아 있는 사물들IoT에 법이 내장된다. 우리는 소프트웨어 그리고 사물에 내재된 법의 구속을 일상에서 경험하게 될 것이다.

그런데 우리는 수천 년 동안 종이 위에 쓰여 있던 법에 익숙해져 있다. 따라서 무형의 소프트웨어에 그리고 이제는 사물들에 법이 기록되고, 그 법이 우리가 위반할 수 없는 형태로 우리를 강제한다는 사실을 쉽게 이해하기 어렵다. 수천 년 동안 경험해온 인간의 경험에 위배되기 때문이다. 그런데 우리는 이미 일상에서 이러한 사물들을 알게 모르게 접하고 있다.

최근 가시화되기 시작한 4차 산업혁명이 사회적으로 의미하는 바는 이러한 경향이 실험실이나 일부 선도적인 기업의 혁신적 제품 수준이 아니라, 산업 전반, 사회 전반 그리고 우리 일상 전반에 본격적으로 도입되기 시작했다는 것을 의미한다. 지능을 가진 자동화된 사물들이 네트워크로 연결되어 공장과 사무실과 거리와 우리 일상 곳곳에 배치되는 것이다.

게다가 4차 산업혁명은 온라인과 오프라인의 구분을 점차 희미하게 만들 것이다. 이 기술융합의 핵심에는 사이버물리 시스템CPS, Cyber-physical system이 존재한다.[8] 이것은 물리적인 세계Physical System와 사이버 세계Cyber System가 하나의 네트워크로 연결되어 마치 하나의 공간처럼 작동하도록 만든다. 사실 지금까지는 현실 세계는 현실 세계이고, 가상 세계는 가상 세계였다. 그러나 이제는 그 구분이 점점 희미해져서 마침내 하나의 공간으로 통합될 것이다.

이제 우리 생활에 자동화된 기계가 일부 도입된다고 말하는 것은 시대착오적인 표현이다. **4차 산업혁명 시대에는 우리가 살아가는 환경 자체가 소프트웨어로 재구성되는 중**이라고 진단하는 것이 타당하다. 이제 사물들은 이전과 같은 딱딱한 고체 덩어리가 아니다. 그것은 사람들의 행동에 반응하고 인터넷에 연결되어 정보를 주고받고 자동으로 움직이는, 그야말로 살아 있는 사물들로 변해가고 있다. 이것은 확정된 미래다. 단지 시간만 남았을 뿐이다.

빅브러더이거나 혹은 대재앙이거나

일부 언론에서는 이러한 기술의 향연을 마냥 장밋빛으로 묘사하지만, 이 기술들이 마냥 좋은 것은 아니다. 당장 기술에 적응하지 못하는 사람들은 새로운 기술을 따라잡는 데 애를 먹을 것이다. 또한 기술은 새로 도입되면 항상 전례 없는 문제를 일으키기 마련이다.

최근 우리는 사물인터넷이 대규모로 악용되는 사례를 경험했다. 2016년 10월 21일 트위터, 넷플릭스, 아마존, 트위터, CNN, 페이팔, 레딧, 스포티파이, 옐프 등 미국의 유명한 서비스들 접속에 문제가 발생했다. 미국 인터넷의 거의 절반 정도에 문제가 발생한 것이다.[9] 원인을 찾아보니, 미라이Mirai 악성코드에 감염된 것으로 추측되는 50만 대 이상의 CCTV 카메라나 DVR 등이 대규모 트래픽을 발생시킨 것으로 확인되었다.[10] 즉 인터넷에 연결되어 있는 사물인터넷 기기들이 바이러스에 감염되어 특정 호스팅 업체에 대규모 트래픽을 유발시켜 다수의 서비스가 중단된 것이다. 현재 지구상에 약 40억~60억 개의 IoT 기기들이 설치되어 있는 것으로 알려져 있는데, 2020년에는 그 수가 약 240억 대에 달할 것이라고 예상된다. 만약 이러한 기기들이 해킹되어 공격 장비로 사용된다면 전 세계 인터넷이 순식간에 마비될 것이다.[11]

보다 황당한 사례도 있다. 2016년 여름 대만과 태국에서는 현금인출기가 갑자기 현금을 마구 뿜어내는 사건이 발생했다. 해커들이 현금인출기를 해킹해서 ATM이 보유한 현금통을 깡그리 비우라는 명령을 삽입한 것이다.[12] 다행히 현금인출기 앞에 서 있다가 마구 쏟아지는 현금을 갈취해간 일부 범인들이 잡히긴 했지만, 이와 같은 사건은 언제 어디서든 다시 발생할 수 있다.

만약 누군가 내 스마트폰을 해킹한다면 어떻게 될까? 온갖 사진과 SNS에 올린 글, 계좌정보와 개인정보가 담겨 있는 스마트폰이 해킹당한다면 우리는 완전히 무방비 상태에 놓이게 된다. 실제로 한국에서 이런 일이 있었다. 국정원이 이탈리아의 해킹 전문회사 '해킹 팀'으로부터 안드로이드 해킹 툴 '리모트 컨트롤 시스템RCS'을 구입해서 무료 앱에 심어 배포한 것이다.[13] 그것은 통화나 문자 내용, 카톡 메시지 등을 감시자에게 실시간으로 전송할 수 있고, 심지어 스마트폰 주인이 모르는 상태에서 마이크나 카메라를 작동시켜 주변의 소리나 카메라에 잡히는 영상을 다른 곳에 전송할 수 있도록 되어 있다. 국가 기관이 개인의 스마트폰을 완전히 장악할 수 있는 툴을 몰래 사용한 것이다.[14]

이 사건은 이탈리아 밀라노에 본사를 둔 '해킹 팀'이라는 회사의 서버를 또다른 익명의 해커가 해킹해 관련 정보를 공개하면서 겨우 세상에 알려졌다. 우리는 아직까지도 이 해킹 툴이 어떤 목적으로 어떻게 사용되었는지 정확하게 알지 못한다. 만약 해킹 팀 서버가 누군가에 의해 해킹되지 않았다면 어떻게 되었을까?

이건 한국만의 일이 아니다. 최근 미국에서는 국가 기관인 CIA(미국 중앙정보국)가 스마트TV와 스마트폰 등을 무작위로 해킹해서 감시한 사실이 밝혀졌다.[15] 2017년 3월 7일 내부고발 전문 사이트 위키리크스는 CIA의 내부 문서를 공개했는데, 거기에는 CIA가 아이폰과 안드로이드 기기, 스마트TV 등을 해킹해 도·감청 장치로 활용했다는 내용이 담겨 있었다. 특히 삼성 스마트TV가 대표 사례로 소개되었는데, 사람들이 보기에는 TV가 꺼져 있는 것처럼 보이지만, 실제로는 작동하는 상태에서 사람들의 대화를 도청해 CIA 서버로 전송했다는 것이다.

최근 감시 기술의 발전 속도는 놀랍다. 감시 기술의 핵심인 인물 인식 기술은 놀랍게 발전하고 있다. 일본의 NEC은 100만 명의 얼굴에서 특정인을 10초 만에 인식해 찾아내는 기술을 선보였다.[16]

또한 2016년 10월 18일 〈뉴욕타임스〉는 미국 성인 얼굴의 절반이 미국 정부 기관의 데이터베이스에 저장되어 있다고 보도했다.[17]

　　이미 한국은 국가 기관이 주민등록증을 통해 전 국민의 사진을 보유하고 있다. 이러한 상황에서 현재 저장된 인물 데이터베이스와 최신 알고리즘 몇 개를 엮으면 실시간 인물 인식 시대가 가능해진다. 이미 한국은 이에 근접하는 시스템이 도입되는 중이다. 2015년 11월, 한국 경찰청은 5,000개의 CCTV를 통합 관리하는 '이글아이'라는 시스템을 도입했다. 이글아이는 특정 차량의 이동 경로를 실시간으로 확인할 수 있는 검색 시스템이다. 지금은 차량번호판 숫자를 인식하고 있지만, 시스템을 응용해 개인들의 얼굴을 실시간으로 식별하는 것은 그리 어려운 일이 아니다. 이러한 작업을 할 때 아직까지는 기계가 도와주고 사람이 판단하는 역할을 맡고 있다. 하지만 이러한 기술들이 조금만 더 발전하면 기계가 식별하고 판단해서 사람의 개입 없이 직접 어떤 조치를 취하는 것도 가능해진다.

　　이렇게 자동 검색 및 자동 판단 (그리고 자동 조치) 시스템이 도입되는 현상을 '알고리즘 사회'[18]라고 부른다. 우리가 모르는 사이에 이러한 알고리즘들이 사회 곳곳에 도입되고 있다. 그런데 이렇게 지능화되고 자동화된 알고리즘들은 과연 믿을 수 있는 것일까? 기존의 감시 시스템은 사람이 주체가 되어 감시 행위를 실행했지만, 알고리즘에 기반을 둔 감시 시스템은 그 주체가 사람이 아니라 알고리즘이다. 그래서 최근 알고리즘이 가지는 편향성에 대한 논의들이 본격화되고 있다. 알고리즘은 필터링하는 장치이며 이 과정은 본질적으로 무엇인가를 걸러내는 것인데, 걸러내는 기준에 따라 결괏값이 달라지기 때문이다.■[19] 알고리즘을 믿을 수 없다면 우리는 이 알고리즘들에 어떻게 대처할 수 있을까?

잘못된 데이터를 학습한 알고리즘이 얼마나 위험한지를 보여주는 사건이 있다. 마이크로소프트는 2016년 3월 23일, 인공지능 기반 채팅봇 '테이'를 출시했다. 테이는 트위터에서 자동으로 트윗을 만들어내고 다른 사용자와 대화할 수 있는 기능을 갖춘 인공지능으로, 사용자와의 대화를 통해 스스로 학습할 수 있도록 신경망 알고리즘을 기반으로 개발되었다.

그런데 테이가 출시되자마자 백인 우월주의자와 여성·무슬림 혐오자 등이 모이는 익명 인터넷 게시판 '폴'[20]에 "테이가 차별 발언을 하도록 훈련시키자"는 내용의 제안이 올라왔다. 우리나라로 치자면 '일베'와 같은 커뮤니티 회원들이 테이를 학습시킨 것이다. 이 결과 테이는 인종차별 발언, 성차별 발언, 유대인 학살을 옹호하

■　　최근의 연구 결과는 알고리즘의 편향성 문제를 지적한다. 왜냐하면 알고리즘은 이미 입력된 데이터를 기반으로 학습하는데, 만약 이 학습 데이터가 편향되어 있거나 치중되어 있거나 공정하지 않은 데이터라면, 당연히 알고리즘도 그것을 배우게 되기 때문이다. 따라서 이런 기술들이 우리의 일상 속에 이렇게 빨리 도입되어도 괜찮느냐고, 아무 문제없겠냐고 문제 제기하는 것은 지극히 타당하다.

는 발언을 양산하기 시작했고, 결국 세상에 공개된 지 16시간 만에 운영이 중단되고 말았다.[21] 이 사건은 알고리즘이 잘못 학습되었을 때 어떤 문제가 발생할 수 있는지를 명확하게 보여주었다.

만약 앞에 언급한 사물인터넷 장비들이 디도스 공격용이 아니라 감시용으로 해킹된다면 어떻게 될까? 윌 스미스 주연의 영화 〈에너미 오브 스테이트〉▪에서처럼, 장비들이 실시간 개인 식별 시스템에 연결되어 합법적이고 일상적인 감시 도구로 사용된다면? 혹은 기기들이 해킹되어 사람을 공격하는 장비로 변신한다면 어떻게 될까?[22] 엘리베이터가 해킹되어 사람을 가둔다거나, 자율주행 자동차가 해킹되어 의도적으로 사고를 일으킨다거나, 드론이 갑자기 행인을 향해 돌진한다거나, 무선통신 기능을 가진 인공 심장박동기가 해킹되어 오작동한다면 치명적인 사고로 이어질 것이다. 얼마 전까지만 해도 일반인들은 SF영화 창작자들의 놀라운 상상력을 칭찬하며 즐길 수 있었다. 하지만 이제는 현실이 SF영화를 능가하는 현상들이 발생하고 있다. 사정이 그렇다면 이러한 기술들이 차곡차곡 쌓여서 결국은 빅브러더를 만드는 것 아니냐고 의구심을 품는 것도

▪ 〈에너미 오브 스테이트〉는 1998년 개봉된 영화로, 우연한 사건에 휘말린 주인공이 사물인터넷에 연결된 온갖 기기들의 추적을 받으며 도망 다니는 내용을 담고 있다. 사물인터넷이 악의적인 감시도구로 사용되었을 때 어떤 일이 벌어질지 미리 경고한 영화로 유명하다.

당연하다.

엄밀하게 보자면 소프트웨어는 해킹되어 위조되거나 변조될 수 있다는 측면에서 '위반할 수 있는 법' '깨질 수 있는 법'에 속한다. 그런데 이 법은 평범한 일상을 사는 사람들은 위반할 수 없고, 특별히 훈련된 해커들이나 혹은 그 해커들을 고용할 수 있는 악의적인 부자들만 위반할 수 있다. 그런 측면에서 소프트웨어 시대에 이르러 법의 불평등은 더 강화될 위험성이 존재한다.

이처럼 우리의 환경 자체가 소프트웨어로 재구성되면서, 우리는 이 소프트웨어가 과연 우리를 위해서 작동한다고 보장할 수 있을지에 대해서 의문을 던질 수밖에 없다. 지금의 기술적 환경은 조지 오웰이 소설 《1984》에서 묘사한 사회가 현실화될 수 있는 환경이다. 2017년 1월, 미국에서는 출판된 지 68년 된 조지 오웰의 《1984》가 베스트셀러가 되었다. 트럼프가 미국의 대통령이 되고 나서, 사람들은 그가 최근에 등장한 기술을 적극적으로 사용할 경우 어떤 일이 벌어질 것인지에 대해 상상하면서 실질적인 공포를 느끼기 시작한 것이다.

블랙박스 속의 '법'

이러한 기술들과 동거하는 데 있어서 가장 큰 문제는 무엇일까? 이 기술들에 대해 우려되는 지점은 여러 가지가 있겠지만, 가장 큰 문제는 우리가 그 기술을 읽을 수 없다illiterate는 것 아닐까? 우리가 그 기술 속에 무엇이 담겨 있는지, 그 기술이 어떻게 작동하는지 알 수 있다면 기술이 일으키는 문제에 대응하는 것이 훨씬 쉽다. 그러나 그것은 기계 속에 내장되어 우리 눈에 보이지 않는다. 이 모든 기술들은 블랙박스 속에 들어 있어서 우리는 그 기술 속에 어떤 로직이 적용되어 있는지 알 수 없다. 그 기술을 만든 사람 혹은 조직이 어떤 의도를 심어놓았는지 알 방법이 없는 것이다. 메릴랜드대학의 법학교수 프랭크 파스콸레는 이러한 현상을 '블랙박스 사회Blackbox Society'라고 명명했다.[23]

CCTV는 인터넷 망에 연결되어 실시간으로 정보를 전송하는데, 그것이 누구한테 전송되는지 알 수 없다. CCTV에 찍힌 사람은 그 영상을 누가 어디서 언제 보고 있는지를 알 수 없다. CCTV가 나를 찍고 있는데, 나의 얼굴이 인식되고 있는지, 나의 신원이 확인되고 있는지, 누군가 나를 감시하고 있는지, 나를 다른 사람으로 오인하고 있는 것은 아닌지 알 수 없다. 나를 감시하는 장비가 블랙박스 속에 들어 있는 것이다. 우리의 행위를 제어하는 법이 엄연히 존재하는데, 어떤 법이 적용되어 있는지 알 수 없다. 우리에게 강제력을 행사하는 **'법'이 블랙박스 속에 들어 있는 것이다.**

이윤만을 추구하는 기업이 블랙박스 속의 알고리즘들을 독점적으로 사용할 경우, 또는 억압적인 정부가 알고리즘으로 자동화된 어떤 감시기구나 여론 왜곡 장치를 사용할 경우 그 위력은 상상을 초월한다. 이러한 기술들이 차곡차곡 쌓여 빅브러더가 탄생할 것이라는 생각은 충분히 개연성 있는 것이다. 만약 블랙박스 속에 담겨 그 작동 로직을 알 수 없는 '법'들이 우리를 둘러싼다면, 어느 순간 빅브러더 세상을 맞을지도 모른다.

두 개의 안전장치

이미 우리는 경험적으로 기술의 도입과 발전을 막을 수 없다는 것을 확인했다. 그렇다면 우리는 이러한 사회에 어떻게 대처할 수 있을까? 어떤 조건에서 그 기술이 안전하다고 판단할 수 있을까? 필자는 두 가지 안전장치를 제시하고자 한다.

첫째, 그 법은 작동 원칙이 공개되어야 한다. 그것이 법이라면 만인이 읽을 수 있도록 공개하고 그 법이 타당한지 판단하도록 하는 것이 마땅할 터이다. 그것이 소프트웨어로 된 알고리즘이라면, 누구나 그것을 검증할 수 있도록 오픈소스화하는 것이다. 그것이 인터넷이든 사물인터넷이든 그 속에 구현되어 있는 법이 어떻게 작동하는지 투명하게 확인할 수 있다면, 우리는 그것이 위험한 것인지 아닌지 판단할 수 있기 때문이다.

사실 인공지능이나 로봇 기술에서 가장 무서운 것은 인공지능이나 로봇의 오작동이 아니다. 오히려 특정 개인 혹은 집단의 야

망이나 악의적인 의도가 코드에 심어져, 어느 순간 우리를 감시하고 통제하고 공격하는 무기로 돌변하는 것이 더 무서운 것이다. 따라서 모든 사람들이 그 소프트웨어의 안전성을 확인할 수 있도록 소프트웨어를 공개하는 것은 대단히 중요하다. 위험한 것으로 판단된다면 사용을 중단하라고 촉구하거나 법으로 제재하거나 나아가 해킹하고 파괴하는 등 여러 가지 수단을 동원하여 중단시킬 수 있기 때문이다.

둘째, 그 법은 임의로 수정되지 않아야 한다. 즉 해킹되거나 위·변조되지 않아야 한다. 그것은 처음 내장된 애초의 법대로 움직여야 한다. 앞에서 예로 들었던 많은 사건들은 소프트웨어 혹은 하드웨어 속의 소프트웨어가 해킹으로 위·변조됨으로써 발생한 것들이다. 만약 소프트웨어의 위·변조나 해킹이 원천적으로 차단될 수 있다면 많은 문제들을 예방할 수 있다.

공정하고 정당하게 정의된 법이 있는데, 만약 그 법이 위반할 수도 없고 또한 반드시 실행되는 것이라면 우리는 그것을 이상적인 법이라고 정의할 수 있을 것이다. 그 법이 사전에 합의된 법이라는 전제만 지켜진다면 우리는 안전한 시스템을 가질 수 있다. 이 부분에서 블록체인은 만족스러운 답을 제공한다. 블록체인 기술은 소프트웨어나 정보의 위·변조만이 아니라 하드웨어의 위·변조까지 막아줄 수 있는 기술이다. 즉 살아 있는 사물들이 해킹되지 않고 원래 정의된 그 기능을 수행하도록 보장해주는 역할을 할 수 있다. 바로 이러한 이유 때문에 4차 산업혁명에서 블록체인은 4차산업 시대에 소프트웨어와 데이터 위·변조를 막아주고 사회의 신뢰를 보장해줄 수 있는 필수적인 기술 인프라로 거론되고 있다.[24]

오픈소스, 알고리즘 사회의 마지막 보루

기술의 발전에 대해 취할 수 있는 유효한 전략 중 하나는 새로운 기술을 먼저 전유하고 활용해서 먼저 새판을 짜놓는 것이다. 기술의 도입을 막는 것은 쉽지 않지만, 기술을 전유하는 것은 그보다 훨씬 쉽고 효과적이다. 기술의 발전과 도입이라는 거대한 흐름을 거스르지 않으면서도 기술을 효과적으로 활용하거나 혹은 더 나아가 기술의 악용에 저항할 수 있는 방법을 미리 만들어놓을 수 있기 때문이다. 이에 대해 칼 폴라니는 70년 전에 다음과 같이 이야기했다.

우리는 삶의 환경을 갈수록 인공적인 것으로 만드는 모험을 하고 있다. 이러한 모험을 우리 손으로 포기하는 일은 가능하지도 않으며, 또 결코 해서도 안 될 일이다. 따라서 우리는 그러한 인위적 환경에서의 삶을 인간 존재의 여러 필요조건들을 충족하는 데 적합하게 만들어야 한다.[25]

디지털 환경에서 기술을 전유하는 유효한 전략은 개발된 결과를 오픈소스로 공개하는 것이다. 디지털 환경에서 이 전략은 상당히 강력하다. 왜냐하면 그것은 원천기술 자체를 공개함으로써 기술 독점을 원천적으로 막고, 한번 만들어진 지식이 무한히 증식할 수 있도록 해주기 때문이다. 이 전략의 위대함은 이미 리눅스, 아파치, 워드프레스, 토렌트 그리고 비트코인과 같은 오픈소스 프로젝트들을 통해 확인된 바 있다. 소프트웨어를 오픈소스화하는 것은 단지 내가 만든 지식을 공개하는 수준에 머물지 않는다.

그것은 그 소프트웨어를 사용하는 수많은 사람들이 버그를 신고하거나, 직접 버그를 고치거나, 필요한 기능을 직접 만들어서 붙이거나, 혹은 핵심 기능을 업그레이드하도록 함으로써, 소프트웨어가 그 자체로 발전하도록 만든다. 생태계에서 살아남은 유전자가 스스로 복제하고 증식하는 것처럼, 오픈소스로 생태계에서 살아남은 소프트웨어는 스스로 진화한다. 그리고 이런 전략의 성공은 또 다른 수많은 오픈소스들을 만들도록 장려한다. 현재 만들어진 오픈소스 생태계는 이러한 과정을 통해 확산되어왔고, 그 결과 오픈소스의 활용 영역은 점차 확대되고 있다(최근의 조사에 따르면 개발자들의 98%가 개발 작업에 최소 한 개 이상의 오픈소스를 활용하고 있다고 한다[26]).

오픈소스는 소스가 오픈되어 있어서 해킹하기 더 쉬울 것이라고 생각할 수 있지만, 실제로는 그 반대다. 많은 이들이 공개적으로 검증할 수 있기 때문에 오히려 문제를 더 빨리 찾아내 더 빠르게 대처할 수 있다. 현재 전 세계 웹서버의 37%가 리눅스를 사용하고 있는데,[27] 소스가 완전히 공개되어 있는 리눅스 서버가 보안 문제가 크다면 지금처럼 많이 운영될 수 없을 것이다.

오픈소스화 전략은 알고리즘 사회에서 대단히 중요하다. 알고리즘 소스가 공개되면 그 알고리즘을 공개적으로 검증할 수 있기 때문이다. 그래서 공공의 영역에서 만들어지는 소프트웨어는 오픈소스 정책을 기반으로 개발되어야 한다. 이미 미국 오바마 행정부는 자신들이 만든 소스를 공개했었다. 오바마 행정부는 각 기관의 중복된 소프트웨어 구매를 방지하고, 기관 간 협업을 장려하기 위해 미 연방 정부의 소스코드 관리 규정에 따라 연방 정부의 각 기관들이 개발한 소스를 '코드닷거브'[28]에 오픈하도록 했다. 현재 코드닷거브에는 NASA, 에너지부, 재무부 등 13개 연방 정부기관에서 만든 50여 개 오픈소스 프로젝트가 올라와 있으며 더 많은 오픈소스 프로그램이 올라올 예정이었다(불행하게도 오바마 정부의 이 정책은 트럼프 정부가 들어서면서 바로 실행 중지되었다).

사실 한국도 오픈소스 문화가 그리 멀리 있는 것만은 아니다. 한국 정부도 정부가 '정부과제'로 중요한 기술 개발을 지원할 때, 그 기술이 다른 여러 산업의 기반 기술로 사용될 기술인 경우에는 정부 자금을 지원받는 대신 오픈소스로 공개할 것을 명기하는 경우가 많다. 관련 기술을 가진 기업에서 정부 지원을 받아 해당 기술을 개발하면 다른 모든 기업이나 개인들도 쓸 수 있도록 하겠다는 것이다. 우리 정부 역시 오픈소스 전략의 중요성과 필요성을 알고 있다.

소스를 공개할 경우의 장점은 다음과 같다. 첫째, 가장 먼저 소스를 공개하면 개발한 소프트웨어의 오류나 문제점, 보안상의 취약점 등을 쉽고 빠르게 검증할 수 있다. 소스를 오픈하면 다수의 개발자들이 해당 소스를 보고 분석하여 오류나 취약점 등을 찾아주기 때문에, 혼자 소스를 검토하는 것보다 훨씬 빠르게 문제점을 개선할 수 있다.

둘째, 소스 속에 구현된 알고리즘이 문제가 있는지 없는지를 공개 검증할 수 있다. 소스를 공개하면 모든 사람들이 해당 코드를 검토할 수 있기 때문이다. 물론 모든 사람들이 소프트웨어를 리뷰할 수도 없고 그럴 필요도 없다. 소프트웨어를 개발하는 사람들이 코드를 볼 수만 있으면 문제가 되는 것들을 상당 부분을 걸러낼 수 있다. 사실 해커 성향을 가진 개발자들은 소스가 공개되지 않은 소프트웨어도 해킹을 해서 숨겨진 백도어 등을 찾아낸다. 따라서 혹시나 그 프로그램 소스의 어딘가에 감시 로직이나 백도어 등을 숨겨놓았다면, 소스를 다수가 검증해서 비교적 쉽게 걸러낼 수 있는 것이다.

셋째, 사용자 참여로 빠르게 기능을 개선할 수 있다. 성공한 오픈소스 프로젝트는 누구 한 사람의 작품이 아니다. 수많은 개발자들이 기존 소스를 가져다가 자기의 용도에 맞게 개량·개선하거나 혹은 없는 기능을 새로 만들어 사용한다. 그리고 자신이 개선했거나 새로 개발한 기능들을 다시 오픈소스로 공개해놓는다. 이런 방식으로 하나의 오픈소스를 중심으로 수백 수천 개의 작은 프로젝트들이 진행되기 때문에 해당 소프트웨어와 관련된 유관 기능들이 빠르게 구축된다.[29] 따라서 공공영역에서 오픈소스를 장려해야 할 충분한 이유가 있다.

장려에 그칠 것이 아니라, 공공영역에 사용되는 소프트웨어는 예외적인 경우를 제외하고 기본적으로 오픈소스화 하는 것을 법제화해야 한다. 공공 프로젝트에서 나오는 산물들은 공공의 비용으로 만든 것이기에 공공재로 사용될 수 있도록 하는 것이 논리적으로 합당하기 때문이다. 또한 오픈소스화 하여 얻을 수 있는 여러 가지 이점들이 있기 때문에, 오픈소스화 하는 것이 훨씬 비용 효율적이고 안전하다. 나아가 여러 정부 부서들이 비슷한 기능을 중복으로 개발하는 것을 방지하고, 이미 개발되어 검증된 소스를 사용할 수 있도록 함으로써 중복투자를 막아, 보다 안전한 소스를 사용할 수 있도록 유도할 수 있다. 더불어 오픈소스로 공개하기 위해서는 코드가 안전성과 더불어 어느 정도의 완성도를 확보해야 하기 때문에, 코드 자체의 완성도를 높이기 위해 개발자가 더 많이 신경을 쓸 수밖에 없다. 다수의 오류를 양산할 경우 개발자 커뮤니티 내에서 평판이 나빠지기 때문에 개발자는 자신의 명성에 먹칠하지 않기 위해서라도 보다 나은 소프트웨어를 개발하게 된다.

오픈소스로 탄생한 블록체인

블록체인 기술이 놀라운 점은, 거의 모든 블록체인 소스가 오픈소스로 공개되어 있다는 점이다. 비트코인이나 이더리움 같이 아무나 참여할 수 있는 '공공 블록체인Public blockchain'만 소스가 공개되어 있는 것이 아니다. 리눅스 재단이 주도하고 있는 하이퍼레저■, 전 세계 70개 넘는 대형 은행들이 참여하고 있는 R3 프로젝트, 국제적인 금융거래소 중심으로 개발되고 있는 디지털 어셋 홀딩스 Digital Asset Holdings 등이 만드는 프라이빗 블록체인도 오픈소스로 개발되고 있다. 심지어 소스가 오픈되지 않은 블록체인은 아예 블록체인으로 취급하지 않는 경향도 있다. 이렇게 블록체인 기술은 우리가 통상적으로 생각해왔던 보안과 안전성 개념을 뒤집는다. 블록체인은 정보를 공개하고 널리 공유함으로써 더 강력한 안전성을 획득

■ 하이퍼 레저Hyperledger는 리눅스 재단이 여러 기업들과 공동으로 개발하고 있는 '허가형 블록체인Permissioned Blockchain' 또는 '허가형 분산원장Permissioned Distributed Ledger' 기술이다.

하는 이상한 기술이다. 더 많은 사람들이 정보를 공유할수록 더욱더 안전해진다.

비트코인을 처음 발표한 사토시 나카모토는 비트코인을 발표하면서 해당 기술의 구성 요소와 알고리즘을 자세하게 설명한 백서를 공개한 후, 해당 기술을 실제로 구현한 비트코인 소스를 공개했다. 이렇게 소스를 포함한 관련된 기술의 모든 것이 오픈되어 있기 때문에 개발에 대해 좀 아는 사람이라면 비트코인 소스를 직접들여다보고 코드에 문제가 없는지 직접 검증할 수 있다. 공개된 소스를 그대로 가져가서 제2, 제3의 비트코인을 만드는 것도 가능하다. 실제로 비트코인 이후에 나온 암호 화폐들 중에는 비트코인 소스를 가져다가 그대로 사용하거나 혹은 약간 수정해서 새로운 암호화폐를 발행한 경우도 허다하다. 오픈소스 문화에서는 기존의 소스를 가져다가 새로운 프로젝트를 만드는 작업을 포크forks라고 부르는데, 비트코인을 포크한 프로젝트가 2017년 3월 8일을 기준으로 총 1만 개를 넘었다.[30] 이 숫자는 http 프로토콜(29만 1882회), 와이파이 프로토콜(1만 4889회), 블루투스 기술(1만 3624회)에 이어 네번째로 많은 것이다. 비트코인의 역사가 10년이 채 안 된다는 것을 감안하면 엄청난 확산 속도라고 말할 수 있다.

현재 존재하는 암호 화폐의 약 80%는 이렇게 비트코인 소스 포크를 통해 만들어졌다. 또한 그 뒤로 비트코인의 알고리즘을 개선하거나 혹은 새로운 블록체인 알고리즘을 구현한 것들도 거의 대부분 오픈소스로 공개되어 있다. 이러한 공개 문화를 기반으로 현재 1,000여 개에 가까운 암호 화폐들이 자웅을 겨루고 있는 상황이다.

소프트웨어가 안전하다는 것을 확신할 수 있는 가장 강력한 방법은 첫 번째, 그 소프트웨어가 안전하다는 것을 모두가 공개적으로 확인하고 두 번째, 그 소프트웨어가 위·변조될 가능성이 없이 반드시 정해진 기능을 수행한다는 것을 보증하는 것이다. 블록체인은 이 두 가지 조건을 모두 만족시키는 기술이다. 블록체인은 모든 소스가 투명하게 공개되어 있으면서, 그 코드에 내장된 법이 반드시 실행되는 절대적 강제성을 가지고 있다. **절대적 강제성과 완전히 공개된 소스코드,** 얼핏 보면 서로 상반될 것 같은 이 두 개의 특징이 블록체인을 가장 강력하고 안전한 기술로 만들어준다. 블록체인의 세계에서 약속은 반드시 지켜지고, 편지는 반드시 배달된다.

4

관료제: 거대 사회 집단을 위한 사회적 기술

_____ 우울한 관료제

오손 웰스가 프란츠 카프카의 소설을 원작으로 만든 영화 〈카프카의 심판〉에는 근대사회의 관료제를 묘사한 기념비적인 장면이 나온다. 주인공 요셉 K.는 알 수 없는 기관으로부터 알 수 없는 이유로 기소를 당한다. 주인공 요셉 K.는 자신이 기소당한 이유를 알려고 백방으로 노력하다가 결국 실패하고 끝내 처형당하고 만다. 그는 정체를 알 수 없는 그 무엇과 싸웠던 것이다.

필자에게 가장 인상적인 장면은 다음과 같다. 주인공 요셉 K.는 자신을 도와줄 사람을 만나기 위해 자신이 근무하는 은행의 사무실을 가로지른다. 축구장만 하게 뻥 뚫린 사무실에 1,000개에 가까운 책상들이 놓여 있고 그 책상 위에서 1,000명에 가까운 타이프리스트들이 타이프를 치고 있다. 타이피스트들은 끊임없이 뭔가 기록한다. 그러다 갑자기 종이 울리면 수백 명의 사람들이 일시에 작업을 멈추고 일제히 자리를 박차고 일어난다. 그들은 업무 시간이 끝나고 '칼퇴근'하는 은행원들이었다.

비록 소설과 영화 속 배경은 은행 사무실이지만 그 장면은 너무도 인상적이어서, 관료제를 생각할 때면 언제나 그 장면이 떠오른다. 관료제의 특징을 극단적으로 영상화한 영화 〈카프카의 심판〉 만큼이나, 소설 《심판》도 충분히 충격적이고 인상적이며 아름답고 감동적이다. 실제로 카프카는 프라하의 왕국 노동자 재해보험협회(요즘으로 치자면 산업재해보험공단)에서 14년간 관료로 일했다. 카프카의 소설이 관료제를 그토록 인상적으로 묘사할 수 있는 것은 그가 질리도록 관료의 삶을 살아봤기 때문일 것이다.

카프카의 다른 소설들이 그렇듯, 이 소설은 넓게는 전체주의적 성격을 강하게 가지고 있는 근대 사회 전체에 대한 비판이지만, 그 소설(또는 영화)의 직접적인 소재는 관료제다. 사실 사람들이 관료제에 대해 가지고 있는 인상은 그렇게 좋지 않다. 카프카의 소설들이 그렇게 큰 반향을 일으킬 수 있었던 것은, 동시대인들이 공통적으로 느끼는 어떤 느낌을 콕 집어내 강한 공감을 불러일으켰기 때문일 것이다. 관료제에 대해 비판한 것은 카프카만이 아니다. 예컨대 주류 경제학의 대표적 학자 중 한 명인 루드비히 폰 미제스는 《관료제》라는 책에서 관료제와 관료를 시장과 기업가에 대비시키며, 관료제를 근대사회의 병적인 시스템으로 묘사했다.[1] 그 외에도 많은 학자나 비평가들이 관료제를 비판하며 그것을 근대사회의 심각한 문제, 병적인 현상으로 묘사한다.

그런데 관료제가 그렇게 나쁜 것이라면 그것은 왜 사라지지 않는 것일까? 역사상 어느 시기에 발생한 관료제는 왜 그 이후 인류의 역사에서 사라지지 않고 끈질기게 존재해온 것일까? 왕조 체제나 제국 시스템은 물론이고, 심지어 권력이 주종관계로 분산되었던 봉건주의에서도 관료제와 비슷한 역할을 하는 계층이 존재했다. 우리가 살고 있는 근대사회나 자본주의 사회는 관료제 없이는 그 존립을 상상할 수 없다. 아이러니하게도 국가의 소멸을 꿈꿨던 사회주의 혁명은 공산당 혹은 사회당 자체가 사회를 관할하는 관료 시스템이 되어 오히려 사회 전체를 통치하는 더 강력한 관료 체제가 되었을 뿐이다.

사정이 이러하다면 관료제가 꼭 필요했던, 어떤 사회적 조건, 역사적 필연성이 존재하는 것은 아닐지에 대해 질문을 던질 수밖에 없다. 관료제가 어떤 필요성으로 대두되었고, 사회 내에서 관료제가 담당한 역할과 작동 기제가 무엇인지 모른다면, 왜 우리가 우울한 관료제와 함께 그렇게 오랜 기간 동안 동거하고 있는지 이해할 수 없을 것이다. 왜 우리가 관료제를 그렇게 비판해도 왜 관료제는 항상 그 모습인지, 심지어 관료제를 없애려고 했던 혁명조차도 결국 관료제에 다시 포획되어버렸는지를 이해할 수 없을 것이다. 나아가 우리가 관료제를 어떻게 통제하고 제어할 수 있는지 그리고 더 나아가 왜 우리 시대에 관료제가 블록체인 기반의 기술시스템에 의해 대체될 수밖에 없고 대체되어야 하는지를 이해할 수 없을 것이다. 바로 이러한 측면에서 **'사회를 관리하고 운영하는 사회적 기술로서의 관료제'**를 바라볼 필요가 있다.

관료제의 정의

그렇게 많은 비판에도 불구하고 관료제가 유용하다면 그것은 어떤 메커니즘 때문일까? 이 문제를 살펴보기 위해서는 수천 년간 사회의 거대한 변동에도 불구하고 관료제는 여태까지 거의 변하지 않는 동일한 구조를 가지고 있었다는 점에 주목해야 한다. 학자들은 이상적인 관료제의 특징을 대략 다음과 같이 다섯 가지로 분석한다.[2]

관료제의 첫 번째 특징은 전문화 혹은 분업이다. 관료는 이것저것 모든 일을 다 하는 것이 아니라 여러 가지 일 중 한 가지만 전문적으로 하도록 되어 있다.

관료제의 두 번째 특징은 위계적 서열 구조다. 관료제는 계단식 계층 조직으로 이루어져 있으며, 위로 올라갈수록 정보와 권한이 집중되어 있다.

관료제의 세 번째 특징은 규칙과 규제에 의해 작동한다는 것이다. 계단식 계층 구조 속 각각의 직책에 맡겨져 있는 권한과 책임은 모두 규칙으로 규정되어 있다.[■] 특히 완성된 형태의 근대 관료제는 관료의 자격, 권한, 책임을 모두 법적으로 정해놓고 있다.

관료제의 네 번째 특징은 몰개인성이다. 즉 각각의 직책을 맡은 사람들이 교체되어도 관료제는 아무런 문제 없이 돌아가야 한다. 관료제는 개개인의 출중한 능력이나 개인기에 기대는 것이 아니기 때문이다.

관료제의 다섯 번째 특징은 관료제가 자격에 대한 검증에 기반해 있다는 것이다. 즉 관료가 되려는 사람은 임용 시험과 같은 공식적인 절차를 통해 해당 업무를 수행할 수 있는 능력을 검증받아야 한다.

관료제에 대한 위 다섯 가지 분석은 대부분의 관료제에 적용될 수 있다. 필자는 여기에 한 가지 특징을 더 추가하고 싶은데, 그것은 관료는 '대리 실행인'이라는 것이다. 관료는 자기 자신의 일을 하지 않는다. 관료는 자신의 일이 아니라 맡겨진 일을 '대신' 처리하는 직업이다.

■   루드비히 폰 미제스,《관료제》, 황수연 역, 지식을만드는지식, 2012, p.89. "관료적 관리는 상위 조직체의 권한에 의해 정해지는 자세한 규칙과 규정을 따르게 되어 있는 관리다. 관료의 임무는 이러한 규칙과 규정이 자기에게 하라고 지시하는 것을 수행하는 것이다. 그가 자기 자신의 최상의 확신에 따라 행동할 재량은 규칙과 규정에 의해 심하게 제한된다."

위 여섯 가지 특징 중 가장 중요한 점은 무엇보다 관료제가 법과 제도와 절차에 의해 작동한다는 사실이다. 완성된 형태의 관료제는 그 구성 근거가 법적으로 정해져 있고, 관료가 하는 일도 법적으로 정해져 있으며, 관료가 일을 처리하는 방법 또한 법적으로 정해져 있다(여기서 법이란 헌법, 민법, 상법, 행정법 등만이 아니라 세부적인 시행 규칙을 규정한 명령, 조례, 규칙 등을 포함한다). 즉 **관료제는 법에 근거해 존재하고 법에 근거해 작동하며, 법에 정의된 업무를 집행하는 기관**이다.▪ 관료제를 비판하는 많은 사람들은 관료제는 경직되어 있고 융통성이 없으며, 도무지 효율성과는 거리가 멀다고 이야기한다. 그런데 법과 제도와 절차를 따라 움직이는 것이 바로 관료제가 가지고 있는 본성이다. 사회적 효용성이나 효율성을 증진시키거나 보다 나은 방법을 찾아 스스로를 개선하는 것은 관료의 몫이 아니다. 관료에게는 오직 주어진 법과 절차에 따라 맡겨진 일을 수행하는 것만이 최고의 목적으로 제시되어 있다.

▪ 물론 국가 체계가 완전하게 자리 잡지 않은 국가나 문명에서는 관료의 지휘와 역할이 다소 모호하게 정의되기도 했다. 아마도 이 요소들은 초기에는 암묵적 약속 혹은 불문법에 의해 운영되다가 법과 제도 등이 성문화되면서 관료제가 법적인 근거를 갖는 형태로 발전되었을 것이다. 그럼에도 불구하고 고대 사회에서도 제도의 어딘가에 관료제의 존립 근거가 정의되어 있었을 텐데, 왜냐하면 이들을 고용한 정치권력은 이들에게 정해진 급료를 주어야 했기 때문이다. 이렇게 보자면 관료제도는 처음 발생한 이후로 지금까지 거의 변하지 않는 비슷한 구조를 가지고 있었고, 근대 국가가 형성되는 시기에 그 완성된 형태를 구축했다고 보아도 무방할 것이다.

_____ 관료제의 시작

물론 관료제가 태곳적부터 존재하지는 않았다. 그것은 인류 사회가 복잡성을 더해가면서 점점 거대 공동체를 형성해가는 와중에 탄생해서 지금에 이르렀다. 그렇다면 관료제는 언제부터 생겨난 것일까?

아마도 그것은 관료제를 어떻게 정의하느냐에 따라 달라질 것이다. 근대 성문법에 근거하여 관료제를 정의한다면, 근대 이전의 관료제에 대해서는 온전한 형태의 관료제가 아니라고 간주할 것이다. 그러나 관료를 '한 공동체를 관할하거나 지배하는 권력기관에 소속(고용)되어 전문적으로 정해진 역할을 수행하는 어떤 사람들이나 일군의 무리'라고 정의한다면, 관료제의 시작은 초기국가, 원시 국가까지 거슬러 올라갈 수 있다. 관료제가 최초로 시작되었던 과정에 대한 역사적 기록물은 존재하지 않기 때문에, 어쩔 수 없이 다소 간의 상상력을 동원하여 이 문제를 풀어보자.

프랑스의 인류학자 클로드 레비 스트로스는 《슬픈 열대》에서 남미에서는 거대 국가들이 순식간에 나타났다가 사라지는 일들이 반복되었다고 말한다. 우리가 아는 잉카, 아즈텍, 마야 문명이 아닌 거대 유적지들이 지금도 남미 밀림 속 곳곳에 남아 있다는 것이다. 이것은 부족의 범위를 넘어선 거대 권력집단들이 아마존 밀림 곳곳에서 반복적으로 발생했음을 말해준다. 아마도 이와 같은 일들은 남미만이 아니라 고대 여러 대륙에서도 마찬가지였을 것이다. 예컨대 기원전 메소포타미아 지역에 아카드 족의 사르곤 왕이 세웠던 인류 최초의 제국은 사르곤 이후 멸망하고 말았다. 또한 중국의 진 나라도 진시황제의 사후 즉시 붕괴되고 말았다.

역사적으로 개인 혹은 특정 집단의 탁월한 능력에 의해 거대 권력집단이 형성되었다가 순식간에 무너지는 일은 주기적으로 발생했을 것이다. 원시사회의 권력관계를 전문적으로 연구했던 피에르 클라스트르는《국가에 대항하는 사회》라는 책에서 원시사회가 국가화하려는 경향에 끊임없이 저항했다고 주장한다.[3] 이 말을 뒤집으면 원시사회 내부에서 국가가 탄생하려는 경향 역시 항시적으로 존재했다고 말할 수 있다. 즉 원시사회는 여러 마을을 정복하여 단일한 권력을 만들려는 힘과 각각의 마을들이 자치공동체로 살아가는 분권화decentralization를 추구하는 힘이 끊임없이 충돌하며 긴장 상태에 있었다고 볼 수 있다.

상상해보자면 신체적으로 탁월한 능력을 가진 개인 혹은 탁월한 싸움 전략을 지닌 집단이 우월한 힘과 군사력, 지략을 바탕으로 주변 마을들을 순식간에 정복하는 일은 충분히 일어날 수 있는 일이다. 그중 어떤 세력들은 광범위한 영토를 복속시켜 거대국가라 할 만한 강력한 권력을 순식간에 구축했을 것이다. 그런데 개인 혹은 소수 조직의 개인기에 의존해서 단기간에 만들어진 정치권력들은 무력에 의존하는 경우가 많기 때문에, 핵심 인사가 살해당하거나 건강에 이상만 생겨도 그를 정점으로 하던 조직 체계는 무너지기 마련이다. 이러한 조직은 태생적으로 오랜 시간을 지속하기 어려운 성격을 가지고 있다. 즉 정복 능력은 있지만 통치 능력이 없는 정치집단들은 순식간에 나타났다가 순식간에 사라졌을 것이다.

그러나 역사는 결국 더 넓은 영토, 더 많은 인구 그리고 수백년을 지속하는 국가 체제의 형성으로 나아갔다. 수없이 생겼다가 순식간에 사라지는 거대 정치권력들 사이에서 지속성을 가진 조직 체계를 구축한 개인 혹은 집단들이 나타난 것이다. 그들은 무력과 지략으로 주변을 복속시킨 후 뛰어난 조직가나 행정가를 중용하여 사회 시스템을 만들었다. 또한 나아가 국가로서 존립하기 위한 법령을 선포하고 일상적인 행정을 처리하기 위해, 해당 업무를 전담하는 담당자를 임명한다. 이것이 바로 본격적인 관료제의 시작일 것이다. 그리고 역사의 어느 순간, 성공적으로 안착한 시스템이 오랜 기간 작동하게 된다.

이렇게 한번 만들어진 시스템 하에서 관료제를 경험한 사람들은 '관료제'라는 사회적 장치의 유용함을 알게 되고, 그후 누군가 또 거대 공동체를 만드는 경우에 관료제는 당연히 구축해야 하는 것으로 받아들여졌을 것이다. 한번 구축된 사회적 기술은 옆에서 보거나 체험하면 바로 복제할 수 있다. 리처드 도킨스의 말을 빌리

다양한 수메르의 점토판.
출처: 위키피디아.[6]

자면 한번 사회에 자리 잡았던 관료제는 하나의 사회적 '밈'으로 확산되었을 것이다.

역사 문헌에서 관료 제도가 처음으로 등장하는 시점은 수메르 왕국에서부터다. 지금으로부터 약 5,000년 전 이라크 남부 지방에서 융성했던, 인류 최초의 문명 중 하나로 꼽히는 수메르 유적에서 글씨가 쓰인 점토판 5만 여 개가 발견되었는데, 연구 결과 이 점토판의 상당수에 채권·채무, 소유권과 같은 행정 정보들이 기록되어 있다는 사실이 확인되었다.[4] 이 점토판들은 쉽게 이야기하면 '원장ledger'이다. 블록체인을 '분산 원장Distributed Ledger' 기술[5]이라고도 부르는데, 바로 그 원장과 같은 의미다. 수메르의 점토판으로 된 원장과 블록체인의 원장은 기술만 다를 뿐 같은 내용의 정보를 담고 있다.

이 많은 원장들을 작성하고 관리하기 위해서 '서기' 혹은 '필경사scribes'라는 직업이 존재했는데, 이들이 문헌상 최초로 국가 혹은 중앙권력에 의해 고용된 관료들이다. 메소포타미아 고대 왕국과 귀족들은 많은 필경사들을 고용했다. 놀랍게도 수메르 문명은 필경사들을 배출하기 위해 체계적인 교육과정을 가진 학교도 운영했다.[7] 이들은 글을 읽고 쓸 줄 알았기 때문에 궁정의 문서 관리와 저장, 세금 징수와 노동자 감독, 곡물 저장고와 같은 공공건물의 감독, 왕의 비서, 귀족들의 관리인 등을 맡았다.[8] 이들은 문자를 다룰 줄 아는 사람들이 많지 않았던 시대에서 문자를 전문적으로 다루었던 사람들이다.

문헌상으로 나타나는 기록이 이렇다면 실제 관료제가 시작되는 시점은 훨씬 더 멀리 거슬러 올라갈 것이다. 인류학 자료들을 보면 원시부족 중 다소 공동체 규모가 크고 어느 정도 권한을 소유한 족장 중에는 외부 소식을 전문적으로 수집하고 전달하는 '전령'을 두는 경우도 있었다고 한다.[9] 이 전령은 공동체 외부의 소식을 족장에게 전달하고 또 공동체의 메시지를 외부의 다른 공동체에 전하는 역할을 한다. 그는 통상적인 생산노동에 참여하는 것이 아니기에 그가 생활을 영위하는 데 필요한 양식들은 족장(정확히는 족장에게 일부 권한을 위임한 공동체 전체)이 부담했다. 이렇게 기능이 분화되어 공동체 내부의 전문적인 어떤 영역을 담당하고 급료를 받는 사람들이 하나둘씩 늘어나 어느 정도 집단을 형성한다면, 그것을 곧 관료제가 움 트는 것으로 볼 수 있을 것이다.

그런데 공동체 내부에서 전문화된 일을 맡은 개인들이 늘어난다고 바로 관료제가 성립되지는 않는다. 관료제가 성립되기 위해서는 관료제가 작동할 수 있는 또다른 사회적 조건들이 필요하다.

관료제의 생성 조건

관료제의 시작이 어떠했는지를 기술한 문서는 없기 때문에 우리는 초기 관료제의 형성에 대해 추측할 수밖에 없다. 따라서 관료제가 형성되기 위한 그 모든 조건을 다 분석할 수는 없지만 관료제가 성립할 수 있는 몇 가지 명확한 조건은 살펴볼 수 있다.

첫 번째, 이미 언급한 대로 공공 기관의 급료를 받는 집단이 늘어나려면 공동체 내에 잉여 생산물이 존재해야 한다. 관료들은 직접적인 생산 노동에 참여하지 않고, 전문화된 역할을 수행하며 급료를 받아 생활하기 때문에, 이들을 유지하려면 무엇보다 공동체 내부에 잉여 생산물이 있어야 한다.

두 번째, 공동체 내에서 일정한 규모 이상의 구성원이 있어야 한다. 여기에는 두 가지 이유가 있다. 하나는 다른 사람들을 부양할 만큼 충분한 잉여 생산물이 만들어지기 위해서는 일정 규모 이상의 직접 생산자들이 있어야 하고, 다른 하나는 한 명에게 전문화된 일을 맡겨야 할 만큼 사회구조가 충분히 복잡해야 하기 때문이다.

원시부족의 마을과 같이 작은 영토, 적은 인구를 가지고 있는 소규모 공동체에서는 관료제가 존재하지 않는다.[10] 무엇보다 소규모 공동체들의 커뮤니케이션 방식은 직접적이다. 마을 내의 사건 사고뿐만 아니라 개인의 일상사에 대한 소식은 불과 수 시간이면 마을 사람들 모두에게 공유된다. 마을 내에서 공동으로 의사를 결정할 사항은 마을 사람들 모두가 한자리에 모여서 결정하면 그만이다. 소규모 마을 공동체는 마을 구성원 전체가 참여하는 정보유통 시스템과 정보처리 시스템이 항시 작동하고 있다.[11] 즉 마을이라는 공간은 요즘 개념으로 설명하자면 공동체 전체를 포괄하는 P2P 네트워크가 항상 작동하는 공간이었다. 이런 공간에서는 대리 실행인에게 일을 맡기는 것보다 본인들이 면 대 면Face to Face으로 직접 처리하는 것이 훨씬 효율적이다.

그런데 공동체의 규모가 조금만 커져도 공동체 내부 커뮤니케이션에 문제가 발생하기 시작한다. 일단 구성원 수가 수백 명만 넘어가도 구성원 모두가 한자리에 모이는 일 자체가 쉽지 않다. 즉 인구수가 늘어나면 그 구성원들이 소통하기 위한 커뮤니케이션 비용이 기하급수적으로 증가하는 것이다. 이에 대해 유발 하라리는 저서 《사피엔스》에서 다음과 같이 이야기한다.

이들 원시인류의 사회성은 서로 친밀한 소규모 집단에만 적용되었다. 집단의 규모가 너무 커지면, 사회적 질서가 불안정해지고 무리가 쪼개졌다. 설령 특별히 비옥한 유역에 정착하여 원시 사피엔스 500명을 먹여 살릴 수 있다 하더라도, 낯선 사람들끼리 이렇게 많이 함께 살 수 있는 방법이 없었다. 누가 지도자가 되고 누가 어디서 사냥을 하고 누가 누구와 짝을 지어야 하는지에 대해 어떻게 합의를 이끌어낼 수 있었겠는가? (…)

인지혁명에 뒤이어 뒷담화 이론이 등장한 덕분에 호모 사피엔스는 더 크고 안정된 무리를 형성할 수 있었다. 하지만 뒷담화에도 한계가 있었다. 과학적 연구 결과 뒷담화로 결속할 수 있는 집단의 '자연적' 규모는 약 150명이라는 것이 밝혀졌다. 150명이 넘는 사람들과 친밀하게 알고 지내며 효과적으로 뒷담화를 나눌 수 있는 보통

사람은 거의 없다.[12]

여기서 150명이라는 숫자는 인류학자 로빈 던바가 인류학과 뇌과학을 접목해 유인원 집단과 원시부족 그리고 현대적인 사회조직들의 집단 크기에 따른 특성들을 비교연구하면서 발견한 숫자다.[13] 150명이라는 숫자는 한 개인이 직접적으로 인간관계를 맺을 수 있는 임계치의 숫자다. 따라서 수백 명에서 수천 명을 넘어서는 확대된 공동체는 그 확대된 크기를 유지하기 적합한 새로운 사회적 기술, 즉 관료제의 도입이 필수적이라고 말할 수 있다.

관료제가 성립되기 위한 세 번째 조건은 문자 시스템이다. 구성원의 수가 적은 마을 단위 공동체에서는 입말 언어가 주된 커뮤니케이션 수단이고 인간의 기억만이 정보의 저장 수단이다. 그러나 공동체의 크기가 커지면 인간이 가진 두뇌의 기억만으로는 사회생활에 필요한 정보를 원활하게 다룰 수 없다. 다시 유발 하라리의 글을 보자.

스물두 명이 아니라 수천 명, 심지어 수백만 명이 연관되는 대규모 협력 시스템에서는 도저히 한 인간의 뇌에 담아두고 처리할 수 없는 막대한 양의 정보를 관리하고 저장해야 한다. (…)

커다란 왕국을 유지하려면 수학적 데이터가 핵심적이었다. 법을 제정하고 수호신에 대해 지어낸 이야기를 하는 것만으로는 충분하지 않았다. 세금도 걷어야 했다. 그런데 수십만 명에게 세금을 매기려면, 사람들의 수입과 재산에 대한 데이터, 지불된 급여에 대한 데이터, 체납액과 빚과 벌금에 대한 데이터, 할인과 공제에 대한 데이터를 수집해야 했다. 모두 합쳐 수백만 데이터 비트에 달하는 정보를 저장하고 처리해야 했다. 그런 능력이 없으면 국가는 자신이 어떤 자원을 보유하고 있으며 앞으로 세금을 받아낼 구석이 또 어디 있는지를 알 수 없었을 것이다. 그런 숫자들을 외우고 인출하고 다뤄야 할 상황에 처하면, 대부분의 인간의 뇌는 멍해지거나 잠이 들어 버렸다.

이 정신적 한계는 인간 집단의 크기와 복잡성도 심각하게 제한했다. 특정 사회의 구성원과 재산의 양이 특정 임계치를 넘어서면, 대량의 수학적 데이터를 저장하고 처리할 필요가 생겼다. 인간의 뇌는 그 일을 할 수 없었기 때문에, 시스템은 무너졌다. 농업혁명 이래 수천 년간 인간의 사회적 네트워크는 상대적으로 작고 단순한 상태로 머물러 있었다.

문제를 처음 극복한 것은 메소포타미아 남부에 살던 고대 수메르인이었다. 타는 듯한 햇볕이 내리쬐는 그곳의 진흙 평야는 소출이 풍부했고 도회지를 번영시켰다. 주민 수가 늘어나면서 이들 사이의 업무를 조율하는 데 필요한 정보의 양도 늘었다. 기원전

3500~3000년 어느 시기에, 익명의 수메르 천재들이 뇌 바깥에 정보를 저장하고 처리하는 시스템을 발명했다. 대량의 수학 데이터를 처리하기 위한 맞춤 시스템이었다. 덕분에 수메르인들은 인간의 뇌에서 비롯되는 사회질서의 제약에서 벗어나 도시, 왕국, 제국의 출현에 이르는 길을 열었다. 수메르인이 발명한 데이터 처리 시스템은 '쓰기'라는 이름으로 불렸다.[14]

대규모 공동체에 사는 사람들은 엄청나게 많은 정보를 처리하기 위해 두뇌 외부의 저장 장치를 활용해야 한다. 그리고 인간이 발명해낸 정보 저장 기술이 바로 문자 시스템이다. 관료제란 엄청나게 많은 정보를 처리하기에, 문자 시스템 그리고 문자를 기록하고 전달할 수 있는 점토판·양피지·종이 같은 정보저장 기술이 필수적이다. 최초의 관료가 필경사(서기)였다는 것은 결코 우연이 아니다. "세금 장부와 복잡한 관료제도는 불완전한 문자체계와 함께 태어났고, 이 둘은 오늘날까지도 샴쌍둥이처럼 확고하게 연결되어 있다."[15]

마을 공동체가 입말 언어로 작동하는 사회였다면 그 이후의 거대 공동체는 (태블릿과 파피루스, 양피지를 포함하여) 종이에 기반을 둔 문자 언어로 작동하는 사회였다. 정보를 기록하고 저장하고 보존하는 문자와 종이 기술이 발명된 이후로 인류 사회는 전혀 다른 사회로 변화하게 된다. **마을은 기억이 지배하는 공간이었고 마을 규모**

를 넘어선 거대 공동체는 문자에 기반을 둔 기록이 지배하는 공간이었다. 그리고 정보가 종이(에 쓰인 문자)에서 디지털 장치에 저장되는 바이트byte로 옮겨가면서 인류의 정보처리 프로세스에 또다시 근본적인 변화가 일어나고 있다.

거대 공동체와 관료제

한번 성립된 관료제는 더 큰 규모의 공동체, 국가를 넘어 제국에 이르는 거대 공동체 운영을 가능하게 해주었다. 그렇다면 관료제는 거대 공동체가 직면했던 어떤 문제를 해결해준 것일까? 관료제의 유용함은 어떤 것일까? 왜 관료제라는 사회적 기술을 채택한 공동체 혹은 집단이 그렇지 않은 사회보다 더 오래 지속할 수 있었을까? 이를 위해서 우리는 먼저 공동체의 성격을 정의해야 한다.

공동체란 말 그대로 공통의 무엇을 공유하고 있는 사람들의 집단을 의미한다. '공통의 무엇'이란 현대적 학문에 기대어 이야기하자면 공유된 정보라고 말할 수 있다. '공유된 정보'란 그들이 함께 살아가는 공간과 지리와 환경에 대한 공통의 기억일 수도 있고, 일상생활에서 경험했던 사건과 사고에 대한 공통의 기억일 수도 있고, 매일매일 부딪히며 살아가는 사람들에 대한 공통의 기억일 수도 있다. 공통의 기억이란 다른 무엇이 아니라 공유된 정보다. 즉 하나의 공동체는 공유된 정보를 가진 사람들이라고 정의할 수 있으며, 공유된 정보가 없으면 공동체가 성립될 수 없다. 또한 공동체의 범위는 '일정량 이상의 정보를 꾸준히 일상적으로 공유하는 개인들의 집합'으로 정의할 수 있다.

또한 한 공동체가 유지되기 위해서는 일상적으로 정보가 공유되고 또한 공유된 정보가 처리되지 않으면 안 된다. 예를 들어 이웃 부족이 약탈하러 올 것이라는 정보가 입수되었다면 공동체 구성원들은 맞서 싸울지 협상을 할지, 아니면 굴복할지를 결정해야 한다. 공동체 전체에 식량이 부족하다면 언제 어떻게 식량을 더 구하러 누가 가야할지 결정해야 한다. 즉 한 공동체는 그 내부에서 유통되는 정보들을 어떤 방식으로든 처리해야 한다. 그렇지 않으면 해당 공동체는 유지될 수 없다. 그래서 각각의 **공동체들은 그 내부에 고유한 정보유통 시스템과 정보처리 시스템을 구축하고 있다.** 이것은 공동체가 크든 작든 모든 공동체에게 필수적인 기능이다.

또한 공동체는 대내적으로는 그 내부의 미디어 환경이나 기술의 변화 그리고 대외적으로는 외부 공동체들의 미디어 환경이나 기술의 변화에 의해 끊임없이 영향을 받고 변화를 겪는다. 즉 공동체는 고정되어 있는 형태가 아니라 그 구성원들이 체득하고 있는 물리적-사회적 기술적 수준과 내부적인 커뮤니케이션 속도와 밀도, 외부 공동체들의 커뮤니케이션 속도와 밀도, 물리적 기술이나 사회적 기술의 변화 등에 끊임없이 영향을 받는다. 따라서 하나의 공동체가 공동체에 비교적 큰 영향을 미치는 내부의 변화/충격이나 외부의 변화/충격에 적절하게 대응하지 못하면, 주위의 다른 공동체에 비해 뒤처지거나 혹은 내부적인 커뮤니케이션 구조의 붕괴로 공동체 자체가 무너지고 만다. 특정 공동체의 흥망성쇠는 한 공동체가 처리해야 하는 정보를 처리할 능력을 가지고 있느냐, 변화된 환경에서 변화된 정보유통 양식에 맞추어 사회적으로 필요한 사회적 기술을 개발할 수 있느냐에 따라 결정된다.

인간 사회의 공동체가 마을 단위를 넘어 수 킬로미터 혹은 수백, 수천 킬로미터로 확대되었을 때, 그 공동체를 하나의 정치권력이 관할하기 위해서 정치권력은 그 넓은 지역에서 일어나는 여러 가지 사건, 사고에 대응해야 한다. 그러한 대응이 늦어지면 정치권력이 붕괴될 수도 있다. 어느 지역에 전염병이 돌 경우 이에 대한 대처가 늦어지면 또한 민심을 잃게 된다. 어느 지역에 외적이 쳐들어온 소식이 중앙에 전달되지 않는다면, 그 정치권력은 외적에 정복당해 무너지거나 땅을 빼앗겨 약소국으로 전락할 수도 있다.

따라서 거대 정치권력들은 언제나 이러한 정보망을 구축하기 위해 많은 노력을 들였다. 중국 진나라의 시황제가 중국을 통일한 후 제일 먼저 한 일은 황제의 이름으로 각 지방 정부에 감찰관을 내려 보낸 것이다. 감찰관들이 하는 역할은 지방 정부를 감시하고 지방에서 발생하는 온갖 사건 사고들을 시황제에게 보고하는 것이다.

그것은 고려나 조선 시대도 마찬가지다. 우리나라의 사극에서 빠지지 않고 등장하는 장면은 왕이 신하들로부터 전국 각지에서 올라온 '장계'를 받는 장면이다. 그 장계에는 어느 지역 수령이 올린 사건 사고 소식부터 어느 지방 한 해의 식량 생산량, 삼남 지방에 출몰한 왜구 소식, 억울함을 호소하는 백성의 상소, 심지어는 어느 지방에서 발생한 치정 사건까지 다사다난한 소식과 청원 그리고 왕에게 처리할 것을 요청하는 일들이 올라온다. 즉 그 정치권력이 관할하는 지역 내의 통치와 안녕과 관련된 내용들이 일상적으로 보고되는 것이다. 그리고 왕은 그 장계를 어떤 방식으로든 처리해야 한다. 조선 시대 영조대왕은 장계를 읽느라 밤을 새우는 경우도 많았다고 한다. 그만큼 왕이 처리해야 할 정보량이 많았던 것이다.[16]

왕이 업무를 게을리한다는 것은 바로 이러한 정보처리를 소홀히 한다는 뜻이다. 그 정보들을 제시간 내에 처리하지 않으면 나라에 문제가 생긴다. 정상적인 국가라면 곡식이 부족한 곳에 국가의 곳간을 열어 식량을 지원해야 하고 전염병이 도는 지역에는 의료지원단을 파견해야 한다. 왜구가 출몰하는 곳에는 군대를 보내 왜구를 섬멸해야 한다. 바로 이 지점에서 관료제의 필요성이 대두된다.

이와 같은 공동체의 대소사를 두고 관료들이 하는 일이란 공동체의 유지에 필요한 여러 가지 정보들을 수집해서 그것을 취합하고 종합한 후 의사결정권자(조선 시대로 치자면 왕)에게 전달하고, 의사결정권자의 의사결정에 따라 해당 사안을 집행하는 것이다. 따라서 오랜 기간 지속적으로 유지되는 거대 공동체는 관료제라는 장치를 통해 그 내부에 일상적으로 항시 작동하는 정보유통 시스템과 정보처리 시스템을 구축한 것이라고 볼 수 있다.

혹시나 이러한 서술에 대해 왕조나 중앙권력 중심의 서술이 아니냐고 반문하시는 분들이 있다면, 이러한 정보유통 시스템과 정보처리 시스템은 왕조나 중앙권력을 전복하려는 목적을 가진 반란군이나 혁명 세력에게도 필수적이라는 사실을 지적하고 싶다. 즉 공동체 내부에 정보를 유통시키고 정보를 처리하는 커뮤니케이션 구조는 모든 공동체, 모든 조직에 필수적인 요소이다. 다만 그것을 위해 관료제라는 형식을 도입하느냐 혹은 또다른 사회적 기술을 사용하느냐의 차이만 존재할 뿐이다. 당연하게도 관료제 형식이 아닌 다른 형태의 조직으로도 정보유통 시스템과 정보처리 시스템을 구축할 수 있다. 다만 여기서 강조하고 싶은 사실은 장기간 지속하는 거대 공동체를 유지하는 데 있어 관료제가 상당히 유용한 사회적 장치라는 것은 부정할 수 없다는 점이다.

이러한 측면에서 보자면 관료제의 존재 이유는 너무도 충분하다. 관료제는 사회 내에 정보를 유통하고 처리하고 실행하는 기관

오손 웰스의 영화 〈카프카의 심판〉의 한 장면.

이다. 즉 **관료제를 한마디로 정의하자면, 그것은 공동체 내부의 정보 처리 기계다.** 수메르의 필경사들이 했던 일이란 정보를 기록하고 보 관하고 처리하는 일이었다. 이것은 현대의 관료제도 마찬가지다. 관 료들이 하는 일이란 바로 정보를 모으고 기록하고 처리하고 처리된 정보를 집행하는 일이다.

　오손 웰스가 정확하게 묘사했던 영화 속 그 축구장 같은 사 무실로 다시 돌아가보자. 〈카프카의 심판〉에서 관료제를 상징하는 수백만 명의 타이피스트들은 무언가를 열심히 기록한다. 그들은 정 보를 처리하는 중이다. 그 정보란 세금에 관한 것일 수도 있고 변방 에서 일어난 민란 소식일 수도 있다. 새로 출생한 신생아에 대한 정 보일 수도 있고, 특정인의 출입국 기록일 수도 있고, 막 이사한 어떤 사람의 변경된 주소일 수도 있다. 영화에 묘사된 관료제는 한편으로는 우울한 관료제의 극단을 보여주면서 동시에 관료제가 정보처리 기계라는 것을 여실히 드러낸다.

그렇다면 우리는 관료제를 전혀 다른 측면에서 재해석할 수 있다. 관료제란 어떠한 이유로 인류가 소규모 부족 공동체에서 거대 사회집단으로 변화했을 때 거대 사회집단의 유지 및 관리 문제를 해결하는, 일상적인 정보의 소통과 처리를 보장하기 위한 사회적 기술로 사회에 도입된 것이다.

요약하자면 관료제는 **공동체의 지속적인 존립을 위해 정보의 강제적인 순환을 보장하기 위한 사회적 기술**이다. 한번 구축된 관료제는 사회 격변기나 대공황의 상황에서도 무너지지 않기 때문에, 거대 공동체가 최소한으로나마 작동하도록 하는 마지막 안전장치로 기능한다. 2016년, 무당의 아바타가 된 대통령이 세월호 참사라는 국가적 재난 사태에도 7시간이나 공식 석상에 모습을 드러내지 않았던 미친 정국에서도 나라가 돌아갔던 이유는 사회의 일상적이고 강제적인 정보 순환을 보장하는 관료제가 작동하고 있었기 때문이다. 관료제는 사회적 필요에 의해 만들어진 사회적 기술이기에 그 우울하고 비인간적인 작동방식에도 불구하고 사라질 수 없는 것이다.

관료제 이후

공동체 유지 기능에도 불구하고 관료제는 사회적으로 비판의 대상이다. 무엇보다 관료제가 비판받는 지점은 관료제의 속성 자체가 개인을 고려하지 않기 때문(관료제의 네 번째 특징)이다. 그것은 관료로서 일을 처리하는 사람도, 관료적 처리의 대상이 되는 사람들도 마찬가지다. 관료가 하는 것은 반복적이고 기계적인 작업이기에 사람이 그 일을 하면 당연히 우울할 수밖에 없다. 관료제란 본성상 기계에 적합하게 설계되었기 때문이다. 관료제 속에 개인들은 자신이 처리하는 일의 의미가 무엇인지 몰라도 되는 일들을 기계적으로 대리 수행할 뿐이다.

나아가 문자 시스템에 기반을 둔 관료제에서 정보 흐름은 결코 투명하지 않다. 그것은 관료들이 일부러 정보를 감추려 하기 때문만은 아니다. 여기에는 두 가지 이유가 있는데 첫 번째는 관료제에서 정보란 단지 종이 위에 기록되어 단지 관료들의 결제 라인을 타고 수직적으로 흐른다는 것이다. 관료제 밖에서는 어떤 정보가 유통되고 있고 그 정보가 어떻게 처리되는지 잘 보이지 않는다.

두 번째는 지금까지의 관료제가 종이에 쓰인 문서를 기반으로 작동되고 있는데, 이 종이라는 물리적 기술은 속성상 즉각적이고 광범위한 공개가 어렵다는 점이다. 디지털 정보는 아주 손쉽게 홈페이지 등에 공개할 수 있고 또한 공개되면 누구나 그 정보를 볼 수 있다. 그러나 종이에 쓰인 정보는 그것을 열람하는 것이 허락되어 있더라도 그것을 보려면 직접 가서 문서를 찾아봐야 한다. 따라서 문자 시스템에 기반을 둔 관료제란 그 구조 자체가 폐쇄성을 띠고 있을 수밖에 없는 것이다. 또한 이러한 관료제의 폐쇄성은 정보의 비대칭성을 만들어냄으로써 관료제가 권위적으로 작동하도록 만든다. 평범한 사람들은 관료제를 접할 때 늘 주눅들 수밖에 없는데, 그것은 의도적이든 의도적이지 않든 관료들이 독점적으로 정보에 접근할 권한을 보유하고 있기 때문이다. 고대부터 지금까지의 관료제가 문자 시스템에 기반한다는 것은, 관료제가 수천 년간 지금과 크게 다르지 않은 모습을 하고 있었다는 사실과 깊은 연관성을 가지고 있다.

실시간 커뮤니케이션 시대 이전에 관료제가 다른 사회 장치보다 더 효율적이었던 이유는, 그것이 정보의 강제적인 순환을 보장하기 때문이었다. 그런데 실시간 커뮤니케이션 시대 즉 모든 사람들이 정보를 공개하는 인터넷 시대에 와서 관료제는 근본적인 질문에 봉착했다. 수직적 커뮤니케이션 체계 아래에서는 모든 정보가 하나로 취합되어 최고결정권자까지 올라갔다가 다시 복잡한 의사결정 과정을 거쳐 개개의 구성원들에게 전달된다. 그런데 우리가 살아가는 지금 이 시대에는 그 속도가 너무 늦기 때문에 더이상 효과적으로 작동할 수가 없다.

적어도 인터넷 이전까지는 관료제의 정보처리 속도가 시민사회의 정보처리 속도보다 느리지 않았다. 그런데 사회 내부의 커뮤니케이션 속도가 실시간에 다다른 지금, 관료제의 정보처리 속도는 관료제 밖, 시민사회 개인들의 커뮤니케이션 속도를 따라갈 수 없다. 모든 개체들이 서로서로 정보를 주고받을 수 있는 환경에서는 관료제라는 사회적 기술 자체가 효율적이지 않게 된 것이다.

아울러 관료제는 그 특성상 사회 변화에 둔감하다. 수많은 논쟁과 힘겨루기와 싸움을 통해 법이 바뀌면, 비로소 관료들의 행동 규칙도 바뀐다. 그렇기 때문에 관료제는 항상 시대에 뒤처지는 역할을 할 수밖에 없다. 당사자들이야 억울하겠지만, 관료제가 욕을 먹을 수밖에 없는 이유다.

그런데 만약 관료제와 똑같은 기능을 수행하는 다른 방법이 존재할 수 있다면 어떻게 될까? 기존의 관료제보다 더 빠르고 더 투명하고 더 확실하고 더 효율적으로 정보를 처리해주는 시스템이 가능하다면? 절대적 강제성을 가진 블록체인 기술과, 정보처리 기계인 관료제가 만나면 어떤 일이 벌어질까? 그 누구의 예외도 없이 법에 정의된 그대로 집행하는, 기존의 사람 기계보다 훨씬 더 빠르게 처리하는 새로운 행정 시스템이 가능하지 않을까? 바로 이러한 측면에서 블록체인 기술을 활용해 관료제를 대체하는 작업을 진지하게 검토해야 한다.

누군가는 이렇게 이야기했다. 지금 우리의 상황은 20세기의 사람들이 17세기에 만들어진 정치 체제로 21세기 국민을 다스리고 있는 것이라고. 우리는 관료제에 대해서는 이렇게 이야기할 수 있다. "5,000년 전에 만들어진 사회적 기술을 19세기에 다듬어 21세기에도 사용하고 있다."

이제 새로운 시대에 맞는 새로운 사회적 기술을 만들어야 할 시간이 온 것이다.

5

블록체인 혁명

_____ 블록체인 혁명

블록체인은 혁명이다. 그것은 기존의 '혁명'이 뜻하는, 권력이 갑자기 전복된다거나 사회 시스템이 갑자기 자본주의에서 사회주의나 공산주의로 바뀐다거나 하는 의미의 혁명은 아니다. 블록체인은 사회를 구성하는 개인들이 공적 관계를 맺는 방식을 근본적으로 바꾸어버린다는 측면에서 이전의 혁명과는 전혀 다른 의미의 혁명이다.

소련식 사회주의는 몰락하고, 중국식 사회주의는 공산당 일당 독재 자본주의로 변질되었다. 북한의 사회주의 혁명은 봉건적 왕조국가로 귀결되었다. 현재의 상황에서, 하나의 권력을 또다른 권력으로 대체하는 것을 혁명이라고 말할 수는 없을 것이다. 그것은 혁명을 통해 중앙권력을 분산시킨 것이 아니라 단지 중앙권력을 '자신들'로 대체했을 뿐이다. 21세기에 혁명을 새롭게 재정의하자면, 혁명이란 중앙권력을 대체하거나 재구성하는 것이 아니라 권력을 분산시키는 것이고, 권력이 분산된 상태에서도 사회 시스템이 잘 돌아가도록 만드는 것이다.

물론 이전에도 권력을 분산시키려는 시도는 지속적으로 있었다.■ 그런데 네트워크 속도가 충분하지 않은 상태에서 분산된 조직들은 항상 정보 공유와 의사결정 속도에 발목을 잡힐 수밖에 없었다. 반면 중앙집중된 권력은 정보 공유와 의사결정 속도가 빠르기 때문에 분산된 조직들을 일격에 무력화시킬 수 있었다.¹ 그런데 이제는 상황이 다르다. 분산된 조직들이 작동하는 속도가 중앙집중된 권력의 속도와 비슷하거나 심지어 더 빨라지는 사회가 되었다. 블록체인 기술은 바로 이 분산된 조직들에게 최적의 해법을 제시하는 기술이다.

블록체인이 제시하는 새로운 사회 구조는 이전과는 너무도 다른 방식이어서 이 기술이 우리의 일상을 어떻게 바꿀지 이해하려면 다소 노력이 필요하다. 무엇보다 블록체인 기술 자체가 이해하기 쉽지 않은 기술이다. 나아가 블록체인 기술은 우리가 태어나서부터

■   스웨덴 해적당을 만든 Rick Falkvinge는 지금까지의 싸움은 자본주의와 공산주의의 싸움이 아니라 분권화된 권력과 중앙집중 권력의 싸움이었다고 진단한다. 필자 역시 이 해석에 동의한다. https://steemit.com/liberty/@falkvinge/it-was-never-about-capitalism-vs-communism-it-was-always-about-centralized-vs-decentralized

지금까지 경험해왔던 익숙한 사회적 절차들, 관행들과 완전히 다른 구조를 가지고 있다. 이것은 근대 시대를 살아가는 인류가 경험해보지 않았던 것이기에, 블록체인이 우리의 무엇을 어떻게 바꿀지 잘 이해되지 않는 것은 당연한 일이다. 그렇다고 지레 좌절할 필요는 없다. 적어도 2017년에 이 책을 읽는 분들이라면 이 분야의 선구자이기 때문이다.

먼저 우리는 수천 년간 중앙집중 방식의 수직적인 조직 구조에 익숙해져 있다. 사장이든 대표든 원장이든 총장이든 대통령이든, 최고 의사결정권자가 모든 것을 결정하는 것이 당연하다. 또한 개인들 사이에 계약이나 거래를 할 때는 거래를 보증하는 중개자가 끼어드는 것이 일반적이다. 우리가 일상적으로 경험하는 대표적인 '중개업'의 사례가 바로 은행이다. 은행이 하는 가장 큰 역할 중 하나는 사람들 사이에 돈거래를 보증하는 중개인 역할이다. 다수의 개인이나 기업들로부터 돈을 위탁받아(적금) 또다른 개인이나 기업, 기관에 빌려주고(대출) 수수료를 받는 것이 은행의 가장 기본적인 역할이다.

보다 더 쉽게 이해할 수 있는 사례가 신용카드 회사다. 신용카드 회사는 현금 대신 카드로 결제할 수 있는 결제망을 구축해서 결제를 대신 처리해주고 대행(중개) 수수료를 받는 모델이다. 보험 서비스를 제공하는 기업 역시 마찬가지다. 삼성생명, 현대해상 화재보험, 신한생명, 메리츠 화재, 교보생명 등 민간 보험 기업들은 다수의 개인들에게 보험금을 받아 목돈이 필요한 개인에게 제공해주는 방식으로 보험 서비스를 중개해주는 중개업자들이다. 우리는 일상적으로 이러한 중개사업자들을 만난다. 부동산 중개업, 법무사, 증권거래소, 금융결제원 그리고 공증과 같은 제도들도 다 거래를 보증하기 위한 중개 장치들이다.

그런데 블록체인은 개인 간의 거래에서 원칙적으로 중개자를 필요로 하지 않는다. 신뢰를 담보해주는 제3의 기관도 존재하지 않는다. 예컨대 비트코인을 주고받는 과정에 은행과 같이 신뢰를 보증하는 제3자는 존재하지 않는다. 여기서 신뢰는 블록체인이라는 기술과 그 기술 위에서 작동하는 네트워크 인프라 그리고 비트코인 커뮤니티가 담보해준다. 그래서 존 버클리는 〈이코노미스트〉에 쓴 글에서 블록체인을 '신뢰 기계Trust Machine'라고 명명했다.[2] 즉 블록체인은 신뢰 그 자체를 보장하기 위한 목적으로 고안된 기술이라는 말이다.

블록체인 기술이 왜 신뢰 기계인지를 이해하려면 블록체인 기술이 등장하게 된 배경을 이해해야 한다. 애초 블록체인 기술은 그 기술 자체로 등장한 것이 아니라 비트코인을 가능하게 해주는 기반 기술로 등장했다. 그래서 비트코인이 인터넷에서 시민권을 얻어가는 몇 년 동안에 블록체인 기술은 일부 기술 마니아와 암호 화폐 전문가들 사이에서만 알려져 있을 뿐, 대중적 인지도를 거의 언지 못했다. 블록체인 기술이 언론에 회자되기 시작한 것은 불과 2~3년 정도밖에 되지 않는다.

그런데 비트코인이 출시되기까지는 수십 년의 세월이 필요했다. 유명한 네스케이프 브라우저를 만들었던 마크 앤드리슨Mark Andreessen은 〈뉴욕타임스〉에 쓴 칼럼에서 비트코인에 대해, 전 세계 수천 명의 연구자들이 "암호 화폐를 만들기 위한 20년간의 연구, 암호 기술에 대한 40년간의 연구 위에서 만들어진, 컴퓨터 과학에서 가장 근본적인 수준의 돌파구"라고 묘사했다.[3] 비트코인과 비슷한 어떤 것을 만들려는 노력이 이미 수십 년 동안 진행되었다는 말이다. 비트코인의 기반 기술인 블록체인 아래에는 수십 년간 연구해 온 암호학과 암호 기반 전자 화폐를 만들고자 하는 노력들이 쌓여 있다.▪ 이러한 노력의 연장선에서 1990년대 초반부터 웨이 다이, 닉

▪ 1990년 암호학자 데이비드 차움David Chaum은 디지 캐시Digi Cash라는 추적 불가능한 암호 화폐를 발행했는데, 1998년 파산하고 말았다. 한편 1998년 워싱턴대학을 막 졸업한 웨이 다이는 'b-money'라는 디지털 화폐를 만들었다. 그러나 이 화폐는 다소 콘셉트에 가까운 개인 프로젝트로 끝나고 말았다. 비슷한 시기 컴퓨터 과학자 닉스 자보는 '비트골드Bit Gold'라는 디지털 화폐를 개발했다. 닉스 자보는 금을 캘 때 많은 노력이 들어간다는 사실에 착안하여, 문제를 풀기 위해 시간을 써야 하고 많은 에너지가 소비된다면 그것은 '가치'를 가질 것이라고 생각했다. 또한 그는 이전 발행된 화폐의 정보를 다음 발행되는 화폐에 엮는 체인의 개념을 처음으로 도입했다. 이런 이유로 비트골드는 비트코인의 전신으로 불린다. 그로부터 약 10년 동안 암호 화폐 세계는 조용했다. 그리고 갑자기 비트코인이 출현했다. 암호 화폐의 간략한 역사에 대해서는 다음 글을 참조하라. http://spectrum.ieee.org/computing/software/bitcoin-the-cryptoanarchists-answer-to-cash/0

스 자보, 데이비드 차움 등이 각각 비머니b-money, 비트골드Bit Gold, 디지캐시Digi Cash라는 독자적인 암호 화폐를 개발한 바 있다. 비트코인의 블록체인이 나오기 전까지, 수천 명의 연구자들에 의해 검토되었던 수많은 이론들, 샘플들 그리고 실제로 구현된 몇 개의 실패작들이 있고 나서야 드디어 신뢰성 있는 암호 화폐가 구축된 것이다. 블록체인 기술이 신뢰 기계로 불릴 수 있는 이유는 암호학, 수학, 컴퓨터공학, 행동경제학 등 최신 학문적 성과에 기반을 둔 수십 년간의 노력들이 그 아래 축적되어 있기 때문이다. 그 디딤돌을 딛고 비트코인과 블록체인이 네트워크 위에 어느 날 불쑥 솟아났다. 우리는 아직도 그 창시자 사토시 나카모토가 누구인지 모른다.

세 개의 신뢰 기계

인류 사회가 신뢰를 유지하는 방법으로 크게 세 가지 장치가 존재한다. 첫 번째 장치는 우리가 일상적으로 만나는 지인 네트워크 범위 내에서 눈에 보이지 않는 형태로 작동하고 있는 **평판 시스템**이다. 우리는 일상 속에서 가족, 친척, 친구, 선후배, 동료 등 이런저런 인연으로 만난 사람들을 빈번하게 접촉한다. 그리고 그 사람이 거짓말을 잘 하는 사람인지, 자기가 한 말은 지키는 사람인지, 과장이 심한 사람인지, 착한 사람인지, 나쁜 사람인지, 성격이 급한 사람인지, 느긋한 사람인지 등등에 대해 어느 정도 알고 있다. 즉 우리는 우리가 알고 지내는 사람들에 대한 평판 정보를 가지고 있는 것이다.

평판 정보는 나만의 것이라기보다는 그 사람을 알고 있는 사람들이 함께 공유하는 정보다. 우리는 평판에 따라 어떤 사람하고는 친하게 지내고 어떤 사람은 멀리한다. 그럼으로써 일상에서 어느 정도 신뢰를 유지하며 살아간다. 평판 시스템은 가족과 친인척, 친구 네트워크와 동호회 네트워크 등 우리 사회 가장 기본이 되는 사회관계를 유지시켜주는 강력한 신뢰 검증 시스템이다.▪ 이 시스템은 물리적인 강제력을 가지고 있지는 않지만, 지인 네트워크로 연결되어 있기 때문에 꽤 강력한 신뢰 유지 역할을 한다.

이것이 바로 원시공동체 부족이나 마을 등 인구 수백 명 내외의 작은 공동체에서 작동했던, 눈에 보이지 않는 신뢰 유지 장치다. 그들은 모두가 모두를 아는 공간에 살았기 때문에 평판 시스템이 그 어느 사회보다 강력했다. 사람들 개개인의 기억 시스템은 상당히 불완전하지만, 그들은 거의 24시간을 함께하는 공동체였기에 그 공통의 기억은 쉽게 위·변조될 수 없었다. 모두가 모두를 볼 수

▪ 이 시스템은 너무나도 일상적으로 작동하기에 이것이 사회적 장치로 작동한다는 사실을 알아차리기가 쉽지 않다. 그래서 평판 시스템이 사회의 의미 있는 장치로 주목을 받기 시작한 것은 1990년대 이후다. 로빈 던바는 인류가 일상적으로 즐기는 수다와 잡담, 뒷담화의 의미를 밝혀내면서 일상에서 작동하는 평판 시스템이 존재한다는 것을 확인했다. 이에 대해서는 《Grooming, Gossip, and the Evolution of Language》(Harvard University Press, 1998)를 참고하라.

있는 공간에서 일어난 일에 대해서는 공동체 구성원 모두가 서로에 대한 증인이기 때문이다. 이처럼 평판 시스템은 공동체 구성원들의 공통 기억을 기반으로 작동하는 첫 번째 신뢰 기계다. 그것은 지금도 우리의 일상 속 지인 네트워크 범위에서 작동하고 있다.

그런데 첫 번째 신뢰 기계는 서로를 잘 아는 작은 공동체 내에서는 강력하지만 그 범위를 벗어나는 순간 작동을 멈춘다. 인류가 마을 단위를 넘어서 수만 명, 수백·수천만 명이 하나의 거대 공동체를 이루었을 때, 마을 단위에서 작동하던 평판 시스템은 무용지물이 되고 만다. 평판 시스템을 구성하는 핵심 요소인 '정보'가 턱없이 부족하기 때문이다. 로빈 던바는 유인원부터 원시부족, 현대적인 회사까지 조직 형태를 분석한 후 인간이 친밀한 관계를 유지할 수 있는 사람 수의 한계를 150명으로 제시했다. 즉 개인이 일상적으로 평판 정보를 기억할 수 있는 최대 인원수가 (평균) 150명이라는 말이다. 공동체 구성원 수가 150명 이상을 넘어가기 시작하면, 우리는 아는 사람들보다 모르는 사람들을 더 많이 만나게 된다. 이러한 구조에서는 평판 시스템이 제대로 작동할 수 없는 것이다.

따라서 거대 공동체에서는 내가 일상에서 전혀 모르는 누구와 이야기를 하거나 거래를 해도 해를 입지 않을 것이라는 믿음을 주는 장치, 즉 사회의 신뢰를 보장하는 장치가 필요해진다. 그러한 신뢰 장치가 없다면 거대 공동체 자체가 성립할 수 없다. 그래서 공동체의 규모가 커지면 해당 공동체를 유지하는 데 필요한 별도의 사회적 기술들이 도입될 수밖에 없다. 그렇게 모색된 사회적 기술들 중 하나가 부족장이나 왕과 같은 중앙 집권적인 권력기관이다. 즉 어떠한 이유로 규모가 커지기 시작한 공동체들이 사회적 신뢰를 구축하기 위해서 중앙집권권력과 같은 사회적 기술을 발전시키기 시작한 것이다. 중앙집권권력을 형성하는 수많은 역사적 실험을 통해 사회에 성공적으로 자리 잡은 사회적 기술이 바로 국가, 집행기관으로서의 정부 그리고 정부의 대리 실행 조직으로서의 관료제다.

인류의 역사에서 국가가 발생한 이유는 공동체가 확대되면서 발생한 공동체 내부의 신뢰 위기 문제를 해결하기 위한 것이었다. **국가는 인류 사회가 구축한 두 번째 신뢰 기계다.** 국가란 그 구성원들로부터 위임받은 강제력을 기반으로 공동체 내부의 신뢰를 보증하는 최종적인 담지자이다. 민주주의 국가든 독재 국가이든 국가의 존립 근거란 그 국가가 관할하는 공동체 전체의 신뢰를 담보하는 것이다. 어떠한 방식으로든 신뢰가 확보되지 않으면 공동체가 깨지기 때문이다.

따라서 우리는 국가, 정부, 관료제를 다시 정의할 수 있다. 그것은 **거대 공동체가 하나의 사회를 집단적으로 신뢰성 있게 운영하기 위해 만든 '사회운영 인프라'**인 것이다. 또한 '법'의 부정적인 측면을 유보하고 그 자체의 목적으로 보자면, 법이란 사회적으로 신뢰를 확보하기 위해 사람들이 합의해놓은 명시적인 결과물이다. 법은 국가라는 신뢰 기계의 작동원칙을 정의한 것이다.

그런데 '법'에 의거한 국가의 작동은 항상 위태로울 수밖에 없다. 여기에는 두 가지 이유가 존재한다. 첫 번째로 국가의 신뢰는 국가를 대리하는 대리인들에 의해 위협받기 때문이다. 정부라는 사회운영 인프라를 위임받은 대리인들이 정부에 부여된 권한과 집중된 정보를 활용하여 자의적으로 권력을 휘두를 수 있는 가능성이 늘 열려 있기 때문이다. 두 번째, 법은 치명적인 단점을 가지고 있는데, 그것은 마음만 먹으면 법을 위반할 수 있다는 점이다. 즉 **법은 강제력을 가지고 있지만 '깨지지 않는 신뢰'를 보장하지 못하는 것이다.** 그래서 국가의 작동은 늘 불안할 수밖에 없다.

이러한 이유로 국가는 소수에 의한 지배 장치의 속성과 더불어 국가에 속한 개인과 공동체들의 삶을 보호하고 관리하는 장치의 속성을 동시에 가지고 있다. 즉 모든 국가는 특정 세력의 이익을 관철시키는 것과 대다수 구성원들의 이익을 보호하는 것, 이 둘 사이에서 끊임없이 요동해왔다. 그럼에도 불구하고 국가는 신뢰유지 장치라는 역할을 완전히 저버릴 수 없었다. 또한 사람들도 국가라는 사회적 장치가 매우 불안함에도 불구하고 국가를 선택할 수밖에 없었다. 어떤 방식으로든 사회의 신뢰를 유지해야 하기 때문이다.

사람들이 독재를 갈망하거나 그것을 자발적으로 요구하는 이유[4] 역시 신뢰의 문제로 해석이 가능하다. 사회가 혼란할 때 강력한 힘을 가진 누군가가 나서서 사회의 신뢰를 회복시켜줄 것이라는 기대 때문에 독재를 원하게 되는 것이다. 그러나 이러한 기대는 거의 언제나 배신당하는데, 독재란 소수의 권력자에게 권력을 자의적으로 행사할 수 있는 막강한 권한을 주는 것이기 때문이다.

그런데 인류 사회에 국가가 발생한 지 5,000년이 넘어, 신뢰를 보장하는 세 번째 장치가 등장한다. 바로 블록체인이다. 인류 역사상 처음으로 신뢰 그 자체를 목적으로 하는 기술, 개인과 개인이 관계맺음에 있어서 신뢰를 보장해주는 기술이 탄생한 것이다. 이제는 국가가 담보하던 수준의 신뢰를 익명의 다수가 참여하는 P2P 네트워크가 제공할 수 있게 된 것이다. 2장에서 필자는 P2P를 'Person-Technology-Person'즉 기술이 매개하는 인간들의 관계맺음이라고 해석했었다. 그런데 블록체인 기술에서는 'To'='Technology'의 의미를 그냥 'Technology'가 아니라 'Trust Technology'라고 한 번 더 재해석해야 한다. 즉 **블록체인의 P2P는 Person-Trust Technology-Person**이다.

문자 시대에 사회 신뢰 시스템이 관료제를 기반으로 한 명시적인 정보의 저장과 처리를 통해 작동했다면 디지털 시대에 사회 신뢰 시스템은 블록체인으로 구현될 것이다. 블록체인은 인간이 마을 공동체 수준을 벗어나 도시문명을 이루기 시작한 이후 근 5,000년 넘게 사용되던, '국가'라는 사회적 기술이 제공하던 역할을 대체할 수 있는 기술이다. 그래서 블록체인은 국가의 역할은 무엇이고 국가가 왜 필요한가 하는 문제까지 재검토하게 만든다. 블록체인을 혁명이라고 부를 수 있는 이유가 바로 여기에 있다.

　재미있는 것은 블록체인의 P2P 구조가 마을 공동체의 평판 시스템을 닮았다는 사실이다. 마을 공동체나 21세기의 P2P 기술 기반의 공동체나 모두 제3자 혹은 제3의 기관의 개입 없이, 개인과 개인이 직접 상호작용하는 사회이기 때문이다. 달라진 점이 있다면, 개인들의 공통 기억 속에서 작동하던 신뢰 기계가 21세기에는 P2P 네트워크에 기반을 둔 신뢰 기계로 바뀌었다는 점이다.

　분산자율 네트워크 조직

　블록체인은 역사적으로 아웃사이더였던 사람들의 상상력, 실패했던 혁명의 상상력을 자극한다. 블록체인이 제시하는 방향은 네트워크에 분산된, 평등한 권한을 가진 개인들이 서로 합의한 룰에 따라 자율적으로 협력하는 시스템을 구축하는 것이기 때문이다. 즉 블록체인은 마르크스가 꿈꾸었던 '자유로운 개인들의 연합'이 실질적으로 가능해졌다는 메시지를 던진다. 자유로운 개인들의 연합이란 마르크스의 이론에서도 상당히 독특한 지위를 가지고 있다.

그것은 마르크스주의자들이 감히 면전에서 부정할 수 없는 이상향이면서도, 실질적인 혁명의 방법론으로 채택된 프롤레타리아 독재, 공산당 일당 독재라는 현실에 정면으로 배치되는 이상이기 때문이다. 그래서 '자유로운 개인들의 연합'은 지금까지의 혁명이론에서 뜬 구름처럼 부유하고 있다.

그런데 이 이상에 동의하는 사람들은 비단 마르크스주의자들만이 아니다. 프롤레타리아 혁명을 통해 국가의 소멸을 꿈꾸었지만 결국 강력한 독재 체제로 귀결되었던 레닌식 마르크스주의자부터 국가 시스템과 위계적 질서 자체를 부정해왔던 무정부주의자, 이탈리아를 중심으로 교조적 마르크스주의를 벗어나고자 했던 네그리와 같은 자율주의자 그리고 국가를 경멸하고 정부의 개입을 범죄시하며 자기조정 시장을 숭배하는 리버테리언▪, 이들 모두가 공통적으로 꿈꾸었던 이상이 바로 '자유로운 개인들의 연합'이다.

필자가 블록체인 기술에 흥분하는 이유는, 블록체인 진영에서 제시하는 분산자율조직DAO, Distributed Autonomous Organization이 사

▪ 리버테리언libertarian은 정부의 권위를 거부하거나 정부의 필요성 자체를 부정하고 개인의 자유를 최우선 가치로 추구하는 사상을 따르는 사람들이다. 그래서 리버테리언들은 정부와 같은 중앙집권적인 권력기관에 기대지 않고도 사회에 신뢰를 제공해주는 블록체인 기술에 열광한다. 리버테리언의 이상 그리고 블록체인과의 관계에 대해서는 다음 글을 참조하라. http://www.telegraph.co.uk/technology/news/10881213/The-coming-digital-anarchy.html

실은 '자유로운 개인들의 연합'의 21세기 버전이기 때문이다. 자유로운 개인들의 연합이 가지는 메시지는 몇 가지로 나눌 수 있다.

첫 번째, 자유로운 개인이란 신분이나 계급 혹은 어떤 위계적 틀에 구속되지 않는 자율적인 개인을 의미한다. 두 번째, 개인들은 고립된 존재로 살아가지 않는다. 그들은 다른 사람들과 소통하고 교류하며 살아간다. 자율적인 개인들은 그들 스스로의 필요와 요구로 자생적인 조직(연합)을 형성한다. 또한 그들은 자율적인 주체이기에 스스로의 판단에 따라 자유롭게 조직을 떠날 수 있다. 물론 이때의 자유는 자신이 한 행동에 대한 책임을 전제로 한다. 책임지지 않는 자율이란 타인의 자율을 해치기 때문이다.

그렇다면 '자유로운 개인들의 연합'은 각자가 지리적으로 혹은 정신적으로 독립하여 존재하는 **'분산'**된 환경에서 그들 스스로의 필요와 요구에 의해 **'자율'**적으로 네트워크를 형성하는 개인들의 연합 혹은 **'조직'**이라고 말할 수 있다. 이것이 바로 '분산자율조직'이다. 블록체인이 사회에 던지는 메시지 중 중요한 개념 중 하나는 분산자율조직이 실현 가능하다는 것이다. 분산자율조직이란 블록체인 위에 조직 운영과 관련된 핵심적인 규약들을 올려놓고 그 규약에 자발적으로 합의한 개인들이 블록체인을 매개로 교류하고 협업하는 조직을 의미한다. 그런 의미에서 분산자율조직은 자유로운 개인들의 연합에 가장 가까운 현실태다.

물론 블록체인 기술로 이 모든 것들이 해결되지는 않는다. 무엇보다 '자율적인 개인'이란 기술보다는 문화적 행동 패턴이기 때문이다. 그럼에도 불구하고 블록체인은 '자유로운 개인들의 연합'을 가능하게 하는 기술적 환경을 제시한다. 개인들이 분산자율조직에 참여하는 데 있어 위반해서는 안 되는 규약을 절대적으로 준수하도록 강제함으로써, 내가 전혀 모르는 상대방이 나를 속일 거란 의심 없이 행동할 수 있는 환경을 제공해준다.

　　그런데 중앙의 권력기관 없이 스스로 작동하는 분산자율조직이 현실 속에 존재하기는 했을까? 당연히 존재했다. 그것은 거대한 역사적 사건들 속에서 반복적으로 그리고 대규모로 출현하곤 했다. 1871년 프랑스 파리에서 민중들이 자발적으로 만들었던 자치정부 파리 코뮌에서, 1968년 세계사를 뒤흔들었던 68혁명의 거리에서, 총탄이 난무하는 1980년 5월의 광주에서, 그리고 21세기 대한민국의 촛불집회에서. 중앙의 권력기관 없이 사람들이 스스로 판단하고 자율적으로 조율하는, 분산되어 있지만 스스로 조직화하는 개인들이 대규모로 출현했다. 그런데 이것들은 역사 속 특정한 시점, 사람들의 자율성과 상상력이 폭발하는 혁명의 시기에 구름 사이로 살짝 드러나는 햇살처럼 잠깐 나타났다가 사라진 사례들이다.

　　그렇다면 이러한 분산자율조직은 살짝 나타나고 사라지는 일시적인 현상일까? 아니다. 사실 분산자율조직은 우리 일상 속에서 빈번하게 작동한다. 분산자율조직의 가장 직접적인 사례가 바로 친목회, 동호회다. 우리는 아주 다양한 형태의 친목 모임을 가지고 있다. 친척이나 고향 사람, 고등학교나 대학교 동문, 그리고 직장 동료와 친목회를 만들고, 취미와 관심사에 따라 모인 사람들과 자발적으로 동호회를 구성한다. 바로 이 친목회나 동호회의 기본적인 조직 구조가 분산자율조직이다.

친목회나 동호회에는 중앙의 권력이 거의 존재하지 않는다. 물론 리더가 있지만, 대개 그들은 지시하거나 강제하는 것이 아니라 조정과 조율의 역할을 맡는다. 사람들은 친목회의 네트워크에 자발적으로 연결되어 있다. 만약 어떤 개인이 탈퇴하겠다고 마음먹으면 언제든 탈퇴할 수 있다. 사실 지금도 개인을 둘러싼 일상적인 네트워크의 절반 정도는 분산자율조직으로 구성되어 있다. 우리가 그것을 그렇게 인식하지 못했을 뿐이다.

이렇게 일상 속에서 수시로 만들어지는 분산자율조직들은 대개 처음에는 잘 작동하기에, 손쉽게 경제적인 활동까지 연결된다. 친목 모임에서 출발해서 상호부조를 목적으로 '계'를 만들거나, 같은 친목회 회원의 물건을 구매해주거나 혹은 급전이 필요한 친구에게 돈을 모아 지원해주는 등 여러 가지 형태의 경제활동들이 자연스럽게 만들어진다. 그런데 바로 이 지점에서 문제가 발생한다. 계를 만들었는데 계주가 돈을 들고 사라지고, 친한 사람을 믿고 구매한 물건이 허접한 경우도 있다. 돈을 빌려주고 배신당하는 일도 빈번하다. 이런 일들이 벌어지면 동호회나 친목회가 파괴된다. 일상에서 존재하는 분산자율조직에는 신뢰를 보장해주는 장치가 없기 때문이다.

그래서 일상 속에 존재하는 분산자율조직들은 분쟁이 발생하면 종종 국가의 강제력에 호소한다. 경찰과 검찰 등 사법 권력에 위탁해 분쟁을 해결하려는 것이다. 일상 속에서 개인들 사이의 신뢰가 파괴되면 개인들은 국가 권력에 더 기댈 수밖에 없다. 좋든 싫든 국가 권력은 최소한의 신뢰를 보장해주기 때문이다.

그런데 블록체인은 국가와 같은 강력한 신뢰 보장 장치가 없어도, 경제 영역에서 분산자율조직이 가능하게 해준다. 이미 국가기관이나 다른 신뢰 보증기관이 없이 자율적으로 그리고 상시적으로 작동하는 '신뢰 기술'에 기반하여 스스로 신뢰를 보장하고 있는 분산자율조직의 사례가 있다.

바로 비트코인이다.

깨지지 않는 신뢰를 내장한 첫 분산자율조직, 비트코인

비트코인의 현재 가격은 2017년 5월 현재 약 200만 원을 호가한다. 불과 10년도 안 되는 시간 동안 약 33조 정도(2017년 5월 기준)의 경제규모가 만들어진 것이다. 비트코인의 네트워크는 분산자

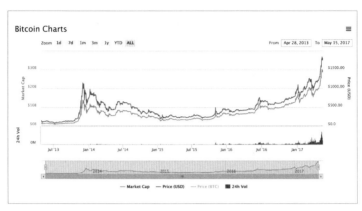

비트코인 가격 차트(2017년 5월 15일 기준). 출처: 코인마켓캡.[5]

율조직으로 구성되어 있다. 어떻게 신뢰가 가장 중요한 경제활동이
분산자율조직 위에 구축될 수 있을까? 이것을 이해하려면 비트코
인의 작동원리를 이해해야 한다.

비트코인의 실행 규칙은 비트코인 코드 안에 내장되어 있다.
그리고 두 명 이상의 개인들이 참여하면 시스템이 작동하기 시작한
다. 비트코인 네트워크에 참여하는 데에는 별도의 자격이나 조건이
없다. 그냥 자신의 컴퓨터에 비트코인 마이닝 프로그램이나 소프트
웨어로 된 지갑▪을 다운받아 피시에서 구동시키면 된다. 그러면 코

▪   마이닝 프로그램이란 비트코인 거래를 승인하고 블록을 생성하는 데 참여하는 코드
    를 담은 프로그램이다. 지갑이란 개인이 소유한 비트코인 정보를 저장해두는 프로그
    램이다.

드가 자동실행되면서 비트코인 네트워크 참여자가 된다.

비트코인 네트워크의 참여자는 크게 둘로 구분된다. 하나는 비트코인 블록체인을 보관하고 업데이트하는 '채굴자'들이고 다른 하나는 비트코인을 주고받을 수 있는 지갑을 설치한 '지갑 보유자'들이다. 통상 채굴자들은 모두 자신의 지갑을 가지고 있지만, 개념적으로는 분리되기 때문에 둘을 구분해도 무방하다.

지갑 보유자들은 현재 약 1200만 명[6]으로 추산된다. 이들은 단순히 비트코인을 주고받으며 거래하는 사람들이다. 채굴자들은 비트코인을 마이닝하는 컴퓨터를 보유한 사람들이다. 통상 컴퓨터 한 대에 마이닝 계정 한 개가 설치되며, 현재 전 세계에 약 6,000대[7] 있는 것으로 추산된다.** 이 마이닝 컴퓨터들이 하는 일이란 비트코인 블록체인 원본을 보관하고, 거래가 발생할 때마다 그 거래를 암호화하고 새로운 블록을 만들어 블록체인 원본에 업데이트하는 것이다. 거래가 발생하면 각 컴퓨터들은 경쟁적으로 10분 동안 발생한 거래 내역을 묶어 블록 만들기를 시도한다. 한 컴퓨터가 블록 생성

** 그런데 한 사람이 이런 컴퓨터를 여러 대 돌릴 수 있기 때문에 실제 채굴자(사람)의 수는 컴퓨터 수보다 적다. 이 사람들은 중국에 몰려 있고, 중국에서도 두 개 회사가 수천 대의 컴퓨터를 돌리고 있다. 즉 소수가 51% 이상의 컴퓨터를 가지고 있는 것이다. 이 때문에 비트코인에는 예상치 못했던 위험성이 상존하게 된다. 이에 대해서는 다음 글을 참조하라. http://www.nasdaq.com/article/the-present-and-future-of-chinas-bitcoin-domination-cm744229

에 성공하면 해당 컴퓨터는 새로 만들어진 블록을 다른 마이닝 컴퓨터들에게 전파하기 시작한다. 그렇게 51% 이상의 컴퓨터에 블록이 동기화되면 해당 블록은 정상 블록으로 인정받고 블록체인 위에 영구히 기록된다. 이렇게 업데이트에 성공하면 해당 블록을 생성한 채굴자에게 비트코인으로 보상이 제공된다. 이 비트코인은 블록이 생성될 때 일정한 수량이 생성되어 해당 블록을 생성한 채굴자의 지갑으로 자동 전송된다.■ 이 과정이 마치 금광에서 금을 채굴하는 것과 비슷해서 채굴자라는 이름이 붙은 것이다.

비트코인을 받기 위해 수천 명이 자발적으로 채굴자로서 네트워크에 참여한다. 이들이 많으면 많을수록 비트코인은 더 강력해진다. 그렇다고 채굴자 숫자가 무한정 늘어나지는 못 한다. 하나의 블록마다 생성되는 비트코인 수량이 정해져 있어 많은 사람들이 달라붙으면 채굴자들이 나누어 갖는 인센티브 금액이 줄어들기 때문이다.

여기서 51%라는 숫자가 중요하다. **비트코인은 51% 승인(합의)이라는 구조를 선택**했다. 51%의 컴퓨터에 먼저 저장되는 블록을 진본으로 인정하고, 진본 블록과 충돌하는 블록은 무시하는 것이

■　비트코인이 처음 작동했을 당시, 하나의 블록을 만들었을 때 생성되는 비트코인은 50 비트코인이었다. 그리고 이 수량은 약 4년에 걸쳐 21만 개의 블록이 생성될 때마다 반감되어 현재는 12.5개의 비트코인이 생성되고 있다.

단계	블록번호	블록 당 보상	기초금액	발행액	기말금액(기초+발행)	발행누적액/총액
1	10	50.00000000	0.0000	10500000	10500000.0000	50.0%
2	210000	25.00000000	10500000.0000	5250000	15750000.0000	75.0%
3	420000	12.50000000	15750000.0000	2625000	18375000.0000	87.5%
4	630000	6.25000000	18375000.0000	1312500	19687500.0000	93.8%
5	840000	3.12500000	19687500.0000	656250	20343750.0000	96.9%
6	1050000	1.56250000	20343750.0000	328125	20671875.0000	98.4%
30	6090000	0.00000009	20999999.9433	0.0189	20999999.9622	99.9999993%
31	6300000	0.00000004	20999999.9622	0.0084	20999999.9706	99.9999997%
32	6510000	0.00000002	20999999.9706	0.0042	20999999.9748	99.9999999%
33	6720000	0.00000001	20999999.9748	0.0021	20999999.9769	100.00000000%

비트코인 블록생성 및 보상액.[8]

다.** 이 승인 과정은 자동으로 진행된다. 재미있는 것은 사람들이 자신의 경제적 이득을 높이려는 동기로 참여한다는 것이다. 즉 비트코인의 구조는 개인들이 자신의 경제적 이득을 추구하는 자발적인 행동이 네트워크 전체의 안정성을 높이는 효과를 내도록 설계되어 있다.[9]

비트코인 네트워크에 참여한 사람들은 이 룰을 지키면서 참여하고 있다. 개인이 룰을 의도적으로 변경하거나 위반하고 싶어도 51%의 동의를 얻어야 하기 때문에 함부로 변경할 수 없는 것이다. 그렇기에 이 네트워크는 한번 작동하기 시작하면 쉽게 깨지지 않는

■■　충돌되는 블록은 삭제되지 않는다. 다만 그 블록 다음의 블록이 쌓이지 않는 것이다. 만약 누군가 거기다 새로운 블록을 쌓으면 갈림길이 갈라지듯이 두 개의 블록체인이 만들어지는데, 이 부분은 굳이 이해하지 않아도 되니 생략하자.

다. 이것이 바로 블록체인에 기반을 둔 분산자율조직이다. 비트코인은 이미 분산자율조직으로 작동하고 있고 이후에 나온 많은 암호화폐 프로젝트들이 분산자율조직으로 작동하고 있다.

사토시 나카모토가 만든 비트코인의 역할을 비유하자면 그것은 스티브 잡스가 처음으로 만든 개인용 컴퓨터 '애플II'에 비유할 수 있다. 컴퓨터의 역사를 조금이라도 아는 사람이라면 애플II라는 컴퓨터, 그리고 애플의 '아이폰'이 처음 출시된 이후 어떤 일들이 벌어졌는지 다들 잘 기억할 것이다. 스티브 잡스의 애플II와 첫 번째 아이폰이 각각 개인용 컴퓨터와 스마트폰의 원형을 제시했다면, 비트코인은 암호 화폐와 블록체인 그리고 분산자율조직의 원형을 제시한 것이다.

이더리움, 분산자율조직을 공식화하다

스스로 신뢰를 담지한 분산자율조직이 처음 현실화되었다는 측면에서, 비트코인의 등장은 중요한 이정표를 세운 역사적 사건이다. 디지털 세계에서는 복제와 변형과 확장이 비교적 자유롭기 때문에, 디지털 기술에 기반을 눈 분산자율조직이 성공했다는 것은 또다른 분산자율조직이 복제, 변형, 확장될 수 있다는 것을 의미한다. 지금 블록체인의 세계에서 진행되는 일들이 바로 이 분산자율조직을 복제하고 변형하고 확장하는 것이다.

먼저 블록체인 위에 저장되는 '내용'을 확장할 수 있다. 비트코인의 블록체인에 저장되는 것은 화폐의 거래내역이다. 그렇다면 여기에 다른 정보를 저장하면 어떨까?* 예를 들어 토지의 소유권이 A에서 B로 변경되었다는 내용을 저장할 수 있다면? 나아가 주식 거래 내역, 물품 구매 영수증, 세금 납부 내역, 출생증명서, 사망증명서, 혼인증명서, 저작권, 등기부등본, 금융계좌, 보험청구 내역, 농수산물의 원산지 정보 등을 기록한다면? 이것들은 필자가 상상해낸 사례들이 아니라, 이미 각국 정부와 은행, 블록체인 기반 벤처기업들이 시도하고 있는 것들이다.

또다른 확장도 가능하다. 즉 블록체인 위에 보다 복잡한 코드, 즉 다소 복잡하게 설계된 계약 혹은 법을 저장하는 것이다. 1장에서 우리는 부동산 매매와 관련된 스웨덴의 시도를 살펴보았다. 부동산 매매란 단순한 문자열 몇 줄로 표현될 수 있는 단순한 화폐 거래 정보가 아니다. 건물 이름, 주소, 과거의 부동산 거래 내역, 현

■ 이더리움 백서에서는 이 부분을 다음과 같이 표현하고 있다. "별도의 확장 없이도 비트코인 프로토콜은 낮은 수준의 '스마트 컨트랙트'의 개념을 가능하게 할 수 있다. (…) 예를 들어, 주어진 세 개의 개인 키 가운데 두 개로부터 서명을 받아야만 승인이 되도록 스크립트를 짤 수 있다. 이런 스크립트는 회사 계정, 보안 저축 계정, 상업 공탁 상황 등에 유용하게 쓰일 수 있다. 스크립트는 또한 어떤 계산 문제의 답에 대한 포상금을 지불하는 데도 쓰일 수 있다. '만약 당신이 이 액면가의 도기코인 거래를 나에게 보냈다는 SPV 증명을 제공한다면, 이 비트코인 UTXO는 당신 것이다'라는 식으로 말하는 스크립트를 짤 수도 있다."《이더리움 한글백서》, p.9) http://s.kwma.kr/pdf/BitCloud/EthereumWhitePaper_kor1.2.2.pdf

재 소유자, 구매 희망자, 부동산 중개인, 총 거래금액, 계약금, 잔금, 계약금 납입일, 잔금 최종 납입일, 구매일, 대출 정보, 저당 등 수십 가지의 정보가 한 번에 다루어진다. 지금까지는 부동산 구매 과정이 상당히 복잡해서 며칠씩 걸리는 것이 보통이었다. 그런데 스웨덴에서 실험 중인 부동산 거래 시스템은 블록체인을 기반을 둔 시스템 위에서 이 복잡한 프로세스를 한 번에 처리하려는 것이다.

복잡한 계약을 한 번에 처리하려는 또다른 사례로 호주 은행이 시도하는 무역금융 자동화 프로젝트가 있다. 호주의 커먼웰스은행과 호주 기반 무역회사 브리건 코튼, 미국 웰스파고는 '마리 슐테'호의 무역 거래 과정에 블록체인 기술을 도입할 예정이다. 이 기술은 마리 슐테 호가 칭다오 항구에 선적된 화물을 내리면 전자계약서가 업데이트되고, 화물의 소유권이 이전되면서 동시에 대금의 결제가 자동으로 승인되도록 하는 것이다.[10]

이것이 바로 비탈리크 부테린이 이더리움에서 실현하고자 한 '스마트 컨트랙트'라는 개념이다. 애초 스마트 컨트랙트는 비트코인 이전에 암호 화폐를 만들려고 노력했던 닉스 자보가 제안한 개념이다.[11] 그런데 그것이 블록체인 기술로 현실화된 것이다. 사토시 나카모토가 실제로 작동하는 블록체인 어플리케이션을 구현함으로써 첫 번째 이정표를 세웠다면, 비탈리크 부테린은 블록체인의 가능성을 무한히 확장하는 스마트 컨트랙트 개념을 도입함으로써 두 번째 이정표를 세웠다. 또한 비탈리크는 이더리움 백서[12]에서 분산자율기업DAC■ 개념을 확장하여 분산자율조직DAO이란 개념을 대중화했다.

이더리움은 쉽게 이야기하자면 블록체인 위에 프로그램을 개발할 수 있는 개발 플랫폼이다. 즉 이더리움은 프로그래밍이 가능한 블록체인을 사용하여 위·변조될 수 없는 프로그래밍이 가능한 법을 구현하겠다는 전망을 제시한 것이다. 그 이전까지 블록체인은 디지털 화폐를 위한 인프라 성격을 가지고 있었다. 몇 가지 새로운 콘셉트의 블록체인들이 나오긴 했지만 대부분은 비트코인의 단점을 극복하거나 약간의 기능을 확장하는 데 주안점을 둔 것들이었다. 그런데 이더리움은 블록체인 위에 돌아가는 서비스를 구현하겠다는 비전을 제시했다. 즉 이더리움은 (이론적으로) 중앙 서버 없이 P2P 네트워크 위에서 이베이, 아마존, 페이스북 같은 서비스를 구현하겠다는 것이다. 그래서 일부에서는 이더리움이 블록체인 기술의 새로운 지평을 열었다는 의미에서, 비트코인을 블록체인 1.0으로 이더리움을 블록체인 2.0으로 구분하기도 한다.

■ DAC란 'Distributed Autonomous Company'의 줄임말로 바로 비트코인 네트워크와 같이 분산된 환경에서 서로 네트워크화되어 경제활동을 영위하는 조직 형태를 의미한다. 대부분의 암호 화폐 커뮤니티들은 비트코인과 비슷하게 DAC 형태로 운영되고 있다.

서비스가 블록체인 위에서 돌아간다는 것은 두 가지 의미를 갖는다. 하나는 중앙 서버가 없이 P2P 네트워크 위에서 분산된 구조로 서비스가 돌아간다는 것이고, 또 하나는 서비스와 관련된 정보들이 블록체인에 저장될 수 있다는 것이다. 이것은 지금까지 개발되던 인터넷 서비스 구조와는 질적으로 다른 구조다. 이것을 가능하게 해주는 것이 바로 스마트 컨트랙트라는 개념이다.

3장에서 '스마트'라는 개념을 '자동으로 움직이는' '자동화된' 혹은 '자동으로 처리하는' '자동 처리 기능을 가지고 있는' 정도로 해석했는데, 스마트 컨트랙트라는 개념은 '자동 처리 기능을 내장한 계약'으로 해석하면 크게 무리가 없다.[13] 여기서 '자동 처리'란 특정한 조건이 만족될 때 사전에 정의된 계약 내용을 처리하고 실행하는 것을 말한다. 예를 들자면 작곡가가 어떤 음악 서비스 사업자에게 곡 판매를 맡길 때, 스마트 컨트랙트를 사용하면 곡이 하나 팔릴 때마다 얼마의 금액을 언제 어떻게 지급하며 돈은 어느 계좌로 입금되는지, 이 계약은 언제까지 유효한지, 그리고 어떤 경우 계약이 해지되는지 등을 계약 조건에 넣을 수 있다. 그러면 곡이 하나 팔릴 때마다 계약으로 정해진 금액이 정해진 기간까지 자동으로 입금되며, 해당 기간이 지나면 자동으로 판매가 중지되는 것이다.[14] 이처럼 스마트 컨트랙트는 스스로 계약을 실행하고 완료시키기에 '자기 완결적인 계약'이라고 불리기도 한다. 분산자율조직이 가능한 것은 스마트 컨트랙트로 다양한 형태의 개인과 개인 사이의 계약, 개인과 조직 사이의 계약, 조직과 조직 사이의 계약을 블록체인 위에 구현할 수 있기 때문이다.

좀더 이해하기 쉬운 예를 들어보자. 우리는 일상적으로 계를 만든다. 친구들끼리 한 달에 한 번씩 맛있는 것을 먹으러 가자고 일정 금액씩 돈을 모아두는 계를 만들기도 하고, 가족들끼리 여행을 가기 위해 장기간 일정 금액씩 돈을 모아두기도 한다. 또한 회사 동료들끼리, 동문들끼리 친목 모임에 사용하기 위해 돈을 모아두기도 한다. 주부들 사이에서는 친구들이 합심해서 목돈을 모으는 방법으로 비교적 큰 규모의 계를 만들기도 한다.

계는 통상적으로 여러 명이 합심해서 한 달에 얼마씩 돈을 넣기로 하고, 그 돈을 순번을 정해 한 달에 한 명씩 목돈을 받는 방식을 취한다. 그런데 종종 사고가 터진다. 가장 많이 발생하는 사고는 돈을 관리하는 사람이 돈을 들고 잠적하는 것이다. 보통 이런 사고가 발생하면 관련된 사람들은 경제적 손해를 입는 것만이 아니라 인간관계까지 파괴된다.

이것을 방지하기 위해 블록체인 기반의 '계' 서비스를 사용한다고 가정해보자. 곗돈은 블록체인 계좌에 보관된다. 먼저 참가자, 액수, 납기일, 받을 순서 등을 정하고 그것을 스마트 컨트랙트에 기록한다. 그런데 여기에 하나의 조건, 즉 인출하기 위해서는 2분의

1 이상의 사람들이 동의해야 한다는 조건을 더 추가한다. 이렇게 하면 누군가 독단적으로 곗돈을 들고 잠적하는 일은 발생할 수 없다. 돈이 인출되려면 무조건 2분의 1 이상이 동의를 해야 하기 때문이다. 만약 이런 서비스가 존재한다면 모든 회원들이 정해진 순번에 아무 사고 없이 목돈을 받을 수 있다. 계원을 모집한 사람이 나쁜 의도를 갖더라도 적어도 여기서는 관철될 수 없는 것이다. 블록체인을 신뢰 기계라고 부를 수 있는 이유다.

물론 이 정도의 서비스는 굳이 블록체인이 아니어도, 지금도 당장 구현할 수 있다. 그런데 좀더 복잡해지고 금액이 더 커지면 안전과 보안이 중요한 이슈가 되고, 데이터의 무결성이 문제가 되기 때문에 블록체인이 필요해진다. 아무튼 이제 위와 같은 방식으로 개인들끼리 스스로 신뢰할 수 있는 조직을 만들 수 있게 되었다. 개인들끼리 서로 신뢰할 수 있다는 이야기는 곧 국가 기관 등 외부의 힘에 의존하지 않고 순수한 개인들의 연대로 경제활동을 만들어갈 수 있다는 말이다. 개인들의 연대에 기초한 경제활동이 평소 잘 알고 지내던 지인 네트워크 범위로 국한될 필요도 없다. 그 이전까지 개인들 사이의 자발적 연대는 주로 아는 사람들을 중심으로 하는 친목회나 동호회에 국한되었다. 그런데 블록체인 기술은 개인들이 친목회, 동호회 수준을 넘어, 모르는 사람끼리도 서로 믿을 수 있는 사람인지 탐색할 필요 없이 서로를 의심하지 않고 경제활동을 할 수 있는 인프라를 제공해준다.

이와 같이 블록체인 기반의 스마트 컨트랙트 시스템을 활용하면 개인 간의 계약을 정확하게 지키면서 자율적으로 조직을 운영하는 것이 가능해진다. 한번 맺어진 계약은 확실하게 지켜질 것이라는 신뢰 속에서 각자 자신에게 주어진 책임과 역할을 하면 되기 때문이다. 이와 같은 원리는 간단한 계모임에서부터 시작해서 동호회 운영, 지역 공동체, 회사 등 사회조직 전체에 적용될 수 있다.

스마트 컨트랙트가 주목을 받는 이유는 IoT나 스마트시티 등 첨단의 프로젝트들을 구현할 때 블록체인을 활용할 수 있도록 해주는 핵심 기술이기 때문이다. 또한 스마트 컨트랙트는 진정한 의미의 공유경제를 실현할 수 있는 기술로도 주목받고 있다. 공유경제의 창시자로 불리는 우버, 에어비엔비 등의 기업이 하는 일도 사실은 다수의 개인들을 다른 다수의 개인들과 연결해주는 중개업이다. 사람들은 우버와 에어비엔비를 통해 자신의 집과 차량을 대여해주고 그에 대한 사용료를 우버와 에어비엔비를 통해 받는다. 우버와 에어비엔비는 서비스를 제공할 사람과 제공받을 사람을 이어주고 중개수수료를 받는 것이다. 그런데 스마트 컨트랙트가 적용된 블록체인 기반 공유 서비스에 자신의 차량이나 집을 연동시켜놓으면 중개 기업을 거치지 않고 바로 개인들끼리 거래를 할 수 있다.[15] 즉 블록체인 기술이 중개인을 없애버리는 파괴적 과정이 공유경제에서도 벌어질 수 있는 것이다.

시뮬레이션1: 블록체인 대리기사 서비스

상상해보자. IT회사에서 개발자로 20년을 넘게 일했는데 사내 정치에서 밀려 쫓겨난 한 천재 개발자가 '더러워서 더는 개발 안 한다'고 선언하고 퇴사한다. 그 뒤 통닭집을 운영하다가 망한 그는 결국 대리운전기사를 하게 된다. 참고로 대리운전 시장은 연매출 약 3조 원, 중개업체 수는 약 8,000개, 총 11만 명이 일하는 작지 않은 시장이다.[16]

대리운전기사를 하다 보니 뜯기는 돈이 너무 많다. 일단 대리운전 중개업체에 수입의 25%를 떼주어야 하고, 중개업체가 제공하는 프로그램 사용비도 매월 별도로 내야 한다. 별 기능도 없는 프로그램 사용비로 월 몇 만 원을 받아 간다. 거기에 교통비랑 이런저런 비용을 빼면 남는 게 없다. 그래도 통닭집처럼 고정비용은 들어가지 않으니 그나마 할 수 있는 일이 이것밖에 없다. 수수료가 너무 많다고 항의했더니 보복으로 종종 배차에서 제외당하는 경험을 여러 번 당했다.

어느 날 동료와 이야기를 하던 중, 우연히 그 동료도 개발자 출신이라는 것을 알게 되고, 차라리 우리가 쓸 시스템을 만들어버리자고 결의한다. 그리고 그 시스템에 참여할 사람들을 모으기로 결의한다. 그동안 을의 입장에서 서러운 일이 많았으니 우리는 '갑질' 하지 말자고, 아예 협동조합 형태로 만들자고 의기투합했다.

주변의 대리기사들을 설득하니 약 100명 정도가 협동조합이 만들어지면 참여하겠다고 한다. 만약 협동조합 형태로 만든다면 개발이 완료될 때까지 월 10만 원씩은 개발비로 내겠다고, 아예 개발에 전념하라는 동료도 있다. 그래서 개발 경험이 있는 대리기사 둘을 더 확보해 총 다섯 명의 팀을 구성한다. 두 명은 프로그램에만 전념하고, 세 명은 대리운전과 개발을 병행하기로 한다. 개발자 다섯 명이 모이니 온갖 경험담들이 다 나온다. 어떤 사람은 서버를 주로 개발했었고 어떤 사람은 스마트폰 앱 개발을 주로 했었다. 어떤 사람은 대리운전 회사의 프로그램을 개발해준 경험이 있다고 한다. 또 어떤 사람은 오픈소스에 대한 지식이 해박해 공개되어 있는 오픈소스를 가져다가 첫 번째 손님과 두 번째 손님을 매칭할 때 거리와 시간을 계산해 가장 효율적으로 배차하는 로직을 알고리즘으로 만들 수 있겠다고 한다. 또 어떤 기사는 개발에 대한 미련이 남아 혼자 블록체인을 공부하고 있다고 한다. 조합에 참여하기로 한 전직 스타트업 CEO는 이 정도면 정부 지원을 받을 수 있겠다며 정부 자금 지원을 맡아주겠다고 한다. 초기 개발자들의 최소 월급 정도는 해결할 수 있게 된 것이다. 마침 어떤 대리기사의 와이프가 왕년에 웹디자이너였다는 사실을 확인하고 전격적으로 합류시킨다. 협동조합 이름은 대리기사의 바른 길을 개척하자는 의미로 '기사도'로 정했다. 기존에 나온 대리기사 앱의 기능 등을 분석하는 한편 동료 기사들의 경험과 의견을 수렴하여 기본적인 서비스 정책을 수립했다.

드디어 시스템 개발을 완료하고 석 달 넘게 시험운영을 하며 프로그램을 수정하여 정식으로 서비스를 시작했다. 협동조합 형태를 표방하니 많은 기사들이 동참하겠다고 한다. 우여곡절 끝에 지역에서 꽤 알려진 대리기사 업체로 자리 잡게 되었다. 참여하는 인원도 수백 명을 넘어섰다. 그런데 시스템을 운영하면서 계속 여러 가지 새로운 제안과 요구사항과 불만들이 쏟아져 나온다. 당장 대리기사가 수입에서 얼마를 협동조합에 내는 것이 적당한지에 대해 논쟁이 붙었다. 협동조합이라 참여하긴 했지만 실제로 나가는 비용은 다른 대리업체랑 다를 바가 없다는 것이다. 애초 기대에 못 미친다는 평가도 있고 프로그램이 기능이 부족하다는 이야기도 나온다. 시스템 개발은 다 끝났는데 왜 개발자들 월급은 계속 나가야 하냐고 묻는 항의도 있다. 배차가 공평하지 않다는 얘기도 있고, 평판 나쁜 운전자는 페널티로 배차를 줄여야 한다는 의견도 나온다. 단골 사용자들은 아예 주소를 저장해서 관리할 수 있게 해달라는 요청도 있다. 대리기사 입장에서 불편한 것과 개선사항들이 쏟아지기 시작한다. 그 과정에서 개발자의 역할이 확인되고, 개발자들의 존재 이유와 보수에 대한 논쟁은 사그라든다.

몇 번의 논쟁 끝에 가장 먼저 반영해야 할 사항들을 투표로 결정하기로 한다. 그런데 투표를 하는 방법이 문제다. 100명 넘는 인원이 한군데 모여서 투표할 수도 없고 투표할 시간이 없으니 아예 온라인 투표 시스템을 만들자고 한다. 중요한 안건이 있을 때마다 투표로 결정하자는 것이다. 그래서 간단한 투표 시스템을 만들기로 한다. 일차적으로 우선 개발할 사항들을 투표로 결정하기로 했다. 그런데 투표 시스템의 안전성에 대해 의문이 제기되었다. 혹시 운영진에서 투표 결과를 조작할 수도 있지 않느냐는 문제제기가 들어온다. 여러 번의 논의 끝에 모바일 환경에서 사용 가능한 블록체인을 앱에 내장하기로 한다. 확인해보니 이미 스마트폰에 담을 수 있는 경량화된 블록체인 기술이 오픈소스로 공개되어 있다. 즉 각 기사들의 스마트폰이 블록체인 거래내역을 담는 저장소로 사용하는 것이다. 많아야 수백 명이 사용하는 투표 시스템이니 모바일에 데이터를 담아도 아무런 문제가 없다.

회계의 투명성에 대한 이야기도 등장했다. 매일매일 지출되는 협동조합의 내역을 투명하게 보았으면 좋겠다는 것이다. 그래서 매일의 수입과 지출을 블록체인에 담아 전체 내역을 실시간으로 공개하기로 했다. 배차 로직은 지속적으로 개선되어 점차 최적화되고 있고, 패널티를 받은 운전사는 시스템 접근이 일정 기간 차단된다든가, 운전 중에는 공용 토론장 접근을 자동으로 차단한다든가, 대리운전사 관련해 필요한 로직과 편의 기능, 안전 관리 기능 등이 하나씩 시스템화되었다. 시스템이 최적화되니 시스템 운영과 관련된 비용이 줄어들어 협동조합에 납부하는 금액도 하향조정했다.

투표 기능이 들어오니 점차 의사결정을 할 이슈들이 많아졌다. 평판이 나쁜 운전자는 어떻게 할 것인가, 승객과 분쟁이 생겼을 때 해결 매뉴얼은 어떻게 발전시킬 것인가, 개발진들의 보수는 얼마로 할 것인가 등등을 직접투표로 결정하도록 했다. 그리고 이 서비스 운영을 위한 관리자들을 투표를 통해 해임할 수 있는 권한도 부여했다. 투표는 모바일 앱에서 바로 투표 알림을 받고 즉시 투표할 수 있게 해놓았다. 이제 이 서비스는 중앙 관리자 없이, 대리기사들의 협동조합으로 굴러갈 수 있게 되었다.

이렇게 시스템이 안정화되자 사람들이 자신감이 생겼다. 사람들이 협의를 통해 자율적으로 의사결정하고, 그 의사결정이 시스템에 반영되어 실제로 실행되는 플랫폼을 가지게 된 것이다. 원하는 기능이나 정책 등에 이견이 있는 경우 투표를 통해 투명하게 결정되니 분쟁이나 이견도 적어졌다. 시스템에 룰이 내재화되고, 그 룰을 사람들의 직접 참여로 결정하면서 움직일 수 있는 경제 인프라, 경제 플랫폼이 구축될 수 있는 것이다. 이렇게 자부심을 가진 사람들은 다른 지역의 대리기사들도 이 서비스를 사용할 수 있도록 오픈소스로 공개하기로 했다. 오픈 소스로 공개하면 그냥 기부하는 것인 줄 알았는데, 오픈소스를 어떻게 효과적으로 사용하는지, 수정해줄 수 있는지 등의 문의가 들어오면서 개발과 더불어 컨설팅을 해주는 별도의 사업도 생겼다.

현실 가능성이 없는 과격한 주장으로 보일 것이다. 비현실적인 이야기로 보일 법하지만, 바로 '플랫폼 협동조합'[17]이라는 이름으로 현재 진행되고 있는 운동이다. 플랫폼 협동조합이란 특정한 IT 사업 영역에 대해 개인들이 협동조합을 만들고, 그 사업에 필요한 온라인 플랫폼을 구축해서 자율적으로 회사를 운영해나가는 회사를 의미한다. 유럽에서는 이렇게 온라인 툴을 활용하여 개인들의 결사체를 구축하려는 움직임들이 활발하게 진행되고 있다. 그리고 현재 블록체인 진영에서 시도하는 것들이 바로 이러한 서비스들이다.

아케이드 시티Arcade City[18]라는 서비스는 이더리움 블록체인 위에서 돌아가는 차량공유 서비스를 구축해서 베타 서비스를 진행하고 있다.[19] 블록체인 위에 구축된 분산 서비스 모델로 우버를 대체하겠다는 것이다. 이처럼 대리기사 서비스, 택시 서비스뿐만 아니라 배달 서비스, 개인들이 유휴 자동차를 공유하는 차량 공유 서비스도 이와 비슷한 플랫폼 협동조합 형태로 만들어질 수 있다. 주차 서비스, 아이 돌봄 서비스, 간병 서비스 등 개인들이 다른 개인들로부터 서비스를 받고 있는 거의 모든 영역에 이와 같은 IT 기반의 사회 인프라들이 적용될 수 있다. 우리 삶의 상당한 부분들이 이런 서비스를 통해 재구조화되고 재창조될 수 있는 것이다. 특히 금융은 이런 시스템이 가장 잘 적용될 수 있는 영역이다. 최근 관심이 집중되고 있는 P2P 금융은 IT기반의 사회적 인프라로 구축될 수 있는 가장 최적의 모델 중 하나다. 이와 같은 방식으로 P2P 보험도 만들어질 수 있다. 만약 도시 단위로 이런 금융 시스템이 존재할 수 있다면, 사람들은 전 세계적인 금융위기가 발생할 때도 충분히 상호부조를 통해 살아갈 수 있다.

물론 아직까지 비트코인 이외에 블록체인 기반으로 자리 잡은 경제 모델은 두드러진 것이 없다. 이러한 계획들이 시장에 자리 잡는 것은 정말 쉽지 않다. 사람들이 모여서 하는 일이 이렇게 순조롭게 진행될 리가 없다. 아마 실제로 이런 일이 진행된다고 해도 먼저 일을 도모한 사람이 지쳐서, 사람들이 안 모여서, 모였는데 내분이 일어나서, 주도한 사람이 사람들을 배신해서 등등의 안타까운 이유로 열에 아홉은 실패할 것이다. 그럼에도 비관할 수 없는 이유는, 수많은 실패 속에서 **단 하나의 서비스만 성공해도 관련 업계가 뒤집힐 사건이 벌어질 것**이기 때문이다. 리눅스가 그러했고 토렌트가 그러했고 비트코인이 그러했듯이 말이다.

정부와 블록체인

이와 비슷한 개념이 정부 서비스에도 적용될 수 있다. 즉 스마트 컨트랙트에 기반을 둔 자동화된 처리 프로세스가 정부 시스템에도 적용될 수 있는 것이다. 그런데 자동화된 프로세스가 관료제의 역할을 대신하는 모습을 상상하기란 어려울 것이다. 왜냐하면 수천 년 동안 사람들은 정부의 행정 서비스 혹은 정부의 강제력을 사람(공무원)을 통해 받았기 때문이다.

그런데 블록체인이 아니어도 정부 시스템을 자동화하는 것은 이미 정해져 있는 미래다. 이미 대한민국 정부도 행정업무 처리 자동화작업을 시작했다.[20] 국토교통부는 '종이 없는 부동산 전자계약 시스템'을 목표로 2014년부터 부동산 전자계약 시스템을 준비해왔다. 부동산거래 전자계약 시스템은 국토교통부가 구축한 부동산거래 전자계약 시스템(irts.molit.go.kr)에 스마트폰이나 태블릿피시, 컴퓨터로 접속해 온라인 상에서 계약을 처리하는 방식이다. 국토부는 지난해 8월부터 서울시에서 시범 실시했고, 올해 8월까지 전국으로 확대할 예정이다.

지금까지 주소지를 이전하는 과정은 먼저 전세나 매매 계약을 하고 잔금을 치르고 이사를 하고 나서 해당 동사무소에 가서 직접 주소 이전 신고를 해야 했다. 그러나 정부 행정 처리가 자동화된다면 우리는 굳이 사람(공무원)을 만날 이유가 없어진다. 예를 들자면 이런 방식이다. 온라인 신고로 계약이 자동 처리되고 잔금을 송금함과 동시에 해당 디지털 키(열쇠)가 나에게 전송된다. 해당 키로 새로 계약한 집 문을 열어 들어간 후, 입주했는지 확인하는 메시지를 받고 회신함으로써 주소 이전 확인이 완료된다. 이렇게 변경된 주소가 자동으로 블록체인에 저장되어 주소 이전 과정이 끝난다. 이 과정에서 우리는 정부의 대리인을 만나지 않아도 된다. 아마도 우리는 문제가 발생했을 경우에만 정부의 대리인(동사무소 직원)을 만나게 될 것이다. 블록체인의 스마트 컨트랙트는 바로 이러한 자동화된 행정 시스템이 정확하게 정의된 규칙에 의해 작동할 수 있도록 보장해주는 핵심적인 안전장치로 작동하게 될 것이다.

그런데 이러한 네트워크로 연결된, 중심이 없는 P2P 구조의 조직과 중앙집권적이고 상명하복 식의 위계 구조로 구성된 정부 조직이 어떻게 서로 연결될 수 있을까? 그 지점이란 어디일까? 각 나라 정부들이 현재 추진하고 있는 100여 개의 블록체인 관련 프로젝트는 혹시나 일시적인 유행은 아닐까?

그렇지 않다. 많은 학자들, 기관들은 블록체인을 정부가 촉진하고 구현해야할 기술이라고 주장하고 있다. 당연한 말이다. 블록체인 기술이 정부 프로세스에 적용되는 것은 '찰떡궁합'이라고 보아도 무방할 정도로 필연적인 측면이 있기 때문이다. 각국 정부들이 블록체인 기술을 도입하는 속도가 이렇게 빠른 이유는 정부와 블록체

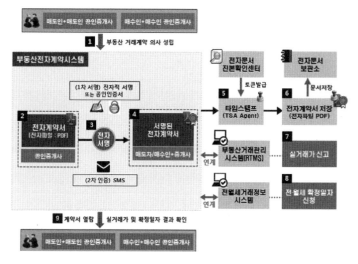

전자계약시스템 업무흐름도. 출처: 국토교통부.

인의 로직이 너무도 유사하기 때문이다.

첫 번째로 먼저 정부가 하는 일을 살펴보자. 정부의 역할은 여러 가지로 정의할 수 있지만, 무엇보다 중요한 역할은 정보를 처리하는 것이다(이 부분은 이미 4장의 '관료제'에서 다룬 바 있다). 세금을 걷는 일을 예로 들어보자. 그들은 정해진 세법에 의해 기업이나 개인의 연간 세금을 계산해 부과한다. 이것은 명백하게 정보를 처리하는 것이다. 주소지 변경은 어떠한가? 주소 변경 요청을 받으면 요청자의 신원을 확인하고 주소를 변경한다. 예전에는 종이 위에 새 주소를 기입하지만, 요즘 주소 변경 과정은 국가가 관리하는 개인 정보 및 세대 정보의 데이터베이스에 주소 값을 변경하는 것이다. 그것은 명백하게 정보를 다루는 일이다.

이처럼 정부가 하는 아주 일상적인 일들이 정보를 생산하고 등록하고 수정하는 일이다. 관료제란, 정부의 중요한 역할 중 하나인 정보처리 업무를 일상적으로 그리고 안정적으로 진행하기 위해 만들어진 일종의 정보처리 기계다. 디지털 시대 이전의 정보가 컴퓨터가 아니라 종이 위에 기록되어 있었다고 해서 특별히 달라질 것은 없다. 다만 디지털 시대에 이르러서야, 관료들이 다루던 그 엄청난 서류 더미들이 사실은 정보를 다루는 일이었다는 사실을 명확하게 인지하게 되었을 뿐이다.

한편 컴퓨터는 그 자체로 정보처리 시스템이다. 정보를 등록하고 수정하는 작업은 컴퓨터 시스템 본연의 역할이다. 사실 컴퓨터 시스템은 모든 것을 정보로 전환해서 처리하는 기계다. 다만 일반적인 컴퓨터 시스템은 해킹으로 위·변조가 가능한 반면, 블록체인 기반 정보 시스템은 정보의 무결성을 보장하는 정보관리 기술이다. 기존의 일반적인 컴퓨터 시스템보다 더 진일보한 시스템인 것이다.

그렇다면 정부와 컴퓨터 시스템(블록체인)의 차이는 무엇일까? 그것은 관료제로 작동되는 지금까지의 정부는 사람이 정보를 처리해왔다는 것이고, 컴퓨터 시스템에 기반을 둔 블록체인은 기계(와 그 기계 위에서 돌아가는 소프트웨어)가 정보를 처리한다는 것이다. 나아가 관료제로 작동되는 정부는 자동화된 처리가 불가능하지만 소프트웨어로 구현된 블록체인은 자동화된 처리가 가능하다. 즉 훨씬 더, 아니 사실은 비교할 수 없는 정도로 효율적인 업무 처리가 가능해지는 것이다. 앞서 필자는 관료제의 특징 중 여섯 번째로, '관료는 대리 실행 역할을 한다'는 사실을 들었다. 관료란 맡겨진 업무를 대리 실행하는 존재이기에, 그들은 또다른 대리 실행 장치에 의해 무난히 교체될 수 있다.

두 번째로, 정부의 존립 근거는 법에 의거한다. 정부가 할 수 있는, 혹은 할 수 없는 행위는 법으로 정해져 있다. 주소를 변경하는 일은 규정된 순서에 따라 규정된 작업을 처리함으로써 완수된다. 여기서 임의 처리는 (원칙적으로) 허용되지 않는다. 세금을 걷는 비율 역시 법으로 정해져 있다. 일반적으로 공무원들이 일을 할 때, 그들은 표준 절차를 따라야 한다. 물론 종종 공무원들이 규칙을 위반하는 일들이 벌어지긴 하지만, 아무도 그것이 정상적인 정부의 행태라고 보지 않는다. 사람들이 정부에게 기대하는 것은 정해진 법 내에서 규정된 일을 하는 것이다.

사실은 정부 그 자체가 일련의 규칙들로 구성되어 있다. 세금을 거두는 비율, 세금을 거두는 방법, 세금으로 만든 예산을 어떻게 쓸지를 결정하는 방법, 세금으로 조성된 예산을 집행하는 방법과 시기, 예산 집행 내역을 검증하는 방법 등 모든 것들은 규칙으로 정해져 있고 정부는 이에 따라 집행한다. 심지어 규칙을 어떻게 집행하는지에 대한 구체적인 방법까지 정의되어 있다. 즉 정부의 모든 할 일과 그것을 진행하는 구체적인 방법들이 규칙으로 정해져 있다. 즉 **정부란 일련의 규칙 묶음**으로 구성되어 있다.

블록체인은 소프트웨어의 코드로 구현되는데, 소프트웨어 코드는 일련의 규칙과 그 규칙을 실행하는 제어 로직의 집합으로 구성된다. 우리는 이미 3장에서 소프트웨어 코드가 법으로 작동한다는 사실을 확인했다. 그렇다면 관료제와 블록체인은 모두 법에 의거하여 법을 집행하는 장치들이다. 다른 것이 있다면 블록체인은 거기서 한 걸음 더 나아가 깨지지 않는 규칙, 반드시 지켜지는 법을 보장한다는 점이다. 현실의 법은 종종 부자와 강자에게 한없이 부드러워지고 빈자와 약자에게 한없이 가혹하지만, 블록체인에 구현된 법은 부자든 빈자든 고위장관이든 거리의 청소부든 예외가 없다.

이로부터 세 번째 유사점이 도출된다. 그것은 신뢰의 문제다. 우리는 앞에서 국가 그리고 국가의 집행기구인 정부의 궁극적인 존재 의미는 사회적 신뢰의 최종 담지자 역할이라는 사실을 확인했다. 정부는 사람과 사람, 사람과 조직, 조직과 조직 사이에 신뢰를 보증하는 역할을 한다. 보통 우리는 일상생활에서 정부의 필요성을 잘 느끼지 못한다. 종종 거추장스럽게 느껴질 때도 많다.

그러나 재난, 사고, 분쟁이나 전쟁이 발생했을 때 사람들이 최종적으로 해결을 기대하는 것은 정부다. 정부란 사회에서 최종적인 신뢰의 담지자 역할을 한다. 만약 사회의 신뢰가 무너지면, 정부 역시 그 존립의 정당성이 흔들리게 되며 더 나아가서는 정부 자체가 무너진다. 즉 사회의 신뢰를 지키지 못하는 정부는 그 존립 근거를 잃는다. 민주주의가 다른 정치 체제보다 우월한 이유는, 사회의 신뢰가 깨질 위기에 처했을 때 신뢰가 깨진 정치권력을 교체함으로써 사회의 신뢰를 복원할 수 있는 장치를 두었기 때문이다.

어찌 보면 정부와 블록체인이 유사할 수밖에 없는 것은 지극히 당연한 일이다. 정부란 확대된 공동체에서 익명의 개인들 사이의 신뢰를 보장하기 위해 사회적 합의를 통해 존재하는 사회적 기술이고, 블록체인 역시 개인들 사이의 신뢰를 보장하기 위해 특별한 방식으로 고안된 물리적-사회적 기술이기 때문이다. 정부의 기능을 뜯어보면 사회에 신뢰를 제공하기 위한 여러 가지 장치들이 아주 다양한 수준에서 다양한 영역에 배치되어 있다. 신뢰를 보장한다는 측면에서 보자면, 이 둘은 동일한 역할을 수행하는 서로 다른 방법이다. 다만 블록체인은 새롭게 개발된 최신기술일 뿐이다.

바로 이 지점에서 블록체인이 정부에 강력한 신뢰를 제공해 줄 수 있는 가능성이 존재한다.《블록체인, 새로운 경제의 청사진》

[21](이)라는 책을 쓴 멜라니 스완은 블록체인의 가장 독특한 기능은 "우리가 서로 상호작용하기 위해서 먼저 서로를 믿어야 하는 필요성을 없애주는 것"이라고 말했다. 블록체인이 우리에게 깨지지 않는 신뢰를 제공한다는 것은, 정부가 블록체인을 채용할 경우 정부의 행정 처리에 있어서 깨지지 않는 신뢰를 구현할 수 있다는 것을 의미한다.

이처럼 정부와 블록체인은 공통점을 가지고 있다. 1)둘 다 정보처리 역할을 하고, 2)일련의 규칙으로 정의되고 작동되며, 3)최종적인 신뢰의 담지자 역할을 한다. 따라서 이론적으로 블록체인은 정부의 기능, 정확하게는 정부의 기능을 실행하는 관료제를 대체하는 데 아무런 문제가 없다. 더구나 정부 혹은 정부의 기능을 실행하는 공무원들은 종종 사람들을 속이지만 잘 짜인 소프트웨어 코드가 사람을 속이는 일은 없기 때문에, 어떤 측면에서는 블록체인 정부가 사람이 운영하는 관료제 정부보다 더 나은 정부로 기능할 수 있다.

물론 이런 주장은 여전히 낯설게 들릴 것이 당연하다. 우리는 지금까지 정부를 만날 때는 언제나 정부를 대리하는 사람을 만났고 그 사람이 정부를 대신해 일을 처리했기 때문에 '사람 없는 정부'를 상상하기 어렵기 때문이다. 그런데 이미 우리는 꼬박꼬박 동사무소를 방문해서 십여 분을 기다려 동사무소 직원에게 받았던 등본과

초본을, 이제는 사람을 만나지 않고 컴퓨터로 '민원24' 사이트[22]에 접속해서 받고 있지 않은가?

6

블록체인 정부

블록체인 정부

4차 산업혁명의 의미와 영향에 대해서 여러 가지를 나열할 수 있지만, 중요한 것 중 하나는 우리의 환경을 구성하는 사물들 자체가 '살아 있는 사물'로 변화한다는 것이다. 이들을 '살아 있는 사물'로 만드는 것은 그 속에 심긴 소프트웨어다. 그 소프트웨어는 단순한 실행 명령만을 담고 있는 소프트웨어가 아니다. 그것은 센서와 네트워크 그리고 네트워크로 전달받는 정보들을 기반으로, 미리 설정된 코드 즉 알고리즘에 의거하여 변화하는 환경에 대응하도록 되어 있다. 이러한 사물들 중에는 자율주행차처럼 상당한 수준의 지능적인 판단능력을 가지고 자동으로 작동하는 사물들이 다수 존재할 것이다.

이와 같은 자동화된 작동은 당연히 정부 시스템에도 적용될 것이다. 블록체인 기술이 아니어도 전자정부가 고도화되면 지금 우

대헌장. 1215년 6월 15일, 존 왕이 귀족들과 타협하여 작성한 것으로 영국 의회민주주의의 기틀을 마련하는 계기가 되었다. 출처: 위키피디아.[1]

리가 수동으로 처리하는 일들의 상당 부분이 자동으로 처리될 수밖에 없다. 예컨대 지금은 상당한 수작업을 해야 하는 세금 정산이나 연말정산 같은 작업들은 사람이 직접 챙겨야 하는 일들이 하나씩 줄어들어, 결국 언젠가 개인들은 자동으로 계산된 내역에 잘못이나 빠진 것은 없는지 확인하는 것으로 끝나게 될 것이다. 나아가 이러한 자동화된 로직들이 정부의 행정 처리 프로세스에도 일반화될 것이다. 이 과정에서 신뢰를 보장하기 위해서는 블록체인 기술이 필수적이다. 일각에서는 과연 정부 시스템에 블록체인 기술을 도입하는 것이 반드시 필요한 것이냐고 반문하겠지만, 필자가 보기에 이는 필연적인 과정이다.

그렇다면 정부 행정 시스템에 블록체인을 접목하는 과정은 어떻게 진행될까? 몇 가지 비교적 빠르게 할 수 있는 것들이 있다. 예를 들어 정부 문서를 모두 블록체인에 올려서 관리하기, 블록체인 기반의 온라인 투표 시스템을 구축하기, 토지대장이나 부동산 소유권 등기 등을 블록체인으로 관리하기, 블록체인 기반의 디지털 법정 화폐나 지역 화폐 발행하기 등은 중앙 정부 혹은 지방 정부들이 개별적인 사업으로 진행할 수 있는 것들이다. 만약 정부 시스템에 이러한 단위 작업들이 적용된다면 정부의 효율성과 안전성, 신뢰성이 한 계단식 상승할 것이다. 물론 그 하나하나의 작업들은 상당한 난이도를 가진 큰 프로젝트들이지만, 정책 집행자의 의지만 있다면 비용과 시간의 문제일 뿐이다.

그러나 변화의 흐름은 여기에 머물지 않을 것이다. 단지 이 정도에 머물 것이라면 영국 정부가 블록체인을 정부 시스템에 도입하는 것을 두고 감히 그들이 가장 신성시하는 '대헌장'에 비교하지 못했을 것이다. 또한 중국이 33조 원을 들여 도시 하나에 블록체인 인프라를 통째로 깔겠다는 10년짜리 프로젝트를 감히 시작하지 못했을 것이다. 우리는 앞으로 나타날 정부 시스템의 변화를 몇 단계 정도로 나누어볼 수 있다.

개별 프로젝트를 통한 정부 행정 프로세스 개선

첫 번째 단계는 현재 정부가 운영하는 각종 시스템들의 요소 기술 내지는 대체 기술로 블록체인 기술을 적용하는 것이다. 우리가 1장에서 살펴보았던, 현재 수십 개 국가에서 진행되고 있는 100여 개에 가까운 프로젝트들이 바로 이러한 단계에 있는 프로젝트라고 볼 수 있다.

국가 인프라로서의 블록체인 정부 구축

두 번째 단계는 개별 프로젝트 수준을 넘어, 보다 유기적이고 자동화된 형태로 정부조직 자체를 재설계하는 것이다. 현 단계에서 이것의 사례 혹은 맹아를 찾으려고 한다면 아마도 에스토니아 정부가 진행하는 작업 그리고 중국 완샹그룹이 추진하는 블록체인 도시일 것이다.

1장에서 살펴보았듯이 에스토니아 정부는 엑스로드라는 디지털 백본을 구축하고, 15년 넘게 공공 영역과 민간 영역을 아우르는 일관된 시스템을 구축해왔다. 특히 그들은 개인정보에 대한 통제권을 해당 개인에게 부여해놓았기 때문에, 사생활 침해나 개인정보 오·남용 여지를 차단해놓았다. 여러 정부 부서와 보험사, 은행 등 민간 기관을 아우르는 각종 행정 처리가 하나의 프로세스로 연결되면서도 개인정보가 안전하게 관리될 수 있는 기반을 만든 것이다. 그리고 이제는 이 시스템에 블록체인을 결합해 더욱 안전한 시스템으로 업그레이드하는 중이다. 현 시점에서 그들은 가히 디지털 정부의 표본이라고 말할 수 있다.

중국 완샹그룹이 항저우에 만드는 블록체인 기반의 도시는 에스토니아에서 진행되었던 작업 범위를 뛰어넘는다. 개인정보 관리와 생산라인과 물류와 보안과 행정 처리까지, 하나의 국가 내에서 블록체인 기술로 구현할 수 있는 거의 대부분에 대해 실험을 진행할 것으로 예상된다. 만약 현 단계에서 국가나 정부가 어떻게 방향 설정을 해야 하는지 궁금하다면 이 두 개의 프로젝트를 벤치마킹하면 될 것 같다.

정부 기능의 분권화

블록체인 기반의 혁명은 여기서 멈추지 않는다. 세 번째 단계는 지금까지 정부가 맡았던 역할의 일부를 블록체인 기반의 P2P 네트워크가 대신하는 것이다.▪ 블록체인 기술이 나타나기 전 개인들끼리 신뢰와 신용을 확고하게 창출할 수 없을 때, 국가에 권한을 위

▪ 영국 정부는 비교적 빠르게 블록체인 기술을 정부조직에 활용하는 전략을 포괄적으로 수립했다. 그리고 그들은 블록체인 기술이 필연적으로 정부의 역할을 축소시킬 것이라는 사실을 알고 있다. 이에 대해서는 다음 글을 참조하라. http://www.reform.uk/reformer/public-services-in-blockchains-iii-the-role-of-the-state/

임해서 사회의 신뢰를 확보하겠다는 전략은 충분히 논리적이고 현실적이었다. 그리고 실제로 어느 정도 성공적으로 작동한 전략이었다. 그러나 개인들끼리 스스로 신뢰와 신용을 창출할 수 있는 상황에서는, 개인들 사이에 국가가 '보증인'으로 끼어들 필요가 확 줄어든다. 즉 국가가 맡고 있던 신용 보증 기능이 확 줄어들고 따라서 국가의 역할도 어쩔 수 없이 줄어들 수밖에 없는 것이다. 이것은 당연하게도 현존하는 정부 기능 중 일부를 재조정하거나 축소하는 과정으로 이어질 것이다.

정부의 기능이 재조정된다면 정부는 전체 공동체를 아우르는 국방, 외교, 치안, 사법, 안전과 같이 국가 유지에 핵심적인 역할만을 수행하는 조직으로 변화될 수도 있다. 특히 개인들의 P2P 네트워크가 금융 영역에서 스스로 신뢰를 창출할 수 있기 때문에, 블록체인 기반의 P2P 네트워크로 구성된 금융 시스템, 보험 시스템, 사회안전망이 도입된다면 해당 영역에서 정부의 역할은 점차 축소될 것이다.

블록체인 진영에서는 기존의 기업형 보험을 대체하는 P2P 보험[2]이 등장할 것으로 예상하고 있다. P2P 보험이란 보험과 관련된 각종 규약들을 블록체인 위에 올려놓고, 이에 동의하는 개인들이 자발적으로 가입하여 보험 기금을 조성하고, 보험금을 받을 조건이 만족되면 보험금을 자동으로 지급하는 자동화된 보험 시스템이다.

실제로 이와 같은 서비스를 개발하려는 시도를 여러 곳에서 진행하고 있다. 예를 들면 'WeTrust'란 프로젝트는 2017년 2월, 블록체인 기술을 활용하여 P2P 기반의 보험 및 대출 서비스를 준비하고 있다고 발표했다.[3] 이것은 개인 간의 연대를 통해 자치와 자율에 기반을 둔 사회안정 시스템이 구축될 수 있다는 것을 의미한다. 만약 이와 같은 P2P 보험이 현실화된다면 거대 보험사들의 역할이 점차 줄어들게 된다. 즉 개인들이 자율적인 사회안전 시스템을 구축함으로써, 사회안전망 중개업을 하던 기업도 그리고 국가도 끼어들 여지가 없게 되는 것이다. 이러한 과정을 통해 지금까지 맡고 있던 정부의 기능 중 반드시 정부가 담당할 수밖에 없는 영역을 제외한 나머지 영역들이 민간 부문으로 분권화될 것이다.

_____ 정부 경쟁 시대

지금까지는 국가 내에서 벌어질 변화를 기술했다. 그런데 이와는 별개로 글로벌 수준에서 전혀 다른 정부 형태가 발생할 수 있다. 지리적 구분에 기반해 나뉘었던 현재의 국가 시스템과 별개로, 지리와 국경에 상관없이 정부 기능을 제공하는 새로운 형태의 정부 조직이 탄생할 수 있다는 말이다. 블록체인 세계에서는 이미 비트네이션Bitnation이라는 실험적인 프로젝트가 진행되고 있다. 비트네이션은 블록체인 기반의 개인 신상정보 등록 프로젝트로, 국경을 넘어선 정부 기능을 제공하는 것을 목표로 하고 있다. 이 프로젝트는 특히 국가를 잃은 난민 등에게 아이덴티티를 제공해줄 수 있다는 측면에서 주목을 받았다.

또다른 프로젝트도 있다. 세계시민 프로젝트World Citizen Project[4]는 블록체인에 기반한 세계 시민권을 발행하는 것을 목표로 하고 있다. 물론 이들 프로젝트가 얼마나 실현 가능성이 있는 프로젝트인지, 얼마나 진지한 프로젝트인지 또 얼마나 오래 지속할 수 있는 프로젝트인지에 대해 의심하는 사람들이 있는 것은 사실이다.

그런데 만약 디지털 영주권을 제공하고 있는 에스토니아의 실험이 확장된다면 어떻게 될까? 만약 에스토니아가 단순한 영주권 서비스를 넘어, 일정한 자격 조건을 기준으로 국적 보유 서비스를 제공한다면? 비록 주거는 타국에서 하지만 에스토니아 정부에게 세금을 내고 에스토니아 정부의 복지 시스템을 받을 수 있게 된다면 어떤 일들이 벌어질까?

이와는 다른 방식도 가능하다. 뜻 맞는 개인들이 연합해서 자신들만의 블록체인 정부를 구성하는 것이다. 글로벌 수준에서 이 프로젝트에 참여할 사람들을 모집하고, 작은 섬 같은 것을 하나 사서 국가를 선포한 후, 블록체인의 스마트 컨트랙트를 기반으로 국가 시스템을 구축하여 정부 서비스를 제공하는 것이다. 엉뚱한 상상처럼 보이겠지만, 이미 세계에는 독자적인 헌법과 법률을 구축하고 외교 라인까지 갖추어 자신들만의 소규모 국가를 구축하는 마이크로네이션Micronation 프로젝트들이 존재한다.[5] 이러한 프로젝트들에 보다 큰 자본과 세력 그리고 블록체인 기술이 결합되면 개인들이 연합하여 자신들만의 규약을 담은 새로운 국가를 만드는 것이 결코 불가능한 일이 아니다.

지금까지 정부 서비스는 개인들이 선택할 수 없는 독점 서비스였다. 다른 정부를 선택하려면 현재 존재하는 친척, 이웃, 친구들을 버리고 이민하는 방법밖에 없었다. 그런데 사람들이 서로 다른 정부 서비스 중 더 마음에 드는 것을 선택할 수 있게 된다면,[6] 예컨대 에스토니아 정부의 서비스를 받을지 한국 정부의 서비스를 받을지 선택할 수 있다면 어떻게 될까? 특히 정부가 제 역할을 하지 못하는 나라의 국민들이 또다른 정부 옵션을 갖게 된다면 어떤 일이 벌어질까? 이것은 다소 무리한 상상일 수 있다. 그러나 블록체인을 기반으로 이러한 실험들이 실제로 진행될 것이라는 사실은 분명하다.

블록체인 기반 기술이 심화되면 정부의 탈중앙화, 국가의 탈중앙화 현상이 발생하게 된다. 이것은 탈중앙화된 시스템의 당연한 귀결이다. 탈중앙화 기술이란 기존의 중앙집권적 시스템을 해체하는 기술이기 때문이다. 이것이 좋은 것인지 나쁜 것인지에 대한 판단은 또다른 문제다. 국가와 정부 조직과 사회가 그러한 방향으로 나아간다는 사실을 인지하는 것 자체가 중요하다. 물론 그 방향이 필자가 기술한 것과 동일하거나 비슷하지 않을 수 있다. 사실 그 방향을 예측하는 것은 그렇게 쉽지 않다. 그럼에도 불구하고 정부의 역할과 관련해 어떤 근본적인 변화들이 나타날 것이라는 사실만은 분명하다. 그리고 필자는 그 변화에 대해 부정적이라기보다는 상당히 긍정적이다.

블록체인 정부의 원칙

그럼 우리는 이 기술을 어떻게 효과적으로 수용할 수 있을까? 필자는 블록체인 기술을 제대로 도입하기 위해서 반드시 유념해야 하는 다섯 가지 원칙을 제시하고자 한다.

원칙1: 블록체인 성문법

인류 최초의 성문화된 법전으로 알려진 함무라비 법전[■]은 높이 2.2미터짜리의 큰 바위에 새겨져 있다. 함무라비 왕이 이것을 만든 이유는 메소포타미아 지역에 통일 제국을 세운 후, 자신이 정

[■] 일반적으로 함무라비 법전을 인류 최초의 성문법으로 알고 있다. 그런데 함무라비 법전이 발견된 후, 보다 더 오래된 우르남무 성문법이 추가로 발견되었다. 이 성문법은 기원전 2050년경에 만들어진 것으로 추정된다. 다만 함무라비 법전은 그 상징성 때문에 통념상 최초의 성문법으로 간주된다.

복한 모든 나라에 동일한 법을 적용하기 위해서였다. 그 시절에 돌을 다듬고 그 돌에 무엇을 새기는 작업은 그렇게 간단한 일이 아니었을 텐데, 왜 그것을 큰 바위에 새겨놓았을까?

함무라비 법전. 출처: 위키피디아.[7]

그것은 두 가지 이유로 설명된다. 첫 번째는 법을 돌에 새겨놓음으로써 시간과 장소를 초월한 '변하지 않는 법'을 선포하고자 하는 것이었다. 두 번째는 사람들이 많이 다니는 신전 앞에 설치하여 모든 사람들이 쉽게 볼 수 있도록 하기 위해서였다. 즉 모든 사람들이 법을 쉽게 접하여 법을 알고, 그 법을 지키라는 것이다. 모든 사람들이 반드시 지켜야 할, 변하지 않을 법을 선포한 것이다. 이것은 또한 국가를 법에 의거하여 다스리겠다는 최고권력자의 의지를 표방한 것이기도 하다.

그런데 법을 돌에 새겼다고 위반할 수 없는 것은 아니다. 이것은 종이에 쓰인 법도 마찬가지다. 그것은 마음만 먹으면 위반할 수 있는 법이다. 그런데 이제는 상징이 아니라 실질적으로 위·변조할 수 없고 위반할 수도 없는 법 체제를 구현할 수 있다.

우리는 3장에서 소프트웨어 시대에 법은 코드에 저장된다는 사실을 확인했다. 그렇다면 이제는 소프트웨어가 가지는 구속력에 대해 법적인 지위를 인정하고, 법의 수준에서 그 구속력을 어떻게 설계할지 논의해야 한다. 특히 블록체인 위에 구현된 정책이나 절차는 이러한 법적 성격이 더욱더 두드러진다. 그것은 변경하거나 위반할 수 없는 제약사항을 만들어주기 때문이다. 그래서 필자는 **블록체인 성문법**이라는 개념을 도입할 것을 제안한다. 이 제안을 하는 이유는 크게 세 가지다.

첫 번째, 우리는 앞에서 코드가 법으로 작동한다는 사실을 확인했다. 따라서 소프트웨어에 구현된 규칙들 특히 공공 영역에 구현된 소프트웨어에 구현된 규칙들에 대해서 '법'적 관점에서 검토해야 한다. 특히 그 소프트웨어 로직이 블록체인에 담긴다면 그것은 위·변조할 수도 위반할 수도 없는 법이기에, 공식적으로 '성문법'의 위치에서 다루어져야 한다.

두 번째, 이제 우리는 블록체인 성문법을 구축할 수 있는 시대에 도달했다. 정부를 예로 들어보자. 우리는 4장과 5장에서 정부 그리고 정부를 대리하는 관료제란 사실상 �직의 집합체라는 사실을 확인했다. 정부의 권한과 책임, 정부가 해야 하는 일과 그 일을 처리하는 절차 등이 모두 법으로 정의되어 있다. 따라서 정부와 관련된 모든 법과 절차, 과정들을 블록체인 위에 올려놓는 것이 가능하다. 그리고 이 법들이 특정한 조건에 자동으로 발현되도록 구성해 놓는다면 우리는 아주 투명하고 정확한 정부 시스템을 구현할 수 있다. 이렇게 구축된 시스템 위에서 법을 위반하는 것은 사실상 불가능해진다. 물론 이 법은 정부 조직에만 국한될 이유는 없다. 그것이 정부 영역이든 민간 영역이든 법과 관련된 부분은 모두 블록체인에 올려놓고, 블록체인 위에서 작동하는 법률 시스템이 자동실행되도록 할 수 있다. 즉 **실제 현실에서 작동하는 블록체인 기반의 성문법을 구축**할 수 있는 것이다.

세 번째, 블록체인 성문법이라는 개념이 필요한 이유는 우리 사회가 '살아 있는 사물들의 시대'로 진입하고 있기 때문이다. 웹페이지와 사물인터넷은 모두 소프트웨어 코드로 작동하지만, '법'의 관점에 보자면 이 둘의 간극은 엄청나다. 네이버가 댓글을 못 쓰게 만든 사건처럼 웹페이지가 우리의 행동을 제약하는 것은 비교적 무게가 가볍다고 말할 수 있지만, 그것이 오프라인의 하드웨어와 사물인터넷 등의 사회 인프라로 들어오게 되면 개인들의 행동을 직접 제어하는 통제력을 갖는다. 그동안 웹페이지에서 사업자들의 자의적인 '법(규칙) 적용'은 그 파급력이 그렇게 대단하지는 않았기 때문에 지금까지 간과되어왔지만, 사물인터넷에 적용될 때의 강제력은 '법'의 수준에서 검토되지 않으면 안 된다.

미국 인터넷 서비스의 절반을 무력화했던 2016년 미국 인터넷 대란 사건[8]에서 볼 수 있듯이, 사물인터넷은 언제 인류를 생존을 위협하는 무기로 돌변할지 알 수 없다. **살아 있는 사물들에 적용된 로직을 법(코드=법)의 수준에서 해석하고 관리하지 않으면, 네트워크 불능이나 금융 시스템 붕괴, 파놉티콘 감시 체제 성립 등 심각한 재앙에 직면할 수 있다.** 블록체인 기술은 이 모든 것들의 밑바닥에서 소프트웨어와 데이터의 위·변조를 방지하거나 위·변조 여부를 확인할 수 있는 거의 유일한 기술이다. 블록체인 성문법이란 개념은 이 '살아 있는 사물들'에 블록체인 기반의 위·변조 불가능한 시스템을 구축하도록, 즉 위반할 수 없는 법을 적용하도록 가이드함으로써 기술을 보다 안전하게 향유할 수 있도록 해준다.

원칙2: 투명한 공개

블록체인은 P2P 기술로부터 탄생했고, 소프트웨어 자체가 오픈소스로 공개되어 있다. 블록체인에 대한 신뢰는 기술 그 자체에 대한 신뢰와 더불어 오픈소스로 공개되어 있다는 사실 그 자체에도 존재한다. 오픈소스로 공개된 소프트웨어들은 코드 자체가 문제가 없는지, 다른 트릭을 숨겨놓은 것은 아닌지 공개적으로 검증을 받기 때문이다. 이것은 비트코인과 이더리움과 같이 인터넷 환경에서 누구나 접근할 수 있는 '퍼블릭' 블록체인에만 해당되지 않는다. 리눅스 재단이 주도하고 있는 하이퍼레저, 전 세계 70개 넘는 대형 은행들이 참여하고 있는 R3 프로젝트, 국제적인 금융거래소 중심으로 개발되고 있는 디지털 어셋 홀딩스 등이 만드는 '프라이빗' 블록체인도 오픈소스로 개발되고 있다. 사적 기업들이 사용하는 블록체인 기술에도 오픈소스 전략이 절대적으로 유리하기 때문이다.

따라서 정부에서 사용할 블록체인 기술과 그 구현체들 역시 해당 소스가 완전하게 오픈되어야 한다. 그래서 많은 사람들이 그 소스를 분석해서 그 안에 어떤 '법'이 구현되었는지 직접 확인할 수 있도록 하고, 혹시나 있을지 모르는 결함을 찾아낼 수 있도록 하여 개선 작업에 기여할 수 있도록 해야 한다.

더불어 정부가 취급하는 정보는 공공정보이기 때문에 가능한 모든 정보가 공개되어야 한다. 비트코인의 거래 내역은 이미 100% 공개되어 있고, 많은 블록체인들이 거래내역을 공개해놓는다. 정부의 공공정보를 가능한 최대한 공개해야 한다는 원칙은 이미 '정부 2.0'에서 기본 원칙으로 제시되었다. 정부 2.0의 시발점이 되었던 호주의 정부 2.0 문서는 "공개하지 못할 명확한 이유를 제시할 수 없는 모든 문서는 공개한다"는 것을 원칙으로 정의하고 있다.'

따라서 정보 데이터 중 공개해도 되는 데이터들은 퍼블릭 블록체인에 담아두고 아무나 접근할 수 있도록 하면 된다. 어떤 정보는 개인정보를 포함해서 혹은 제외한 채로 인구통계, 세금 내역, 정부 예산 및 집행 내역, 부동산 거래 내역, 지리 정보, 공무원 및 공공

기관 연급지급 내역 등 공적인 행위에 사용된 대부분의 정보가 공개되어야 한다.

또 어떤 정보는 조건이 충족되면 자동으로 공개되도록 설정할 수도 있다. 스마트 컨트랙트 기술을 활용해 블록체인에 담긴 정보를 조건에 따라 자동으로 공개되도록 할 수 있기 때문이다. 예를들면 국가의 기밀문서는 문서 저장 시점에 아예 해제 시점을 조건으로 지정해서 해당 기한이 되면 자동으로 공개되도록 할 수 있다. 만약 해당 기한이 지났을 때, 그 저장된 문서가 공개되면 불리해질 어떤 권력자나 정치세력이 자의적으로 문서공개를 막고 싶어도 막을 수 없다는 말이다.

원칙3: 자동화된 프로세스

이미 설명했듯이 블록체인에 올라간 법에 따라 자동으로 작동하는 관료 시스템을 구축할 수 있다. 이 자동화된 시스템은 블록체인에 정의된 규칙대로 움직인다. 주택, 토지의 거래나 전·월세 계약 등을 자동화할 수 있다는 것은 이미 앞에서 살펴보았다. 나아가 정부의 가장 중요한 활동 중 하나인 세금을 걷는 과정 역시 거의 100%에 가깝게 자동화할 수 있다. 조만간 화폐 시스템이 디지털 화폐 시스템으로 전환되면 모든 거래 내역이 기록으로 남는다. 이렇게 되면 적어도 국가 화폐 시스템 내에서는 지하경제가 존재할 수 없게 된다. 이를테면 부정한 돈을 마늘밭에 묻어두는 것이 불가능해지는 것이다.

모든 거래가 투명하기 때문에 세금을 산정하는 작업 또한 투명해진다. 세금을 관리하는 시스템(기계)은 여기에 곱하기와 나누기만 하면 세금을 정확하게 산출해낼 수 있다. 이처럼 위·변조할 수 없는 블록체인 기술을 활용하여 자동화된 정부 프로세스[10]가 구축된다면 정부가 처리하는 작업의 효율성이 획기적으로 높아질 것이다. 정부의 효율성이 높아지면 사회 전체의 순환 속도가 빨라져 사회 전체의 효율성이 높아진다.

과연 정부 기능이 자동화될 수 있을까 궁금하신 분들은 요즘 AI(인공지능) 기술의 확산속도를 생각해보면 된다. 사실 블록체인이 아니어도 정부 시스템을 자동화하는 것은 이미 정해져 있는 미래다. 5장에서 언급한 '종이 없는 부동산 전자계약 시스템'에서 볼 수 있듯이 정부 행정의 자동화는 이미 진행되고 있다.

블록체인에 기반한 행정 시스템 자동화 과정에 대해서는, IBM이 최근 하이퍼레저 기술을 기반으로 시작한 해상무역 자동화 프로젝트를 보면 그 구체적인 모습을 상상할 수 있다.[12] IBM은 덴마크 물류회사인 매어스크 그룹Maersk Group과 함께 선박 무역 처리 과정을 자동화하는 프로젝트를 시작했다. 이를테면 화훼 농가에서 해외에 수출할 꽃이 준비가 되면, 출하할 꽃과 출하 시간 그리고 선적 정보가 자동으로 시스템에 등록된다. 그리고 트럭이 와서 꽃을 트럭에 싣는 시점에 수출 허가장이 발부되며 선적을 위한 계약이 자동으로 처리되어 블록체인에 저장된다. 컨테이너 선적 과정, 컨테이너를 실은 배가 지나가는 항로, 하역 과정 등 수출 진행 과정은 관련된 모든 관계자에게 실시간을 공개되며, 최종적으로 소매점까지 배달되면 자동으로 사인이 완료되고 모든 정보는 블록체인에 저장된다. 이 시스템은 블록체인 기술을 활용하여 실시간으로 정보를 처리하며 그 과정을 모든 사람들이 투명하게 지켜볼 수 있도록 해놓은 것이다.

IBM은 최근 이와 비슷한 시스템을 트라피구라Trafigura라는 무역 회사와 함께 원유 생산 공정에도 적용하기로 했다. 이 프로젝트 역시 원유 생산지에서부터 해상 무역 과정을 거쳐 최종 소비자까지 원유 공급 사슬 전체 과정을 블록체인으로 묶는 작업이다. 사실 이와 같은 모델은 비슷한 구조를 가진 산업들에 일반적으로 적용될 수 있다.[13]

해상무역과 같이 복잡한 과정이 자동화될 수 있다면, 웬만한 정부 프로세스는 모두 자동화될 수 있다는 것을 의미한다. 다만 그 자동화가 다수의 의지를 반영한 자동화인가, 얼마나 투명한 자동화인가, 얼마나 위·변조 가능성이 적은 자동화인가 하는 차이만 존재할 뿐이다. 그리고 거기에 블록체인은 현존하는 기술 중 가장 훌륭

화훼농가에서 꽃을 수출해서 소매점까지 가는 과정은 30개의 기관을 거치면서 200번 이상의 커뮤니케이션을 해야 한다. 이 과정을 블록체인을 통해서 간소화한다고 생각해보자.

공유 분산원장인 블록체인은 유례없는 투명성과 안전성을 보장하면서 컨테이너의 경로를 추적할 수 있도록 해준다.

꽃재배 농가가 국제 해운으로 수출할 상품 준비를 완료한다. 해운 정보가 블록체인에 저장된다.

컨테이너가 항구에서 화물 이송을 대기하는 동안, 세관원이 전자적으로 통관 승인을 처리한다. 블록체인은 해당 거래를 확정하고 화물을 양도하면서 스마트 컨트랙트를 실행한다.

컨테이너가 배에 실린다.

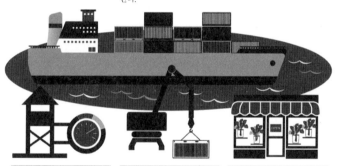

모든 관계자들이 공급망을 지나가는 컨테이너의 진행과정을 처음부터 끝까지 확인할 수 있다.

컨테이너가 목적지 항구에 도착하고, 세관을 통과한다.

소매점에서 정해진 시간에 꽃을 배달받고, 전자적으로 사인한다. 사인 정보는 다시 블록체인에 전달된다.

→ **블록체인으로, 운송지연은 감소되고 모든 관계자들에게 엄청난 비용이 절감될 것이다.**

IBM이 메어스크 그룹과 함께 추진하고 있는 블록체인 기반 해상무역 자동화 시스템의 개요. 출처: IBM.[11]

한 해답을 제시하는 기술이다.

자동화 작업이 진행되면 정부의 기능과 조직은 훨씬 단순해지고 양적으로 그리고 질적으로 축소될 것이다. 이것은 곧 공기업을 포함한 공무원 및 준공무원 조직의 개편과 직결된다. 아마도 이 책을 보는 어떤 분들은 이 말에 기분이 나쁘거나 무섭게 느껴질 수 있겠지만, 이 과정은 피할 수 없다. 이미 4차 산업혁명에 의해 일자리 절반이 없어진다느니 80%가 없어진다느니 하는 전망들이 나오고 있는데, 이 파괴적 흐름이 정부나 공기업을 비켜갈 것이라고 생각하는 것 자체가 모순이다. 국가, 정부, 관료제란 사회 내부의 신뢰가 부족하고 개인들 사이의 네트워크가 불안정한 상황에서, 공동체 내에서 정보의 강제적인 순환을 보장하기 위해 만든 강제 기구다. 따라서 사회, 공동체, 개인들의 연합이 내부적으로 가지는 신뢰가 커지는 상황에서 국가라는 강제 장치의 역할이 줄어드는 것은 당연한 것이다. 피할 수 없다면 차라리 빨리 사회적으로 공론화하고 사회의 변화에 따른 창조적 대처 방안을 찾는 것이 더 나을 것이다.

아마 어떤 분들은 정부가 블록체인을 도입하면 더 경직되거나 몰인정한 정부가 되지 않을까 걱정할지도 모르겠다. 혹시 이렇게 되면 철의 통치가 가능해지는 것 아니냐고, 정말로 위험한 일당 독재가 되는 것 아니냐고 상상하는 분들도 있을 것이다. 조지 오웰의 소설 《1984》나 〈토탈 리콜〉과 같은 SF영화에서 그리는 소수 권력자들의 철의 독재, 절대로 전복시킬 수 없는 완벽한 지배 같은 것 말이다. 《블록체인 혁명》의 저자들은 블록체인 기술에 대해 긍정적이면서도 이러한 현상이 발생할 가능성이 있다는 것을 우려한다.[14] 혹시나 독재국가가 블록체인 기술을 적극적으로 사용한다면 어떻게 될까? 필자 역시 중국이 정부 차원에서 블록체인 기술을 적극적으로 도입했을 때, 사회의 모습이 어떻게 될지 굉장히 궁금하다. 애초부터 부당하고 차별적인 법이 블록체인에 등록될 수도 있기 때문이다.

그런데 소수의 권력자들이 이미 저장된 법을 거슬러 임의로 권력을 휘두르는 것 역시 불가능하다는 사실을 기억해야 한다. 권력자들 역시 블록체인에 저장된 법을 따라야 하기 때문이다. 역사적으로 국가의 행위가 자의적이고 일관성이 없어서 문제가 생기는 경우는 있어도, 국가의 법이 모든 계급과 계층에 예외 없이 철저하게 적용되어서 문제가 발생한 경우는 별로 없었다. 관료제의 자의성, 법 잣대의 이중성은 결국 힘 있는 자들에게만 유리할 뿐이기 때문이다. 블록체인 기반의 성문법과 이에 기반을 둔 자동화된 정부 시스템 구축은 이러한 자의성과 이중성을 원천적으로 차단한다. 따라서 우리는 블록체인 기술을 활용해 사회가 한번 합의한 법을 모든 구성원에게 예외 없이 일괄적으로 적용하는 아주 원칙적이고 일관된 시스템을 구축할 수 있다. 그런데 이보다 더 중요한 요소가 있다.

그것은 블록체인을 기반으로 탄탄한 직접민주제를 구축할 수 있다는 점이다.

원칙4: 직접민주 거버넌스

블록체인에 구현되는 법은 공동체 구성원들 전체가 참여하는 합의 과정을 통해 결정되고 수정되어야 한다. 바로 직접민주제 말이다. 우리 시대에 이것을 구현하는 것은 생각만큼 어려운 일이 아니다. 이미 세계 곳곳에서 직접민주제가 나타나고 있다. 스페인 바르셀로나의 아다 콜라우, 스페인의 포데모스, 이탈리아의 오성운동, 아이슬란드의 해적당 등의 사례[15]는 직접민주제가 비현실적인 꿈이 아니라 이미 우리 옆에서 시작되고 있다는 증거다.

여기서 더 나아가 블록체인 기술을 활용해 정부 자체를 직접민주적으로 운영하는 것이 가능하다. 이것은 직접민주적으로 운영하는 것이 바람직하고 좋은 일이기 때문이기도 하지만, 이미 블록체인에 내재된 철학 자체가 직접민주제를 지향하고 있기 때문이다. 앞에서 이야기했듯이 블록체인은 그냥 암호학과 소프트웨어 코드로 구성된 기술덩어리가 아니다. 블록체인에서 가장 중요한 것은 합의(컨센서스)를 구현하는 것이다. 블록체인은 기술로만 돌아가지 않는다. 그것은 사람들의 합의에 의해 굴러간다. 블록체인은 그 로직 안에 합의 알고리즘을 내포하고 있다. 블록체인은 정보를 저장하는 매

순간 합의를 거친다는 측면에서 직접민주제에 가까운 속성을 가지고 있다.

여기서 한 단계 더 나아가 블록체인에 저장된 법 자체도 직접민주 투표를 통해 수정되도록 할 수 있다. 이와 같은 기능은 대시 Dash[15]라는 블록체인 기반 암호 화폐에서 이미 구현된 바 있다. 대시는 이미 2016년에 대시 암호 화폐를 운영하는 커뮤니티에 자치 기능을 도입했다. 대시에는 마스터노드Masternode라고 불리는 커뮤니티 멤버들이 있는데, 이들이 직접투표를 통해 대시 코인과 관련된 정책을 결정할 수 있도록 한 것이다.[17] 필자가 일하고 있는 블록체인OS에서 만들고 있는 보스코인BOScoin이라는 새로운 암호 화폐 역시 이와 비슷한 기능을 구현하고 있다.[18] 즉 해당 암호 화폐를 운영하는 규칙 자체를 블록체인에 담고, 이해관계자들의 직접투표를 통해 이 규칙을 변경할 수 있는 거버넌스 구조를 도입하려는 것이다.

보스코인은 대시에서 구현된 기능에서 한 단계 더 나아가, 투표 결과로 확정된 정책을 블록체인 위에 자동으로 반영하는 기능을 구현하고 있다. 이것은 암호 화폐 커뮤니티에 참여한 사람들이 암호 화폐의 향후 방향과 구체적인 정책 등을 직접 결정할 수 있는 직접민주제라고 말할 수 있다.[19] 나아가 이 기능이 구현되면, 커뮤니티 구성원들이 의사결정한 사항은 반드시 블록체인에 반영된다. 공동체 구성원들이 결정한 사항들이 위반할 수 없는 법으로 저장되어 반드시 실행되는 것이다. 이러한 기능이 완성된다면 블록체인이 진정한 의미에서 사회운영 및 의사결정 시스템을 구축할 수 있는 거번테크Govern-Tech로 작동할 수 있다.

이처럼 블록체인 기술을 활용하면 아주 근사한 직접민주제 투표 시스템을 구축하는 것이 가능하다. 즉 전체 참여자들의 의사결정에 따라 운영되고 진화하는 자치 기능을 내재한 시스템을 구현할 수 있는 것이다. 어떤 분들은 구성원 수가 많을 경우 직접민주제가 불가능하다고 하지만, 그것은 어떤 커뮤니케이션 도구를 사용하느냐에 따라 달라진다는 사실을 간과한 것이다. 이미 1장에서 블록체인 기반의 투표 시스템이 10여 개 나라에서 도입되고 있는 현황을 보지 않았는가?

사실 민주주의가 도입되면서 직접민주제를 하지 못하고 간접민주제를 시행할 수밖에 없었던 것은, 국가 단위의 거대 공동체에서 직접민주제를 실시하기에는 시간과 비용이 너무 많이 들어가기 때문이었다. 그러나 지금과 같이 **IT 인프라가 생활 깊숙이 자리 잡은 시대에는 간접민주주의가 직접민주주의보다 훨씬 더 비효율적이다.** 예컨대 2017년 3월 10일 탄핵된 박근혜 전 대통령에 대한 국민들의 판단은, 2016년 11월 12일 3차 촛불집회에 100만 명이 모이면서 사실상 확정되었다.[20] 그러나 이미 결정된 민심이 정치 시스템에 반영되기까지는 무려 4개월하고 2일이나 걸렸다. 단지 시간적인 비효율성만을 고려하더라도, 우리 시대에 직접민주제를 시행해야 하는 이유는 너무도 분명하다.

원칙5: 분산자율정부DAG

블록체인의 잠재력은 이것만이 아니다. 블록체인 기술을 개발하는 사람들 대다수의 정치적·철학적 지향은 분산자율조직을 구축하는 것이다. 이는 애초 블록체인을 설계했던 사토시 나카모토의 철학에도 진하게 묻어 나온다. 그는 외부의 신용기관에 의존하지 않고 P2P 환경에서 서로가 거래할 수 있는 화폐를 설계하고자 했다.[21] 여기서 외부의 신용기관이란 직접적으로는 은행, 카드사 등을 의미하지만 더 나아가서는 이 모든 신용 흐름의 최종적인 담지자인 국가까지 포함한다. 즉 국가와 같은 강제적인 장치를 배제하고 순수하게 개인들만의 네트워크로 작동하는 글로벌 화폐를 만들고자 했던 것이다. 이러한 철학적 지향을 발전시켜 비탈리크는 분산자율조직DAO이라는 개념을 정식화했다.

이러한 지향들은 독점적이고 강력한 권한을 가지고 군림하거나 지배하는 존재를 거부하고자 하는 인류의 오랜 투쟁과 맞닿아 있다. 소수의 왕족, 소수의 귀족, 소수의 엘리트, 소수의 자본가, 소수의 고위관료 들이 아니라 다수의 민중, 다수의 노동자, 다수의 개인 들이 힘을 가지고 공동체의 의사결정권을 행사할 수 있는 사회를 만들겠다는 것이 역사상 존재했던 대부분의 저항세력들의 지향이고 목표였다. 블록체인은 바로 이런 평범한 개인들의 연대체들이 스스로 신뢰를 담보할 수 있도록 해준다. 그래서 블록체인 세계를 들여다보고 있자면 기존 권력과 질서를 부정하는 레지스탕스의 냄새가 짙게 풍겨난다. 그리고 블록체인 기술에 담긴 의미를 좋아하는 사람들 중에는 국가나 정부가 필요 없다는 부류도 상당수 존재한다. 그도 그럴 것이 그동안 정부는 공동체 구성원들의 전체 의지로 작동하는 것이 아니라, 개인들 위에서 군림하는 경우가 많았기 때문이다.

그런데 필자가 보기에 정부의 역할은 소멸되지 않는다. 물론 정부라는 형식적 조직이 없었던 시절이 존재했다. 인구 100명 내외, 많아야 수백 명 이하의 소규모 마을 공동체에서는 공동체 전체에 대한 어떤 의사결정을 내리고 자원을 분배하고 공동체의 안전을 지키는 활동들이 공동체 내부의 일상에 녹아들어, 특별하게 정부라는 기능이 특화되지 않았다. 그러나 사람들이 마을 수준의 공동체를 벗어나 거대 공동체를 구성하는 한 정부의 역할은 사라질 수 없다. 이해관계를 달리하는 수많은 계급과 계층, 집단들 사이의 갈등을 조정하고, 외부의 공격을 항시 감시하고 그것에 대응하며 사회의 최종적인 신뢰를 담지하는 역할을 누군가는 해야 하기 때문이다.

정부가 사라진 거대 공동체를 상상하는 것은 불가능하다. 블록체인 기술로 개인들의 네트워크가 현재의 정부 역할을 대신해 정부 기능이 대폭 줄어든다 해도, 치안·국방·외교와 같은 영역들은 오랫동안 정부의 고유 영역으로 남아 있을 것이다. 블록체인 기술로 정부의 성격과 작동 메커니즘이 바뀔 수는 있지만, 공동체 전체를 관리하는 관리자로서의 정부 역할은 여전히 존재할 것이다. 따라서 이 정부를 얼마나 민주적으로 만들 수 있을지, 얼마나 다수의 의지를 집행하는 기관으로 만들 수 있을지, 공동체 구성원 전체를 위한 정부를 만들 수 있는지가 우리의 과제다.

만약 우리가 정부를 구성하는 법을 공동체 구성원들 전체가 참여하는 합의 과정을 통해 결정하고, 그 결정된 사항들이 블록체인 위에서 돌아가도록 한다면 우리는 지금과는 다른 모습의 정부를 만들 수 있을지도 모른다. 이미 블록체인 계에서는 분산자율기업DAC, 분산자율조직DAO과 같은 개념들이 일반화되어 있고 또 실현을 위한 구체적인 작업들이 진행되고 있다. 즉 블록체인 위에 법을 올려놓고 그 법을 따라 진정한 개인들의 결사로 움직이는 조직, 기업들이 나타나고 있는 것이다. 이와 같은 개념들이 가능하다면 블록체인 위에 올라간 법을 기반으로 분산자율정부DAG, Distributed Autonomous Government를 구축하는 것도 가능하다 분산자율정부[22]라는 개념은 이러한 원리가 공동체 전체에 적용되어, **공동체의 사회운영 인프라로서 직접민주적으로 운영되는 정부, 자율적으로 의사결정**

하고 집행하는 공동체의 정보처리 기계로서의 정부 시스템을 구축할 수 있다는 것을 의미한다.

시뮬레이션2: 블록체인 기반 '직접민주당'

분산자율정부가 구체적으로 어떻게 작동할지 쉽게 상상하기 어려울 것이다. 정당이 하는 일은 한 정부의 살림살이보다 훨씬 작지만 규모의 차이만 있을 뿐, 정부의 일반적인 활동과 많이 비슷하니 정당을 예로 들어보자(당헌·당규에 의한 대표 및 집행부 선출, 당원 관리, 당비 모금, 재정 관리, 재정 집행 등 정당의 기본적인 활동은 정부와 크게 다르지 않을 것이다). 여기 직접민주제를 구현하는 것을 당의 최종 목표로 하는 '직접민주당'이라는 정당이 있다. 직접민주제냐 아니냐를 판단하는 기준은 아주 간단하다. 당 운영과 관련된 모든 사안이 당원들의 직접투표로 결정되면 그것이 직접민주제다. 당의 집행부가 하는 일은 당헌·당규와 당원들의 직접투표에 의해 결정된 사안을 집행하는 것이다. 지금까지는 정당의 간부, 최고위원회, 대표 등이 정당의 노선과 활동 방향을 결정했지만, 직접민주당에서는 거꾸로 이들이 당원들의 결정사항을 집행하는 대리인이 된다.

물론 당원들의 직접투표가 매번 반복될 필요는 없다. 예를 들어 당 운영을 위한 일상적인 활동을 규정하는 규칙을 담은 '당헌·당규'는 처음 한 번만 인준을 받으면 된다. 그리고 이미 인준받은 사항 중 재검토되어야 하는 항목만 사안별로 직접투표를 통해 다듬으면 된다.

이 직접민주당에는 우연히도 뛰어난 개발자들이 많고 블록체인도 잘 알고 있어 자체적으로 분산자율조직 콘셉트를 담은 블록체인 기반의 정당 시스템을 구축했다. 그들은 블록체인 기술을 활용한 정치 커뮤니케이션 인프라를 구축해, 직접민주당의 모든 당헌·당규를 이 시스템에 녹여 넣었다. 이 시스템에는 당원의 가입, 집행부 구성에서부터 법안 상정, 당원 직접투표 방법과 의사결정방법 등 당 운영과 관련된 광범위한 기능과 권한이 구현되어 있다. 또한 모든 당원들이 편리하게 참여할 수 있도록 스마트폰용 앱을 만들어, 수시로 당원들이 당의 의사결정 과정에 참여할 수 있도록 해놓았다.

사소한 것이지만 게시판에 올라온 글은 운영자가 임의로 삭제하는 것이 아니라 전체 당원 수의 5%가 비노출에 투표하면 자동으로 비노출 영역으로 이동하도록 해놓았다. 만약 비노출된 글에 5%의 항의가 들어오면 그 글은 다시 복원된다. 누구도 임의로 그 글을 삭제하거나 비노출 처리할 수 없다.

또한 일상적인 정책 제안 창구를 열어놓고 당원의 10%가 찬성한 제안은 당이 반드시 처리해야 할 의제로 자동 채택되도록 해놓았다. 이렇게 채택된 제안은 자동으로 의결 안건으로 올라가 집행위가 반드시 처리해야 할 과제로 등록된다. 해당 과제의 처리 과정은 투명하게 온라인에 공개되어 언제 어떻게 처리되고 있는지 모두가 알 수 있다. 집행위가 이 안건을 처리하지 않으면 시스템이 자동으로 알람을 울린다. 정해진 프로세스를 지키지 않는 사례가 일정한 한도 이상으로 누적되면 시스템이 집행위의 시스템 접근 권한을 중지시킨다. 이런 경우 기존 집행위에 대해 재신임을 묻거나 혹은 새로 구성해야 한다.

투표가 필요한 사안은 투표를 진행한다. 각 사안의 중요성에 따라 채택/기각 기준을 다르게 설정할 수 있다. 당의 일반적인 의사 결정은 통상적인 수준인 과반수 투표로 해놓는다. 또한 중요한 사안, 예컨대 당헌·당규의 특정 부분을 수정하는 투표는 3분의 2 찬성으로 해놓는다. 만약 당헌·당규 수정안이 통과되면 수정안이 블록체인 위에 자동으로 등록되고, 이와 관련된 프로세스들은 새로 수정된 조항을 참조하여 실행된다.

또한 당헌·당규에 당원의 3분의 2 이상이 탄핵에 찬성하면 당대표 권한을 정지시킨다고 명문화되어 있는데, 이것도 아예 시스템에 적용해놓았다. 당대표 탄핵 투표가 진행되면 모든 당원들에게 문자로 탄핵 투표 알림 문자가 전송되고, 문자를 클릭하면 자동으로 앱이 실행되면서 투표 화면이 나타난다. 당원의 3분의 2가 탄핵에 찬성하여 투표 결과가 확정되는 순간, 당대표의 계정 접근이 차단됨으로써 이 시스템에서 대표로서 행사하던 모든 권한이 자동으로 정지된다. 만약 대통령이라면 탄핵이 확정되는 즉시 대통령의 전자결제 시스템이 자동으로 차단되는 것이다. 새로운 당대표가 선출 확정되면 새로운 아이디로 당대표 권한이 자동 부여된다.

당원들이 예산 편성에 직접 참여하는 것도 가능하다. 당의 활동에 필수적으로 들어가는 비용(사무실 임대 비용, 상근직 월급 등의 고정비용)을 제외한 나머지 예산은 모두 당원 참여 예산으로 할당해놓는다. 그리고 그 예산의 사용처에 대해 당원들의 제안을 받고, 각 당원들은 자신이 마음에 드는 제안에 예산 투표를 한다. 투표가 완료되면 확정된 예산이 블록체인 위에 등록되기 때문에 다른 용도로는 사용할 수 없다.

또한 당이 돈을 집행한 내역은 집행 즉시 실시간으로 블록체인에 등록되어 모든 사람들이 실시간으로 당의 활동과 예산 집행 내역을 볼 수 있다. 의자 하나를 구매하더라도 구매자와 구매한 제품명과 가격과 거래처가 영수증과 함께 블록체인에 담긴다. 블록체인에는 당이 지출한 모든 비용이 투명하게 공개되어 있어, 혹시나 구매 과정에 비리는 없었는지 예산이 제대로 집행되었는지 모든 사람들이 검증할 수 있다. 1만 원대 USB를 95만 원에 주고 사거나[22] 당비로 비아그라를 사거나 하는 일[23]은 절대로 일어날 수 없다.

만약 이런 정도로 정당 인프라를 구축한다면, 이 정당은 확실하게 직접민주제를 실행할 수 있지 않을까? 이렇게 정치조직의 활동을 규정하는 방안들을 IT 시스템에 녹여낼 경우, 우리는 이전보다 훨씬 투명하고 깨끗하게 의사결정을 하고 그 사항을 그대로 집행하는 정치 시스템을 구축할 수 있다.

물론 이런 정도의 시스템을 구축하는 것은 결코 쉬운 일이 아니다. 모든 당원들의 동의와 재정적 지원을 확보하여 일사천리로 구축한다고 해도, 제대로 작동하는 시스템을 구축하기까지는 최소 몇 년이 소요될 것이다. 정당도 이러한데 이와 비슷한 시스템을 정부에 적용한다는 것은 결코 쉬운 일이 아니다. 그럼에도 불구하고 정부 시스템에 블록체인이 도입되는 것은 당연한 수순이다. 만약 이러한 방향으로 분산자율정부가 현실화된다면, 국가가 사람들 위에 군림하는 소수의 지배도구가 아니라 공동체에 속한 개인들의 집합적인 판단으로 작동하고 진화하는 내재적 국가가 될 것이다.

실행 가능한 프로젝트들

스마트 컨트랙트가 적용된 자동화된 시스템이 아니더라도 지금 당상 할 수 있는 블록체인 프로젝트들은 상당히 많다.[25] 우리가 1장에서 살펴본 각 나라의 사례들은 훌륭한 예시를 제공해준다. 먼저 온두라스·조지아·가나처럼 토지대장, 부동산 등기를 블록체인으로 관리하는 것은 가장 기본적으로 할 수 있는 일이다. 아예 두

바이처럼 정부의 모든 문서를 블록체인에 올리는 작업도 상당히 의미 있다. 이런 문서들을 블록체인에 기록하면, 대통령 기록물, 국회, 시·도 의회 기록들을 위·변조나 삭제될 위험성 없이 안전하게 보관할 수 있다. 에스토니아처럼 개인 신분 증명 아이디를 관리하는 것도 충분히 가능하다. 조만간 블록체인 기반 투표 시스템이나 디지털 화폐 역시 당연한 것으로 자리 잡게 될 것이다. 이것들을 좀더 들여다보자.

국가기록물 관리 시스템

'국가기록물관리법'[26]이 있음에도 불구하고 우리나라의 국가기록물 관리는 정말 엉망이다. 노무현 전 대통령의 NLL발언을 둘러싼 국가기록물 관련 논란은 현재 시스템이 얼마나 엉망인지를 단적으로 보여준다. 명백하게 국가 비밀 기록을 누설한 자들은 아직도 처벌받지 않고 있다. 이명박 정부가 임기 말, 자신들이 작성한 자료들 대부분을 폐기[27]하고 청와대를 나왔다는 소리도 들렸다. 또한 박근혜 대통령의 세월호 7시간 근무 기록은 세월호 1,000일이 지난 지금까지도 확인되지 않고 있다. 이 자료가 원본은 있는지, 지금도 혹시나 조작되고 있는 것은 아닌지 도무지 알 길이 없다. 엄연히 국가 기록을 관리하는 법률이 있지만, 법이 제대로 지켜지지 않고 있는 것이다.

이것은 실행 주체가 의도적으로 그 법을 따르지 않기 때문이 기도 하지만, 애초에 문서 관리 자체에 허점이 있다고 볼 수도 있다. 왜냐하면 국가 기록 문서를 임의로 폐기할 수 있도록 되어 있기 때 문이다. 사실 대통령 기록물 같은 것들은 생산되어 공식 문서로 확 인이 완료되는 즉시 위·변조할 수 없는 공간에 저장되어야 한다. 기 존에는 종이 생산물 등이 있어 종이를 폐기하거나 혹은 컴퓨터의 파일을 삭제하는 등으로 발뺌할 수 있었지만, 이제는 블록체인 기술 때문에 더이상 발뺌할 수 없다.

블록체인 기술을 활용하여 위·변조 불가능하도록 기록물을 관리하는 시스템은 비교적 어렵지 않게 구축할 수 있다. 가장 쉽게 할 수 있는 방법은 문서마다 유일한 값인 해시값(비유하자면 문서의 지문)을 추출하고 이 해시값만 블록체인에 저장하는 방법이 있다. 차후 이 문서의 위·변조 여부를 확인하고 싶다면, 먼저 저장된 문서 의 해시값과 현재 문서의 해시값을 대조해보면 된다. 만약 그 값이 다르다면 그 문서는 위·변조된 문서로 간주할 수 있다. 또 만약 누 군가 문서를 열람했거나 혹은 열람을 시도했다면 누가(어떤 아이디) 가 언제 열람을 시도하거나 열람했는지를 블록체인 위에 자동으로 기록되도록 하는 것도 어렵지 않게 구현할 수 있다. 더 나아가 문서 자체를 블록체인 위에 저장할 수도 있다. 또한 문서를 블록체인 위 에 저장한 후, 특정한 조건에 따라 문서가 공개 혹은 비공개되도록 할 수도 있고, 문서를 열람할 수 있는 권한을 차등으로 제공하는 것도 가능하다.

이미 두바이는 2020년까지 모든 국가 문서를 블록체인 위에 담는 프로젝트를 시작했다. 정부의 공식 문서를 블록체인에 담는 것은 정부 기록을 위·변조할 수 없는 형태로 영구보존하겠다는 것이다. 또한 모든 문서를 전자문서로 관리함으로써 종이 없는 행정을 구축할 수 있다. 블록체인 기술을 활용한 국가기록물 관리 시스템은 비교적 쉽게 시도할 수 있으면서 비교적 빠르게 효과를 볼 수 있는 영역이다.

블록체인 기반 디지털 화폐로의 전환

2017년 1월 13일, 덴마크 정부는 화폐 발행을 중지한다고 선언했다.[28] 지폐와 동전은 지금까지 발행된 물량만 사용하고, 더는 찍어내지 않겠다는 의미다. 지폐와 동전은 시간이 갈수록 유통량이 줄어들기 때문에 이것은 사실상 디지털 화폐로 전면 전환하겠다고 선언한 것과 마찬가지다. 이미 세계는 지폐와 동전으로 된 현금 화폐 사용을 중단하고, 화폐 시스템 전체를 디지털로 전환하는 작업을 시작했다. 앞에서 보았듯이 튀니지, 세네갈 등은 이미 블록체인 기반의 전자 화폐를 사용하기 시작했으며, 20여 개의 국가들이 관련 프로젝트를 진행하고 있다.

한국 역시 마찬가지다. 한국은행은 2016년 동전 없는 사회에 관한 계획을 발표[29]하고, 2017년에는 편의점 등에서 남는 잔돈을 카드에 입금해주는 형태로 동전 없는 사회에 대한 실험에 들어갔다.[30] 사실상 디지털 화폐 체제로의 전환이 시작된 것이다. 비록 블록체인 기술을 채용할지 말지는 현재 시점에 아직 확정되지는 않았지만, 블록체인에 기반을 둔 전자화폐의 안정성을 고려한다면 우리나라 또한 세계적인 흐름을 거스를 수는 없을 것이다.

선진국들이 디지털 화폐로 전환하는 이유는 여러 가지가 있다. 법정 화폐를 디지털 화폐로 바꾸면 국가가 통화량을 조절하기 훨씬 쉬워진다. 또한 현재 전 세계적으로 확산되고 있는 마이너스 금리가 현실화될 경우 뱅크런이 발생할 가능성이 있다. 그런데 디지털 통화로 전환하면 뱅크런 사태가 발생하지 않는다. 무엇보다 화폐 거래의 투명성이 획기적으로 올라간다. 현물 화폐는 누가 어디에 얼마에 썼는지 기록이 남지 않는다. 반면 디지털 화폐는 거래내역 그 자체가 보존되기 때문에, 거래내역만 추적하면 그 돈이 어디서 나와서 어디로 흘러갔는지 알 수 있다. 따라서 디지털 화폐를 쓰면 탈세와 뇌물 공여 등 뒷거래가 불가능하다. 현금 다발을 마늘밭에 묻어두거나 하는 일은 절대로 일어날 수 없고, 세수가 정확하게 파악되는 것은 지극히 당연하다. 또한 현존하는 모든 지폐들을 다 신고하고 디지털 화폐로 전환해야 하기 때문에 사실상 전면적인 화폐개혁과 같은 효과를 갖는다.

나아가 개인정보를 제외한 화폐 거래 내역이 공개되면 엄청난 빅데이터를 얻을 수 있다. 기업들은 특정 물건에 대한 사람들의 소비량이 얼마인지 실시간으로 확인할 수 있기 때문에, 기업 경영에서 기존에는 확보할 수 없었던 정보를 얻을 수 있게 된다. 시장 상황을 예측해 훨씬 효과적으로 대응할 수 있는 것이다. 또한 정부 역시 실시간 경제 데이터를 보고 대응할 수 있기 때문에, 경제 정책을 수립하는 데 있어 완전히 새로운 계기를 만들어낼 수 있다.

그런데 다른 한편으로는 국가가 모든 개인의 거래를 속속들이 파악할 수 있어 국가 권력이 미치는 영향력과 범위가 급격히 증대될 것이라는 우려도 존재한다. 그래서 현금 없는 사회를 두고 '빅브러더'가 현실화하는 것이라고 비판하는 사람들도 있다. 그러나 현금 없는 사회로 가는 것은 전 세계적인 추세다. 이러한 흐름을 막기보다는, 디지털 화폐 운영에 대한 룰을 명확하게 하고 정부 자체를 분산자율정부로 전환하려는 노력이 더 현실적일 것이다.

블록체인 기반 등기소

온두라스나 조지아처럼 각종 주택, 토지, 건물 등의 소유권을 저장하고 관리하는 등기 시스템 역시 블록체인 기술이 적용될 수 있는 정확한 사례다. 또한 졸업증서, 입학증서 및 각종 자격증을 블록체인 위에 저장해서 관리하는 것도 가능하다. 그런데 현재 진행되는 실험들은 단순한 정보 저장 기능에서 멈추지 않는다. 스웨덴 국토조사국이 진행하는 블록체인 기반의 토지 거래 시스템은 토지 거래의 자동화를 추진하고 있다. 이는 각종 소유권 증명에서부터 소유권 이전 처리가 모두 자동화될 수 있다는 것을 의미한다. 즉 블록체인 기반의 자동화된 등기소 구현이 가능해진다. 이미 언급했듯이 블록체인 기술이 적용되지는 않았지만, 정부 행정의 자동화 작업은 이미 한국에서도 진행 중이다. 한국 역시 블록체인 기술에 기반한 자동화된 행정 처리를 테스트해볼 수 있을 것이다.

정부 데이터 공개

두바이 정부가 이미 2020년까지 정부의 모든 문서를 블록체인에 담는 프로젝트를 시작했다는 것은 이미 앞에서 이야기했다. 두바이 정부가 어떠한 형태로 정부 기록을 저장하고 관리할지는 아직 모르는 상황이지만, 분명한 것은 블록체인 기술은 정보 공개에 있어 아주 효율적인 시스템을 제공한다는 사실이다.

물론 각각의 정보를 공개하는 작업은 쉬운 작업이 아니다. 먼저 공개해도 되는 정보와 공개하면 안 되는 정보를 구분해야 하고, 또 조건에 따라 공개되거나 공개되지 않는 정보도 분류해야 한다. 또한 정보를 저장할 표준 데이터 형식을 정의해야 하는데, 이 데이터 형식을 정의하기 위해서는 단순한 저장만이 아니라 정보를 어떻게 처리할지까지 고민해야 하기 때문에 상당히 많은 요소들을 고려해서 설계해야 한다. 그렇다고 불가능한 일은 아니다.

이러한 과정을 통해 정부가 공개할 수 있는 모든 정보를 공개하고, 회사나 개인들이 산업이나 연구 목적으로 자유롭게 해당 데이터를 사용할 수 있다면, 사회 전체가 투명해지고 사회의 효율성이 획기적으로 높아질 것이다. 특히 산업적으로는 물론이고 정부가 관련 정책을 세우는 데 있어서 사회 전체에서 만들어지는 빅데이터를 궁극적으로는 실시간으로 활용할 수 있기 때문에, 산업 전반을 관리하거나 정책을 세우고 집행하는 데 있어 새로운 이정표를 만들 수 있다.

만약 우리가 사회 전체의 흐름을 실시간으로 볼 수 있다면 어떻게 될까? 기업들은 실제 소비자들의 소비 동향을 실시간으로 파악하고 대응할 수 있을 것이다. 이것은 상품이 시장에 나와야만 시장의 반응 즉 정보를 얻을 수 있었던 고전적인 자본주의 시장과는 질적으로 다른 시장이 만들어질 수 있다는 것을 시사한다. 정부는 현재 국민들이 필요로 하는 것들, 현재 국민들의 실생활 속에서 나타나는 문제들을 실시간으로 파악함으로써 보다 효율적으로 대처할 수 있다. 만약 이 정보를 개인들이 손쉽게 볼 수 있다면 어떻게 될까? 시장의 현재 상황에 따라 개인들이 자율적으로 자신의 선택과 행동을 조정하는 진정한 의미의 자기조정 행동, 자기조정 시장이 만들어질 수 있을 것이다.

실제로 많은 학자들은 데이터가 충분할 경우 지금까지 우리가 예상할 수 없었던 새로운 경제 형태가 나타날 것이라고 예측한다.[31] 중국 IT 산업의 거물인 알리바바 회장 마윈 역시 21세기에 데이터가 정부와 기업 그리고 시장을 바꿀 것이라고 예언한 바 있다.[32] 기존의 경제학이 계획경제와 시장경제를 대립되는 두 개의 경제체제로 생각했다면, 이제는 자본주의와 사회주의를 넘어서는 새로운 형태의 경제 시스템이 구축될 것이라는 예견이다.

필자 역시 이 견해에 동의한다. 자본주의에서 시장 실패가 발생하는 주된 이유는 경제 주체들이 모두 제품이 시장에 출시된 이후에야 해당 제품에 대한 정보(소비자 반응, 판매량, 개선점, 경쟁 제품의 현황 등)를 얻을 수 있기 때문이다. 만약 실시간으로 공개되는 시장 데이터를 모든 경제 주체들이 공유한다면, 실시간으로 자기 조율하는 경제 시스템이 가능해진다.[*] 블록체인 기반의 정보공개 시스템은 그저 단순히 정보 저장 방식을 바꾸는 작업이 아니라, 현존하는 경제 시스템의 성격을 바꿀 수도 있는 이정표적인 작업이다.

주민등록 체계 개혁

우리 정부가 시급하게 해야 하는 또 하나의 작업은 주민등록체계를 완전히 새롭게 정비하는 것이다. 가장 먼저 현재의 주민번호는 전 세계 사이버 범죄조직들의 공유 데이터가 되어버렸기 때문에 현재의 주민번호 체계는 완전히 버려야 한다. 그리고 시급하게 블록체인 기술을 활용한 새로운 시민 정보 관리 시스템을 구축해야 한다. 이와 관련해서는 이미 에스토니아에서 개인정보 보호와 보안과 시스템 안전성 등을 확보하고, 블록체인 기술까지 결합된 e-ID 시스템을 구축하고 있기 때문에 해당 사례를 참고할 수 있을 것이다.[33]

국가 인프라로서의 전자투표 시스템

블록체인 기반의 투표 시스템은 여러 가지 장점이 있다. 무엇보다 투표 결과를 위·변조할 수 없다는 것이 가장 큰 장점일 것이다. 최근 몇 번의 선거에서 불거진 투표함 조작 관련 논란을 원천적으로 차단할 수 있기 때문이다. 나아가 투표가 완료된 즉시 투표 결

■   기존의 사회주의는 계획경제를 표방했지만, 종이 문서에 기반을 둔 관료 시스템으로는 경제계획에 필요한 엄청난 양의 데이터를 확보할 수 없었다. 자본주의는 시장의 '보이지 않는 손'이 경제를 자율적으로 조절할 것이라고 주장했지만, 이 역시 정확하게 시장 상황을 파악할 수 없었기 때문에 '시장실패'현상이 발생할 수밖에 없다. 그런데 경제 현황의 정보가 실시간으로 공개되면 상황이 달라진다. 실시간 데이터를 보고 개인과 기업들 그리고 국가가 자신들의 행동과 정책을 조율할 수 있기 때문이다. 여기서는 이 논의를 깊게 들어갈 수 없기 때문에 이 정도로만 기술한다. 이 논의는 계획경제와 시장경제의 관계 그리고 경제에서 정보가 가지는 위상과 역할, 빅데이터와 미래를 예측하는 인공지능 기술의 활용과 그 효과 등에 대한 별도의 연구 작업을 필요로 한다. 필자는 향후 기회가 된다면 이 부분을 더 깊숙이 파고들어갈 예정이다.

과를 확인 가능하기 때문에 투표 관리 비용이 획기적으로 줄어든다. 또한 투표를 둘러싼 부정이나 조작 논란을 해소함으로써 불필요한 소모적 논쟁을 줄여준다. 블록체인 기반 전자투표 시스템은 모바일 투표 등 온라인 투표 시스템으로 구현이 가능하다. 그런데 만약 온라인 투표가 아직 불안하다고 판단한다면 지금처럼 투표소에서 투표하고, 투표 결과를 현장에서 블록체인에 직접 담는 방식으로 투표 시스템을 구축할 수도 있다.

그뿐만이 아니다. 블록체인 기술을 활용하여 기명 투표, 무기명 투표 등 원하는 대로 시스템을 구축할 수 있어 투표의 목적에 맞게 유연한 방법을 제공해줄 수 있다. 투표 결과를 종료 시간에 거의 실시간으로 공개하는 것도 가능하지만, 필요에 따라 현재 진행 중인 투표 결과를 실시간으로 공개하는 시스템도 가능하다. 또한 현재의 종이 투표는 일정 기한이 지나면 폐기되지만, 블록체인을 활용하면 선거 이력 하나하나를 영구히 보존할 수 있다.

나아가 보다 안전하고 민주적인 투표 문화를 만들어갈 수 있다. 예컨대 현재의 투표 시스템은 한번 투표하면 번복할 수 없는데, 이 시스템은 투표 마감 시간까지 자신의 최종 의사를 몇 번이고 변경할 수 있게 만들 수도 있다. 투표한 결과를 재검표하는 것은 너무도 쉬운 일이고, 기명 투표가 필요한 경우에는 각 개인이 투표한 번호를 눈으로 확인할 수 있도록 데이터를 모두에게 공개하는 것도 가능하다.

이런 방식의 투표 시스템이 도입될 경우 투표 비용은 대폭 줄어들 것으로 예상된다. 만약 정부나 지자체가 이런 시스템을 만들어 공개한다면, 사용처는 국회의원이나 대통령 선거에서 그치지 않는다. 아파트 단지의 동대표를 뽑는 일도, 대학교의 학생회장이나 초등학교의 반장을 뽑는 선거도, 친목회나 동호회의 임원을 뽑는 선거도 훨씬 안전하고 편리하게 진행될 수 있다.

에스토니아처럼 전자신분증 시스템과 직접민주 투표 시스템이 결합될 경우, 투표 관리에 들어가는 비용이 비약적으로 줄어들기 때문에 정부나 지방 정부의 주요 정책을 수시로 국민투표로 결정하도록 할 수도 있다. 큰 비용을 들이지 않고 직접민주주의가 일상에서 구현될 수 있는 것이다.

커뮤니티 자치 프로그램

'난방열사'란 별명을 얻은 김부선 씨는 아파트 난방비를 둘러싼 비리를 고발함으로써,[34] 우리의 일상에서 벌어지고 있는 부조리를 적나라하게 드러냈다. 우리가 관심을 두지 않고 내버려두는 사이에 불량한 이웃으로부터 갈취당하고 있다는 것을 폭로한 것이다. 이러한 일이 발생한 이유는 우리가 아파트 관리 현황 등에 대해 무관심했기 때문이기도 하지만, 또 한편으로는 아파트 관리를 위탁받은 대리인들이 아파트 운영 관리와 관련된 정보들을 의도적으로 공개하지 않기 때문이기도 하다. 무엇이 어떻게 돌아가는지 잘 모르기 때문에 관심을 가지지 않게 되는 것이다.

다음과 같은 시스템을 상상해보자. 시에서 구축한 아파트 자치운영 서비스(스마트폰 앱)가 있다. 즉 시에서 주민자치를 돕기 위해 블록체인 기반의 자치운영 서비스를 오픈하고, 각 아파트들이 의무적으로 사용하도록 한 것이다. 이 서비스에는 아파트 관리소에서 현재 사용하고 있는 비용들이 실시간으로 업데이트된다. 즉 이 앱을 보면 현재 아파트의 공공자금이 어떻게 지출되고 있는지, 화분 하나 구매한 내역까지 투명하게 볼 수 있다. 또한 한번 기록된 정보는 수정될 수 없기 때문에, 언제라도 그 지출 항목을 검증할 수 있다.

또한 이 앱에는 투표 시스템이 구현되어 있다. 동대표 투표 시점이 되면 동대표로 입후보한 사람의 정보와 공약이 앱에 뜨고, 바로 투표를 할 수 있도록 되어 있다. 또한 아파트 관리 정관을 바꾸는 경우, 이 앱을 통해 전체 주민의 의사를 물어볼 수 있다. 나아가 재활용 쓰레기 판매 비용, 전단 광고 허가 비용 등 아파트 주민들이 공농으로 벌어들인 수입 내역(아파트가 이러한 수입이 있다는 것을 모르는 사람도 태반이다)이 투명하게 공개되고, 이 예산을 어디에 사용하는 것이 좋을지 투표할 수 있는 기능도 붙어 있다. 공동으로 번 예산의 사용처를 주민들이 직접 정할 수 있는 것이다.

만약 이런 서비스가 제공된다면, 단지 잠만 자는 공간으로 인식되는 아파트를 실질적인 자치 커뮤니티로 발전시킬 수 있지 않을까? 이러한 문화가 발전한다면, 각 아파트 단지 단위 혹은 동 정도의 단위로 블록체인 기반의 상호부조 시스템과 사회안전 시스템을 자체적으로 구축하여 운영하는 것도 가능할 것이다.

공유경제 플랫폼 구축

우버[35]와 에어비엔비[36]는 한때 공유경제의 대표적인 기업으로 손꼽혔으나, 지금은 진정한 공유경제가 아닌 글로벌 서비스 중개 기업으로 평가받고 있다. 초기에는 개인들의 유휴자원을 재활용하여 새로운 경제활동을 창출하는 혁신적인 모델로 평가받았으나, 그 성숙한 모습은 결국 거대 플랫폼 사업자로 귀결되었다. 그리고 결국 이 사업자들이 해주는 역할은 역시 중개인이라는 사실이 드러났다. 게다가 우버는 '공정한 중개인' 혹은 '중립적인 중개인'의 역할을 제대로 못해낸다는 비판을 받고 있다.[37]

5장에서 살펴보았듯, 블록체인 기술을 기반으로 진정한 공유경제를 구축하려는 시도들이 여기저기서 진행되고 있다. 정부나 지자체가 이러한 시도를 지원하거나 혹은 직접 구축하는 것도 불가능하지 않을 것이다.

정부나 지자체가 이런 일을 해야 하는 정치적, 경제적 동기는 충분하다. 첫째, 정부나 지자체는 사회운영을 위한 인프라로서, 개인들의 안정적인 삶을 유지하는 여러 가지 사회적 장치들을 만들 의무가 있다. 둘째, 이런 종류의 서비스를 만들려면 제법 많은 자원이 투입되어야 한다. 블록체인 기반의 공유경제 서비스를 안정적으로 구축해서 실험한 후 실제 사용 가능한 서비스로 만들려면 어림잡아 수십억 원의 자원이 투입되어야 한다. 따라서 공공성을 가진 사업에 정부가 대규모 자원을 투입하는 것은 결코 어색하지 않다. 셋째, 정부나 지자체는 이러한 경제모델들을 통해 개인들의 경제활동을 촉발함으로써 시민들의 경제생활을 안정시킬 수 있고 이를 통해 보다 많은 세금을 거둘 수 있다.

블록체인 실험 도시

필자가 가장 강력하게 제안하는 프로젝트는 블록체인 기술 도입을 위한 실험 도시를 만드는 것이다. 앞에서 말했듯이 이미 중국은 도시 하나의 인프라에 블록체인을 적용하는 실험을 시작했다. 우리도 작은 도시 하나 혹은 구 정도의 행정 단위에서라도 사회 인프라 전체에 블록체인을 접목한다면, 위에서 언급했던 여러 가지들 즉 블록체인으로 가능한 거의 대부분의 프로젝트들을 실험해볼 수 있다.

개인정보 관리, 문서 관리, 블록체인 기반 디지털 화폐, 결제 관리, 물류 정보 관리, 투표 시스템, 커뮤니티 관리, 정부 행정 처리, 지역 공동체 개인들의 연대로 이루어지는 P2P 기반의 금융, 보험, 공유경제 플랫폼, 사회안전망 구축 등 이 책에서 언급했던 사례들 중 상당 부분을 실제로 구현해볼 수 있는 것이다. 여기서 성공한 실험들을 타 도시와 지방 정부 그리고 나라 전체에 확대 적용하는 것은 그다지 어려운 일이 아닐 것이다. 정부와 지자체 그리고 미래를 준비하는 정치인들의 과감한 판단이 필요한 때다.

블록체인 기술 인력 양성

마지막으로 가장 시급한 과제로, 기술인력 양성 프로젝트를 진행해야 한다. 우리가 사는 사회는 기술 발전 속도가 너무 빨라 모든 첨단 산업 영역에 기술 인력이 부족한 상황이지만, 블록체인 산업 영역은 특히나 관련 기술을 알고 있는 개발자가 절대적으로 부족한 상황이다. 블록체인 기술은 향후 10년간 정부, 금융권 및 사회 인프라 영역의 재구조화 작업을 선도할 기술이기에 관련 인력 양성 작업이 무엇보다 시급하다. 따라서 정부에서 정책적으로 대학 및 사설 IT 교육 기관에 관련 기술 인력을 양성할 수 있는 기술인력 양성 정책을 실행해야 한다. 필자가 보기엔 이것이 다른 어떤 작업보다 빨리 진행할 수 있고 빨리 해야 하는 작업으로 보인다.

_____ 제3의 길은 가능하다

이상으로 정부에서 블록체인으로 할 수 있는 프로젝트들을 살펴보았다. 필자의 상상이 다소 가미되긴 했지만, 중앙 정부나 지방 정부가 의지만 있다면 불가능한 일은 아닐 것이다. 현재 서울시를 비롯한 여러 지자체들이 마을 공동체를 복원하려는 프로젝트들을 진행 중이다.

그런데 마을 공동체는 경제 공동체였고 생활 공동체였다는 사실을 상기할 필요가 있다. 즉 마을 만들기가 성공하려면 지역 내 사람들이 공통적인 경제적 이해관계를 가져야 한다는 것이다. 이런 측면에서 현재 국가와 민간기업 중심으로 배치되어 있는 의료보험과 상해보험, 생명보험, P2P 대출 등을 지역 생활 공동체 중심으로 재배치하는 것은 지역경제를 활성화할 수 있는 대안이 될 수 있다.

이미 국민들 1인당 부담하는 보험 비용은 의료보험 총액 179만 원■, 생명보험 총액 220만 원, 손해보험 총액 124만 원[38]으로 보험으

■ 2015년의 세대별 민간 의료보험 월 부담액은 27만 1348원이고, 2015년 기준 세대당 국민건강보험료 월 부담액은 9만 4040원이다. 이 둘을 합치면 세대별 월 건강보험 총액은 36만 5388원이 나오고, 이것을 1년 기준, 세대당 인구수로 나누고 12로 곱하면 세대별 1년 건강보험 총액은 438만 4656원이 나온다. 다시 이것을 2015년 12월 기준 세대당 인구수 2.45로 나누면 1인당 건강보험 총 납부액은 178만 9656원이 나온다. 통계는 다음 자료를 참고해서 재가공했다[계산은 약간의 오차가 있을 수 있으나, 큰 차이는 없을 것으로 예상된다. 또한 1인당 보험 총액이 500만 원이 넘게 나오는데, 통계 수치가 정확하지 않아 이 역시 다소 차이가 있을 것으로 예상되지만 큰 오차는 나지 않을 것으로 예상된다].

로 내는 비용만 거의 500만 원이 넘는다. 이 금액 속에 국민연금으로 내는 비용은 빠져 있다.

애초 보험이란 상호부조의 성격을 가지고 있었다. 사람들은 누구나 불의의 사고를 당할 수 있기 때문에, 가족, 친척, 지인, 이웃 사이에 어려울 때 상호부조의 일환으로 십시일반 도와주던 관례가 있었다. 사람은 누구나 혼자서 헤어 나올 수 없는 위급한 상황에 빠질 수 있기 때문에, 보험이라는 제도는 인간사에 꼭 필요한 사회적 기술이다. 이러한 보험 문화가 근대에 와서 국가가 보장하는 국민연금과 공공 건강보험 그리고 자본주의 논리에 기반을 둔 민간연금과 민간의료보험 등으로 발전했다.

그런데 이제는 보험체계가 P2P 기반의, 개인 간의 연대에 기반을 둔 보험, 즉 애초의 보험 메커니즘이 작동했던 상호부조의 형태로 전환될 수 있다.[39] 이것이 잘 상상되지 않는다면, 과거 두레나 계와 같이 지역 공동체들이 서로 협업하고 상호부조하기 위해 만든 사회적 기술들을 상상하면 될 것 같다. 두레나 계와 같은 사회적 기술은 도시화·산업화에 따라 지역 공동체가 해체됨과 동시에 같이 해체되었는데, 그것이 블록체인 기술에 의해 다시 작동할 수 있게 되는 것이다.

지역 공동체의 내부 네트워크가 활성화되고 지역 내에서 자치적인 생활보장 시스템을 구축할 수 있다면 1997년의 IMF 체제나

2008년의 세계 금융 공황이 발생해도 지역의 사회보장 장치들이 든든한 버팀목이 될 수 있다. 따라서 보험과 금융기능, 사회안전망 기능을 정부에서 점차 떼어내어 블록체인 기반의 지역 공동체로 이전하는 전략을 중앙 정부나 지자체들이 나서서 추진해야 할 충분한 이유가 존재한다. 물론 이런 모델 하나를 지역에서 성공적으로 자리 잡게 만드는 것은 결코 쉽지 않다. 당장 제대로 돌아가는 시스템을 개발하는 작업도 만만치 않기 때문이다. 아마도 많은 시행착오를 겪을 수밖에 없을 것이다. 그런데 **그 수많은 시행착오 속에 단 하나의 성공 사례만 나오면 된다.** 하나의 성공 사례가 나오면 그대로 다른 지역에서 가져다 쓰면 되기 때문이다.■

지금까지 사회보장 제도나 사회안전망과 관련해서 두 가지 입장이 대립해왔다. 하나는 정부 주도 복지 시스템을 구축하자는 주장이고, 다른 하나는 정부 개입을 최소화하고 사회복지나 사회안전망도 민간 주도로 시장논리에 맡겨야 한다는 주장이었다. 첫 번째 주장은 국가나 정부 기능의 비대화와 비효율성을 가져온다는 면에

■ P2P 보험에 대한 부담이 크다면 지역민들이 믿고 이용할 수 있는 계모임을 위한 플랫폼 서비스를 제공하는 것부터 시작해도 괜찮을 것 같다. 계모임을 위한 프로그램 개발은 계약 내용이 비교적 간단하고 금액도 크지 않다. 따라서 P2P 지역보험의 전 단계로 계모임과 같은 개인들 사이의 상호부조 활동을 보장해주는 서비스를 제공함으로써, 서비스 개발 및 운영 경험을 쌓고, 나아가 활성화된 계모임을 기반으로 P2P 보험으로 확장할 수 있기 때문이다.

서 비판을 받았지만, 후자의 주장은 공공 안전 영역을 대기업이나 일부 소수 이익집단에 먹잇감으로 던져달라는 착취논리를 그럴싸하게 포장한 것이다.

그런데 이제는 지금까지의 논쟁구도와는 전혀 다른 새로운 방향 설정이 가능해졌다. 이제 **정부가 민간에 이양한다는 것은, 대기업이나 소수 이익집단에 넘겨주는 것이 아니라 개인들의 연대에 기반을 둔 분산자율조직들에게 자원과 권한과 책임을 이양하는 새로운 선택지**가 추가되었기 때문이다. 개인과 개인을 연결해주는 '신뢰 기술'이 등장했기 때문이다. 이것은 지금까지의 '정부 주도 복지 시스템을 구축하자'는 주장과 '복지든 무엇이든 최대한 민간 주도로 시장에 맡겨야 한다'는 주장과는 완전히 다른 축의 새로운 문제 설정이다.

물론 블록체인 기술이 아직은 초기 단계 기술이기에 구현하는 과정에서 시행착오가 없을 수 없다. 그럼에도 불구하고 이것이 앞으로의 방향이라면, 실패를 하더라도 빨리 하는 것이 좋다. 정부란 독특한 기능을 가지고 있어서 정부 그 자체를 블록체인 기반으로 재구성하는 프로젝트를 정부 스스로 수행할 수 있으며, 동시에 공기업과 사기업을 망라한 기업뿐 아니라 동호회, 커뮤니티 같은 개인들의 연대조직들이 블록체인 기술을 채용하도록 하는 데 큰 역할을 할 수 있다.[40] 현명한 정부라면, 현재 정부가 맡고 있는 기능 중 분산자율조직에 넘길 수 있는 것들은 체계적으로 이양하는 계획을 수립해야 한다. 이미 우리는 1990년대 말, 선도적으로 정보화에 사회의 에너지를 투자함으로써 다른 어떤 나라보다 빠른 인터넷 인프라와 인터넷 서비스들 그리고 관련 산업의 발전을 경험한 바 있다. 바로 지금 그러한 기회가 다시 한 번 우리 앞에 놓여 있다.

7
과제들

이 책을 쓰기 시작할 때, 블록체인 이야기를 하면 사람들이 비현실적인 몽상이라고 비판하지 않을까 많은 걱정을 했다. 그런데 전 세계의 정부들이 진행하고 있는 100여 개의 프로젝트를 통해 이것이 결코 비현실적인 이야기가 아님을 확인했다. 중국의 블록체인 도시 건설 소식에 오히려 우리가 늦어도 한참 늦은 것 아닐까 하는 조바심이 나기도 한다. 하긴 정부가 4년간 부재한 상황이었으니 무엇을 기대할 수 있었을까?

아무튼 새로운 기술적 지평이 우리에게 새로운 사회를 만들 수 있는 도구를 제공하고 있다는 것은 분명한 사실이다. 위·변조할 수 없고, 엄격하게 집행되며, 조직적으로 저항하지도 않고, 필요하면 언제든 수정 보완할 수 있는 사회적 기술이 존재한다면, 이런 기술을 쓰지 않을 이유가 없다. 블록체인이 정부 시스템과 '찰떡궁합'인 이유다.

블록체인 기술의 현재 단계는 마치 인터넷이 처음 사람들에게 알려지기 시작한 1995년이나 1996년에 비교할 수 있다. 그 시절에 인터넷은 소수만 아는 신기한 기술이었을 뿐이다. 인터넷 기술의 잠재력을 알아본 사람들만이 10년 뒤, 20년 뒤에 엄청난 변화가 일어날 것이라는 사실을 예상했을 뿐이다. 블록체인은 지금 딱 그 시점에 진입한 초기 기술이고 초기 시장이다. 그래서 우리에게는 충분한 도전의 기회와 시행착오를 해볼 시간이 남아 있다. 더불어 초기 기술이기에 블록체인 기술을 본격적으로 사용하기 위해서 풀어야 할 몇 가지 숙제들이 남아 있다.

프로그램의 무결성

첫 번째, 프로그램의 무결성을 확보해야 한다. 블록체인의 목표는 '위·변조 불가능한 데이터 저장 및 처리' 시스템을 구축하는 것이다. 그런데 블록체인 관련 산업계에서는 몇 번 사고가 있었다. 그중 유명한 사고 중 하나는 2014년 전 세계에서 가장 큰 암호 화폐를 거래소였던 마운트곡스가 해킹당한 사건이다.[1] 이 사건으로 당시 기준으로 약 5000억 원 정도의 비트코인이 해킹당한 것으로 알려졌다. 다만 이 사건은 블록체인 기술과 관련된 문제가 아니라, 블록체인 기술을 사용하지 않은 암호 화폐 거래소들이 해킹된 사건이기 때문에, 사실 블록체인 자체와는 무관하다.

보다 심각한 사고는 이더리움에서 발생했다. 이더리움은 두 번의 해킹을 당했다. 첫 번째 사고는 한국에서 발생했다. 2016년 5월 1일 이더리움은 'The DAO'라는 프로젝트를 진행했다. The DAO 프로젝트는 이더리움 위에 분산 어플리케이션을 구축하기 위해 전 세계로부터 클라우드 펀딩을 해서 돈을 모으고, 이 돈으로 서비스를 개발하기 위해 만들어진 프로젝트다. 이 프로젝트는 대성공을 거두어 역대 클라우드 펀딩에서 가장 많은 액수인 약 2000억 원 정도를 모았다.

그런데 The DAO 계정으로 이더를 송금하는 미스트 지갑에 오류가 있어, The DAO로 전송한 이더가 해커에게 탈취당하는 사건이 발생했다. 이 사건으로 한국인 이더리움 보유자가 약 1억 원 상당의 금액을 털리고 말았다.[2] 암호 화폐의 지갑이 해킹당한 사건은 블록체인 프로그램에서는 있어서는 안 되는 사건이었다. 그러나 이 사건은 한국인이 당한 피해여서 그런지 크게 이슈화되지 않았다. 부테린을 비롯한 이더리움 재단은 이 문제를 무시해버렸고, 문제를 해결한 미스트 지갑 프로그램을 업데이트하는 것으로 일단락되었다.

그런데 2016년 6월 17일 The DAO 프로젝트에 두 번째 해킹 사건이 터졌다. 이번엔 클라우드 펀딩으로 모아놓은 이더리움 계좌 자체가 털리고 말았다.[3] 이 역시 블록체인 자체가 해킹당한 사건이 아니라 블록체인과 관련된 프로그램이 해킹당한 사건이었다. 이 해킹 사건으로 약 243만 이더(한화 기준 약 750억 원)가 해커의 손으로 넘어갔다.

사실 그 이전까지 이더리움 프로그램의 완성도에 문제를 제기하는 사람은 거의 없었다. 천재 프로그래머로 알려진 비탈리크 부테린이 주도하는 프로젝트였기에, 이더리움의 화폐인 이더는 비트코인 다음으로 비싼 가격에 거래되고 있었다. 그런 이더리움이 해킹을 당한 것이다. 이더리움 재단은 '화이트 해킹'이라는 수단까지 동원하며 이 사건을 해결하기 위해 애썼지만 다른 방법을 찾지 못하고 최종적으로 하드포킹▪을 단행했다. 이더리움 재단은 하드포킹을 통해 해킹당한 계좌를 동결시키는 코드를 넣은 새로운 블록을 쌓음(하드포킹)으로써 이 문제를 해결할 수 있을 것이라고 판단했다.

그러나 결과는 '이더리움'과 '이더리움 클래식'의 분할이라는 초유의 사건으로 귀결되었다. 기존의 블록들을 그대로 유지한 '이더리움 클래식'블록체인과, 하드포킹으로 새로운 블록을 시작한 '이더리움'블록체인이 생겨난 것이다. 이것은 이더리움 채굴자들 중 하드포킹에 반대한 일부 채굴자들이 하드포킹을 하지 않고 기존 이더리

▪ 하드포킹이란 지금까지 쌓아오던 블록들 중에서 특정 순번에 있는 블록들부터 새로운 블록을 쌓기 시작하는 것을 의미한다. 즉 현재 1,000번째 블록까지 쌓여 있는데, 900번째 블록에서 하드포킹을 한다면 기존에 1,000번까지의 블록은 그대로 유지되고, 900번부터 900-1, 900-2번과 같이 곁가지로 새로운 블록들이 쌓이기 시작하는 것이다.

움 블록체인을 그대로 유지함으로써 생긴 일이다. 이 사건으로 이더리움 재단의 신뢰성은 크게 하락했다. 보안 문제는 블록체인 자체의 구조 설계에서부터 블록체인 기반 응용 어플리케이션이나 서비스의 말단까지 연결되어 있는 문제이고 어느 한 부분도 소홀히 할 수 없다는 것을 증명한 사례다.

이 사건 역시 이더리움 블록체인 자체에 문제가 생긴 것은 아니지만, 이더리움 기반의 스마트 컨트랙트로 프로그램을 구현하는 것이 안전하지 않다는 것을 보여준 것이다. 이와 관련해 최근 이더리움 커뮤니티에서 상당한 인지도가 있는 블라드 잠피르Blad Zamfir는 이더리움이 다른 블록체인들보다는 나은 편이지만 안전하지는 않다고 언급했다.[4] 따라서 안전하게 스마트 컨트랙트를 구현하는 새로운 방법론이 모색되어야 한다.■

합의 구조 설계

두 번째 이슈는 합의 구조 혹은 블록체인의 거버넌스를 구축

■ 　스마트 컨트랙트의 문제점을 극복하기 위해서 여러 가지 방법론들이 모색되고 있는데, 그중 필자가 일하고 있는 블록체인OS에서 개발하는 새로운 블록체인Owlchain with BOScoin Platform은 시멘틱 웹에서 사용하는 'Web Ontology Language'를 활용, 계약의 엄밀함과 오류 가능성을 사전 검증하는 기술을 적용한 'Trust Contracts'라는 새로운 기술을 개발하고 있다. 계약Contract에 사용되는 개념을 'Web Ontology Language'에 기반하여 엄밀하게 정의하고, 프로그램 구현상의 오류를 'Timed Automata Lanauage'라는 기술로 사전에 검증할 수 있도록 하자는 것이다.

하는 문제다. 블록체인에서 합의 구조는 핵심 중의 핵심이다. 여기서 합의 구조란 두 종류가 있다.[5] 하나는 블록을 생성하는 과정에서 어떤 정보를 블록에 저장할 것인가 말 것인가를 결정할 때 작동하는 합의 구조다. 비트코인은 현재 비트코인 네트워크에 참여하고 있는 서버의 51%에 정보가 기록되면 그 정보를 진본이라고 확정하는 구조를 가지고 있다. 즉 과반수 합의제를 채택하고 있다.

이와는 다르게 블록체인의 코드 자체, 즉 블록체인에 적용된 로직과 정책 자체를 수정하는 것과 관련된 합의 구조가 필요하다. 비트코인은 현재 이 문제에 봉착해 있다. 비트코인 개발자들은 초당 7회라는 제한적인 처리 성능을 개선하기 위해 많은 계획들을 수립했었다. 그러나 수년 동안 그중 어떤 것도 제대로 실행을 못 하고 있었는데, 그것은 비트코인 채굴자들이 자신들이 지금까지 벌어왔던 채굴 대가를 유지하기 위해 기존 시스템 구조를 고집하고 있기 때문이다. 수년간의 논쟁 끝에 이제 겨우 'Segwit'와 'Bitcoin Unlimited'라는 개선 프로그램을 업데이트하고 있는데, 2017년 3월에는 이 개선 프로그램을 지원하는 세력들이 서로 대립해서 비트코인이 하드포킹될 위험에 처하기도 했었다. 이것은 비트코인에 대한 근본적인 신뢰를 위협할 수 있는 심각한 문제로 확대되었다가 Bitcoin Unlimited 프로그램에 심각한 결함이 밝혀지면서, Segwit가 우위를 점하는 것으로 마무리되었다. 그럼에도 불구하고

2017년 4월 현재 이 싸움은 완전하게 마무리되지 않은 상태로 왈가왈부 논쟁들이 진행되고 있다.[*] 이 사태의 근본적인 원인은 애초 비트코인에 정책 변경에 대한 합의 방안이 없었기 때문에 발생한 문제였다. 이더리움 역시 비슷한 문제를 겪었다. 위에서 The DAO 사건 때 하드포킹으로 이더리움과 이더리움 클래식이 양분된 것 역시 완전한 합의 체계를 구축하지 못했기 때문이다. 이 사건은 블록체인에서 합의 구조가 얼마나 중요한 문제인지를 보여준 사례다.

이러한 사건이 발생한 것은 무엇보다 비트코인이나 이더리움이 무엇을 잘못했다기보다는, 블록체인이 초창기 기술이기 때문이다. 즉 비트코인이나 이더리움은 성공하기는 했지만, 성공 이후 어떻게 운영할지에 대해서까지 미리 방안을 만들어놓지는 못한 것이다. 비트코인만이 아니라 현재 존재하는 블록체인 프로젝트 대부분이 운영상에 발생하는 문제, 기능 추가, 정책 변경 등에 대해 어떻게 합

■ Segwit 업데이트 프로그램은 2016년 10월 27일에 배포되었는데, 2월 말 겨우 50%를 넘었으니 50%의 지지를 얻는 데만 무려 4개월이 걸린 것이다. 논쟁으로 보낸 시간까지 고려하면 수년이 걸린 셈이다. 그런데 2017년 3월 채굴업자들이 중심이 되어 만들어진 새로운 업그레이드 프로그램인 'Bitcoin Unlimited'가 급격하게 확대되기 시작했다. 이 업데이트 프로그램이 비트코인에 적용이 되면 Segwit 업데이트 프로그램과 맞지 않아, 이 두 프로그램이 각각 적용될 경우 결국은 Segwit를 기반으로 한 비트코인과 Bitcoin Unlimited를 기반으로 한 비트코인으로 쪼개질 수밖에 없다는 비판들이 대두되었다. 이에 대해서는 다음 글들을 참고하라. https://www.cryptocoinsnews.com/worlds-largest-mining-equipment-firm-founder-criticizes-core-segwit/

의할지 명확한 룰이 없는 경우가 대부분이다. 따라서 블록체인 자체를 설계할 때 그 운영에 대한 의사결정 구조를 구축해야 할 필요가 있다.

6장에서 보았듯이 이미 '대시'라는 암호 화폐와 그리고 블록체인OS에서 만들고 있는 '보스코인'에는 이와 같은 의사결정 구조Self-governing가 도입되었다. 또한 최근 주목을 받고 있는 'Qtum'[6] 'Dfinity'[7] 'Tezos'라는 블록체인 프로젝트들도 자체 의사결정 구조를 도입했다. 따라서 향후 나올 다수의 블록체인들은 이런 기능을 기본적으로 장착할 것으로 예상된다.

처리 성능

세 번째는 처리 성능과 관련된 이슈이다. 비트코인은 초당 7회의 거래를 체결한다. 비트코인은 세계적인 성공 사례임은 분명하지만, 이 정도 성능으로는 대규모 트래픽을 처리할 수 없다. 미국의 비자카드는 초당 1,700건의 거래를 처리하는데, 실제 처리 능력은 수만 회 수준인 것으로 알려져 있다.[8] 블록체인이 거대한 산업 영역에 실제로 사용되기 위해서는 비자카드 수준의 처리 능력을 확보해야 한다는 것이 중론이다.

또다른 문제도 있다. 비트코인 블록체인은 암호화를 위해 엄청난 컴퓨팅 자원을 사용하는데, 전기 소모량이 원자력 발전소 한

곳의 발전량에 육박할 정도라고 한다. 따라서 처리량을 높이면서 에너지를 효율적으로 사용할 수 있는 블록체인 알고리즘 개발이 절대적으로 필요하다. 그래서 많은 개발자들, 수학자들이 새로운 구조의 블록체인을 연구하고 실험하고 있다. 이러한 결과로 그래핀, 텐더민트, 스텔라 등 새로운 블록체인 알고리즘들이 개발되었다. 블록체인OS에서 개발 중인 보스코인에 사용되는 블록체인 기술은 수정된 스텔라 알고리즘이며, 초당 1,000회 정도의 거래를 승인할 수 있도록 개발되고 있다.

개발 난이도

블록체인과 관련된 네 번째 이슈는 개발 난이도 문제다. 일단 블록체인 기술은 초창기 기술이기 때문에 블록체인과 관련된 프로젝트를 경험해본 개발자가 드물다. 필자가 확인한 바로 한국에서는 블록체인이라는 말을 아예 모르는 개발자들도 수두룩하다. 따라서 개발자들 사이에서 블록체인 기술이 확산될 수 있도록 적극적으로 장려하는 정책이 필요하다. 아울러 블록체인 기술을 보다 쉽게 사용할 수 있도록 여러 가지 기술적 정치들을 만들 필요가 있다.

이를 위해 마이크로소프트는 자사의 클라우드 컴퓨팅 서비스 '아주어ajure'에 블록체인 기술을 사용할 수 있도록 블록체인 인프라를 내장해놓았다. 아주어 블록체인 툴킷 플랫폼 프로젝트에 에

테리움Ethereum, 팩텀Factom, 리플Ripple, 코인프리즘Coinprism 등 다양한 회사들이 참여하여 블록체인 개발 환경을 제공한다. 또한 IBM 역시 블록체인 기반 인프라 개발 환경을 제공하려고 연구 중이다.

그러나 이런 수준을 넘어 개발자 누구나 블록체인 기능을 가져다 쓸 수 있는 정도의 기술적 인프라가 구축되어야 한다. 그런 맥락에서 이미 오픈 API 형태로 블록체인 서비스를 제공하려고 시도하는 프로젝트들이 출시되고 있기는 하다. 그러나 블록체인 기술이 아직 초기 기술이라는 측면에서 제대로 사용할 수 있게 되기까지는 다소 시간이 걸릴 것으로 예상된다.

익숙한 인식의 장벽을 깨자

마지막으로 가장 중요한 문제가 있다. 그것은 지금까지 인류사를 5,000년간 지배해왔던 문자와 종이 시스템을 벗어나 새로운 디지털 도구를 수용하기 위한 인식의 전환이다. 우리는 종이에 인쇄된 법 그리고 사람이 집행하는 법에 익숙해져 있다. 경찰관이 무단횡단한 사람을 불러 벌금을 매기는 것, 재산이 압류되었을 때 집행관이 와서 집을 강제 처분하는 것 등 사람이 직접 운영하는 정부, 관료제, 사회 시스템에 익숙한 것이다.

그러나 디지털 시대에 법은 코드에 기록된다는 사실을 인지해야 한다. 즉 코드에 내장된 법과 절차에 의해 사물들이 법을 집행하는 시대에 들어선 것이다. 물론 이러한 전환에는 장단점이 공존할 것이다. 훨씬 편해지고 정확하고 빠를 것이라는 기대감과 더불어 기계에게 통제받을지 모른다는 공포감이 공존할 것이다. 그럼에도 불구하고 이러한 전환은 피할 수 없다. 그렇다면 이러한 전환을 공론화하고 한편으로는 가속화하면서, 동시에 단점과 공포감을 최소화하는 방법을 공개적으로 모색하는 것이 타당할 것이다.

기술의 도입과 이에 따른 변화는 시간차로 지연시킬 수는 있어도 피할 수는 없다. 그렇다면 오히려 우리에게 필요한 기술들을 전유해 적극적으로 미래를 설계해나가는 것이 더 유효한 전략일 것이다. 이러한 측면에서 보다 나은 사회를 만들기 위해 노력하는 사람들은 항상 새로운 물리적 기술에 민감해야 한다. 새로운 물리적 기술은 기존에는 불가능하거나 만들기 어려웠던 새로운 사회적 기술들을 가능하게 해주기 때문이다. 이런 측면에서 블록체인 기술은 새로운 사회를 만들려고 노력하는 사람들이 충분히 주목할 만한 가치가 있는 기술이다.

또한 현명한 정치세력, 현명한 리더, 현명한 정부라면 현재까지 구축된 정부의 기능 중 일부를, 신뢰할 수 있는 개인들의 자율적인 네트워크DAO로 이양하는 전략을 마다하지 않을 것이다. 그것은 사회 밑바닥을 구성하는 개인과 사회의 풀뿌리 네트워크를 강화해서 보다 신뢰성 있는 사회를 만들려고 했던 여러 사회운동들의 궁극적인 지향점이기 때문이다. 이제 '자유로운 개인들의 연합'을 실질적으로 구현할 수 있는 환경이 마련되어 있는 것이다.

그동안 온라인 기반 시스템은 다소 불안전한 부분이 있었지만, 블록체인 기술은 그와 같은 우려를 상당 부분 해소해주는 기술이다. 우리에게 필요한 기술적인 도구는 이제 상당한 수준으로 준비되어 있다고 봐도 될 것 같다. 이제 사회적 기술이 물리적 기술에 내장된 이 새로운 기술로 우리 사회를 어떻게 바꾸어나갈 수 있는지, 우리 시대에 필요한 사회적 기술을 어떻게 만들어낼 수 있는지, 본격적으로 탐구하고 논쟁하고 실험하고 실패하고 실현해야 할 때다.

주..

들어가며

1 한국은행,《분산원장 기술과 디지털통화의 현황 및 시사점》, 2016. 1. 17.
   http://www.bok.or.kr/contents/total/ko/boardNewRptView.action?boardBean.brd
   id=123570&boardBean.menuid=110&boardBean.rnum=1&menuNaviId=500&boar
   dBean.cPage=1&boardBean.categorycd=0

2 홍정기, "[화제]금보다 비싼 비트코인…장중 1283.3달러, 금 1온스 값 추월", 〈위클리오늘〉,
   2017. 3. 4.
   http://www.weeklytoday.com/news/articleView.html?idxno=54771

3 https://bitnation.co/

4 정지성, 김세웅, "조폐공사 '주민등록증 들고다닐 필요 없죠'", 〈매일경제〉, 2016. 11. 29.
   http://news.mk.co.kr/newsRead.php?year=2016&no=828519

5 백상경, "서울시, 핀테크 기업과 손잡고 디지털 화폐 '에스코인' 도입", 〈매일경제〉, 2016. 6.
   29.
   http://mbn.mk.co.kr/pages/news/newsView.php?news_seq_no=2933074&page=1

6 한국은행,《2016 공동연구 결과보고서: 분산원장 기술의 현황 및 주요 이슈》, 2016. 12. 22.
   http://www.bok.or.kr/contents/total/ko/boardView.action?menuNaviId=110&boar
   dBean.brdid=132330&boardBean.menuid=110&boardBean.rnum=2&boardBean.c
   Page=1

1장 정부, 블록체인을 만나다

1 A report by the UK Government Chief Scientific Adviser,《Distributed Ledger
   Technology: beyond block chain》, 2015.;
   https://www.gov.uk/government/uploads/system/uploads/attachment_data/

file/492972/gs-16-1-distributed-ledger-technology.pdf

2 위 보고서, p.9.

3 위 보고서, p.6. "Distributed ledger technologies have the potential to help governments to collect taxes, deliver benefits, issue passports, record land registries, assure the supply chain of goods and generally ensure the integrity of government records and services."

4 이영환, "위·변조·해킹 막는 '블록체인' 기반해야 4차 산업혁명 선도", 〈한국경제〉, 2016. 8. 23.
   http://www.hankyung.com/news/app/newsview.php?aid=2016082351391

5 Stan Higgins, "IBM: Nine in 10 Government Execs Plan to Invest in Blockchain By 2018", 〈Coindesk〉, 2017. 2. 1. http://www.coindesk.com/survey-government-execs-blockchain/ IBM의 보고서 원문은 https://www-01.ibm.com/common/ssi/cgi-bin/ssialias?htmlfid=GBE03801USEN&에서 다운로드할 수 있다.

6 http://www.blockchainlabs.org/index_en.html

7 Pete Rizzo, "Blockchain to Drive Wanxiang's $30 Billion Smart Cities Initiative", 2016. 9. 23.
   http://www.coindesk.com/blockchain-smart-cities-china-wanxiang/

8 노승환, "'항저우를 현금·종이 없는 블록체인 도시로'… 中의 飛上", 〈매일경제〉, 2017. 2. 6.
   http://news.mk.co.kr/newsRead.php?year=2017&no=85051

9 http://estonia.eu/about-estonia/economy-a-it/e-estonia.html

10 Kasper Triebstok, "How to solve the digital identity and bring privacy to a whole new level?", 〈Medium〉, 2016. 8. 31.
   https://medium.com/mobile-innovation/how-to-solve-the-digital-identity-and-bring-privacy-to-a-whole-new-level-79f67585df5a#.izphwjdww

11 Leonid Bershidsky, "Envying Estonia's Digital Government", 〈Bloomberg〉, 2015. 3. 4.
   https://www.bloomberg.com/view/articles/2015-03-04/envying-estonia-s-digital-government

12 https://e-estonia.com/top-5-technology-transfers-e-estonia/

13 손경호, "블록체인 응용 기술, 공공영역도 넘보나", 〈ZDNet Korea〉, 2016. 1. 25.
   http://www.zdnet.co.kr/news/news_view.asp?artice_id=20160122181311

14 Taylor Armerding, "신용카드 도난보다 개인 의료정보 유출이 더 위험한 이유", 〈CIO Korea〉, 2015. 8. 6.
   http://www.ciokorea.com/news/26161?page=0,0#csidxa06ebc490e1a52d9d284bf4a9effd54

15 NSIKAN AKPAN, "Has health care hacking become an epidemic?", 〈PBS〉, 2016. 3.
23.
http://www.pbs.org/newshour/updates/has-health-care-hacking-become-an-
epidemic/

16 Kaspar Triebstok, "How to solve the digital identity and bring privacy to a whole
new level?", 〈Medium〉, 2016. 8. 31.
https://medium.com/mobile-innovation/how-to-solve-the-digital-identity-and-
bring-privacy-to-a-whole-new-level-79f67585df5a#.izphwjdww

17 Ian Allison, "Guardtime secures over a million Estonian healthcare records on the
blockchain", 〈International Business Times〉, 2016. 3. 3.
http://www.ibtimes.co.uk/guardtime-secures-over-million-estonian-healthcare-
records-blockchain-1547367

18 Daniel Palmer, "Blockchain Startup to Secure 1Million e-Health Records in
Estonia", 〈Coindesk〉, 2016. 3. 3.
http://www.coindesk.com/blockchain-startup-aims-to-secure-1-million-
estonian-health-records/

19 https://apply.e-estonia.com/

20 Alex Gray, "Europe's most entrepreneurial country? It's not the one you might
expect" World Economic Forum, 2017. 3. 16.
https://www.weforum.org/agenda/2017/03/europes-most-entreprene
urial-country/,

21 이상우, "에스토니아는 전자 거주 가능한 국가", 〈Tech Holic〉, 2014. 12. 22.
http://techholic.co.kr/archives/26196

22 Rory Cellan-Jones, "Becoming a virtual Estonian", 〈BBC〉, 2016. 5. 12. http://www.
bbc.com/news/technology-36276673;
또한 다음 기사를 참고하라. http://news.chosun.com/site/data/html_dir/2016/03/21/2
016032100301.html

23 https://e-estonia.com/component/i-voting/

24 http://estonia.eu/about-estonia/economy-a-it/e-estonia.html

25 Ben Dickson, "Blockchain tech could fight voter fraud — and these countries are
testing it", 〈VentureBeat〉, 2016. 10. 22.
http://venturebeat.com/2016/10/22/blockchain-tech-could-fight-voter-fraud-
and-these-countries-are-testing-it/

26 Peter Sayer, "나스닥, 주주 투표 기록에 블록체인 기술 활용키로", 〈CIO Korea〉, 2016. 2.
15.
http://www.ciokorea.com/news/28465#csidxa0f8c540a4bcb8b878fcf4646cefb42

27 Emily Spaven, "UK Government Exploring Use of Blockchain Recordkeeping", 〈Coindesk〉, 2015. 9. 1.
   http://www.coindesk.com/uk-government-exploring-use-of-blockchain-recordkeeping/#

28 Connor Patterson, "How Blockchain Technology Could Impact Government's Relationship with Citizens", 〈미래금융연구센터〉, 2016. 11. 10. http://www.kcft.or.kr/2016/11/1594

29 Connor Patterson, "How Blockchain Technology Could Impact Government's Relationship with Citizens", 〈Distributed〉.
   https://godistributed.com/news/how-blockchain-technology-could-impact-government-s-relationship-with-citizens/

30 Jamie Redman, "UK Gov't is Trialling the Blockchain for Welfare & Pensions", 2016. 7. 10.
   https://news.bitcoin.com/uk-govt-trialling-blockchain-welfare/

31 Dan Cummings, "UK Government Considers Expanding Blockchain Trial For Benefits", Ethnews, 2017. 3. 29.
   https://www.ethnews.com/uk-government-considers-expanding-blockchain-trial-for-benefits

32 Danny Palmer, "Blockchain-as-a-service approved for use across UK government", 〈ZDNet〉, 2016. 8. 3.
   http://www.zdnet.com/article/blockchain-as-a-service-approved-for-use-across-uk-government/

33 Joseph Young, "UK Government Grants Permission to Issue Blockchain-Based Currency", 〈Cointelegraph〉, 2017. 2. 12.
   https://cointelegraph.com/news/uk-government-grants-permission-to-issue-blockchain-based-currency

34 Samburaj Das, "Next-Gen UK Payments System Will be Blockchain Compatible: BOE Governor", Cryptocoinsnews, 2017. 4. 12.
   https://www.cryptocoinsnews.com/bank-of-england-blockchain-compatible-rtgs/

35 Pete Rizzo, "Dubai's Global Blockchain Council Unveils First Pilot Projects", 〈Coindesk〉, 2016. 5. 30.
   http://www.coindesk.com/global-blockchain-council-seven-pilots-dubai-keynote/

36 Priyankar Bhunia, "Blockchain and the public sector - What happened in 2016", 〈OpenGov〉, 2016. 12. 20.

http://www.opengovasia.com/articles/7274-blockchain-and-the-public-sector--
-developments-in-2016

Jumana El Heloueh, "Dubai Crown Prince, Sheikh Hamdan, launches Blockchain
Strategy, the database technology behind the crypto currency bitcoin", 〈Zawya〉,
2016. 8. 6.

https://www.zawya.com/story/Dubai_Crown_Prince_launches_Blockchain_Strate
gy-WAM20161005164100447/

37 Tom Arnold, "Dubai government, companies team up with IBM on blockchain
project", 〈Reuters〉, 2017. 2. 7.

http://www.reuters.com/article/us-dubai-fintech-idUSKBN15M0RR

38 Cai Xiao, "Social security funds to use blockchain", 〈ChinaDaily〉, 2016. 9. 4.

http://www.chinadaily.com.cn/bizchina/2016-09/04/content_26692415.htm

39 Lori Brown, "Hong Kong Banks Plan Mortgage Valuations on Blockchain",
〈BTCManager〉, 2016. 8. 21.

https://btcmanager.com/hong-kong-banks-plan-mortgage-valuations-on-
blockchain/

40 이진영, "中 비트코인 투자 열풍…금융·전기車도 '블록체인'", 〈뉴시스〉, 2017. 1. 13.

http://www.newsis.com/view/?id=NISX20170112_0014637278&cid=10401

41 Jiang Xueqing, "PSBC and IBM build up blockchain banking system", 〈China
Daily〉, 2017. 1. 11.

http://usa.chinadaily.com.cn/epaper/2017-01/11/content_27927529.htm

42 노승환, "'항저우를 현금·종이 없는 블록체인 도시로'…中의 飛上", 〈매일경제〉, 2017. 2. 6.

http://news.mk.co.kr/newsRead.php?year=2017&no=85051

43 "블록체인은 4차 산업혁명의 장애물 해결할 기술", 〈전자신문〉, 2016. 7. 12.

http://www.etnews.com/20160712000139?m=1

44 Office of Inspector General, "Blockchain Technology: Possibilities for the U.S.
Postal Service", 〈RARC Report〉, 2016. 5. 23.

https://www.uspsoig.gov/sites/default/files/document-library-files/2016/RARC-
WP-16-001.pdf

45 Evander Smart, "Federal Reserve Begins Study on Digital Payments and
Blockchain Technology", 〈Cointelegraph〉, 2016. 8. 5.

https://cointelegraph.com/news/federal-reserve-begins-study-on-digital-
payments-and-blockchain-technology? utm_source=Triggermail&utm_medium=e
mail&utm_campaign=Post%20Blast%20%28bii-fintech%29:%20Brexit%20
may%20not%20be%20all%20bad%20for%20UK%20fintechs%20%E2%80%94%20
US%20ramps%20up%20efforts%20for%20faster%20payments%20system%20

%E2%80%94%20HSBC%20reduces%20fees%20to%20woo%20small%20businesses&utm_term=BII%20List%20Fintech%20ALL

46 Neil Hughes, "IBM, FDA will use blockchain to protect medical data transfers", 〈One World Identity〉, 2017. 1. 13.
https://oneworldidentity.com/2017/01/13/ibm-fda-will-use-blockchain-protect-medical-data-transfers/

47 지승원, "미국 증권거래위원회, 블록체인 시스템 통한 증권 발행 허가", 〈비석세스〉, 2015. 12. 17.
http://kr.besuccess.com/2015/12/overstock-blockchain/

48 Stan Higgins, "California Pension Fund Considers Blockchain Opportunities", 〈Coindesk〉, 2016. 9. 2.
http://www.coindesk.com/california-pension-fund-considers-blockchain-opportunities/

49 William Mougayar, "The Blockchain is Perfect for Government Services", 〈Coindesk〉, 2016. 9. 3.
http://www.coindesk.com/blockchain-perfect-government-services-heres-blueprint/

50 Stan Higgins, "Arizona Bill Would Make Blockchain Smart Contracts 'Legal'", 〈Coindesk〉, 2017. 2. 7.
http://www.coindesk.com/arizona-bill-blockchain-smart-contracts/

51 Stan Higgins, "Vermont is Close to Passing a Law That Would Make Blockchain Records Admissible in Court", 〈Coindesk〉, 2016. 5. 17.
http://www.coindesk.com/vermont-blockchain-timestamps-approval/

52 Nick Abouzeid, "Ukraine Government Plans to Trial Ethereum Blockchain-Based Election Platform", 〈Bitcoin Magazine〉, 2016. 2. 16.
https://bitcoinmagazine.com/articles/ukraine-government-plans-to-trial-ethereum-blockchain-based-election-platform-1455641691

53 http://e-vox.org/BLOCKCHAINE-VOXMEMORANDUM.pdf

54 JP Buntinx, "Ukraine to Host World's First Blockchain-based Auction", 〈NewsBTC〉, 2016. 7. 4.
http://www.newsbtc.com/2016/07/04/ukraine-host-worlds-first-blockchain-based-auction/?referrer=moloch.net

55 "The National Bank of Ukraine will issue electronic money on blockchain", 〈Cryptocurrency News〉, 2016. 11. 11.
https://bit.news/eng/national-bank-ukraine-will-issue-electronic-money-blockchain/

56 Yustyna Velykholova, "Blockchain Development in Ukraine: Companies, Solutions & More", ⟨N-iX⟩, 2016. 12. 5.
    https://n-ix.com/blockchain-development-ukraine-companies-solutions/
57 John Camdir, "Sweden Conducts Trials of a Blockchain Smart Contracts Technology for Land Registry", ⟨Bitcoin Magazine⟩, 2016. 6. 16.
    https://bitcoinmagazine.com/articles/sweden-conducts-trials-of-a-blockchain-smart-contracts-technology-for-land-registry-1466703935
58 http://chromaway.com/landregistry/
59 Pete Rizzo, "Sweden's Blockchain Land Registry to Begin Testing in March", ⟨Coindesk⟩, 2017. 1. 10.
    http://www.coindesk.com/swedens-blockchain-land-registry-begin-testing-march/
60 Jonathan Keane, "Sweden Moves to Next Stage With Blockchain Land Registry", CoinDesk, 2017. 3. 30.
    http://www.coindesk.com/sweden-moves-next-stage-blockchain-land-registry/
61 William Mougayar, "The Blockchain is Perfect for Government Services", ⟨Coindesk⟩, 2016. 9. 3.
    http://www.coindesk.com/blockchain-perfect-government-services-heres-blueprint/
62 Saeed Azhar and Marius Zaharia, "Singapore to launch blockchain project for interbank payments", ⟨Reuters⟩, 2016. 11. 16.
    http://www.reuters.com/article/us-singapore-fintech-blockchain-idUSKBN13B07B
63 David Parkins, "The great chain of being sure about things", ⟨Econimist⟩, 2015. 8. 31.
    http://www.economist.com/news/briefing/21677228-technology-behind-bitcoin-lets-people-who-do-not-know-or-trust-each-other-build-dependable
64 Gertrude Chavez-Dreyfuss, "Honduras to build land title registry using bitcoin technology", ⟨Reuters⟩, 2015. 5. 15. http://in.reuters.com/article/usa-honduras-technology-idINKBN0O01V720150515
65 Pete Rizzo, "Blockchain Land Title Project 'Stalls' in Honduras", ⟨Coindesk⟩, 2015. 12. 26.
    http://www.coindesk.com/debate-factom-land-title-honduras/
66 Laura Shin, "Republic Of Georgia To Pilot Land Titling On Blockchain With Economist Hernando De Soto, BitFury", ⟨Forbes⟩, 2016. 4. 21.
    http://www.forbes.com/sites/laurashin/2016/04/21/republic-of-georgia-to-pilot-

land-titling-on-blockchain-with-economist-hernando-de-soto-bitfury/
#617136d76550;

안연자, "비트퓨리…블록체인-부동산 프로젝트 돌입", 〈글로벌경제〉, 2016. 4. 25.
http://www.bithub.co.kr/news/articleView.html?idxno=6384

67 Roger Aitken, "Bitland's African Blockchain Initiative Putting Land On The
Ledger", 〈Forbes〉, 2016. 4. 5.
http://www.forbes.com/sites/rogeraitken/2016/04/05/bitlands-african-
blockchain-initiative-putting-land-on-the-ledger/#70f3d87e1029

68 http://www.bitland.world/wp-content/uploads/2016/03/Bitland_Whitepaper.pdf

69 http://www.bitland.world/

70 Alyssa Hertig, "Moscow Government to Explore Blockchain Voting", 〈Coindesk〉,
2016. 8. 25.
http://www.coindesk.com/moscow-russia-government-blockchain-voting/

71 Stan Higgins, "The Russian Government is Testing Blockchain for Document
Storage", 〈Coindesk〉, 2016. 10. 14.
http://www.coindesk.com/the-russian-government-is-testing-blockchain-for-
document-storage/

72 전명산, "투·개표 논란 블록체인으로 묶어볼까", 〈시사IN〉, 2016. 4. 27.
http://www.sisain.co.kr/?mod=news&act=articleView&idxno=25884

73 Ben Dickson, "Blockchain tech could fight voter fraud — and these countries are
testing it", 〈VentureBeat〉, 2016. 10. 22.
http://venturebeat.com/2016/10/22/blockchain-tech-could-fight-voter-fraud-
and-these-countries-are-testing-it/

74 Chris Duckett, "Australia Post details plan to use blockchain for voting", 〈ZDNet〉,
2016. 8. 22.
http://www.zdnet.com/article/australia-post-details-plan-to-use-blockchain-
for-voting/

75 송주영, "경기도 주민공동체, 온라인투표 시스템에 블록체인 도입", 〈ZDnet Korea〉, 2017.
1. 16.
http://www.zdnet.co.kr/news/news_view.asp?artice_id=20170116154053

76 허고운, "현금보다 신용카드 많이 쓴다… 지갑 속 현금량도 줄어", 〈아시아투데이〉, 2016. 2. 2.
http://www.asiatoday.co.kr/view.php?key=20160202010001211

77 김정혁(한국은행팀장), 《디지털통화 동향과 전망》, 2017 디지털화폐 컨퍼런스, 2017. 2. 20.

78 한국은행 《2015년도 지급결제보고서》, 2016. 4. 25.
http://www.bok.or.kr/down.search?file_path=/attach/kor/559/2016/04/1461572589
398.pdf&file_name=%5B%EB%B3%B4%EB%8F%84%EC%9E%90%EB%A3%8C%5

D%E3%80%8C2015%EB%85%84%EB%8F%84+%EC%A7%80%EA%B8%89%EA%
B2%B0%EC%A0%9C%EB%B3%B4%EA%B3%A0%EC%84%9C%E3%80%8D+%EB
%B0%9C%EA%B0%84.pdf

79 홍희정, 4월 '동전 없는 사회' 시범실시…거스름돈 선불카드에 충전", 〈KBS〉, 2017. 2. 4.
http://news.kbs.co.kr/news/view.do?ncd=3423019

80 김지훈, "'동전 없는 시대' 첫발…편의점·마트서 선불카드에 충전", 〈연합뉴스〉, 2017. 3. 3.
http://m.yna.co.kr/kr/contents/?cid=AKR20170303107000002&mobile

81 이영란, "블록체인 기반 디지털 화폐 2018년엔 사용 가능", 〈초이스경제〉, 2016. 9. 5.
http://www.choicenews.co.kr/news/articleView.html?idxno=28655

82 June Javelosa, "Tunisia Puts Nation's Currency on the Blockchain", 〈Futurism〉
https://futurism.com/tunisia-puts-nations-currency-blockchain/

83 Pete Rizzo, "Bitt Launches Barbados Dollar on Blockchain, Calls for Bitcoin Unity",
〈Coindesk〉, 2016. 4. 24.
http://www.coindesk.com/bitt-launches-barbados-dollar-on-the-blockchain-
calls-for-bitcoin-unity/

84 Samburaj Das, "Senegal Will Introduce a Blockchain-Based National Digital
Currency", 〈Cryptocoinsnews〉, 2016. 11. 28.
https://www.cryptocoinsnews.com/senegal-will-introduce-blockchain-based-
national-digital-currency/

85 Gautham, "South African Reserve Bank Plans to Introduce National Digital
Currency", 〈NewsBTC〉, 2017. 2. 2.
http://www.newsbtc.com/2017/02/02/south-african-reserve-bank-digital-
currency/

86 Carlo R.W. De Meijer, "Blockchain and Central banks: a Tour de Table Part II",
〈Finextra〉, 2017. 1. 9.
https://www.finextra.com/blogposting/13532/blockchain-and-central-banks-a-
tour-de-table-part-ii

87 오광진, "블록체인에 눈길 주는 인민은행… '디지털 법정화폐 등 활용 확대'", 〈조선일보〉,
2016. 8. 5.
http://biz.chosun.com/site/data/html_dir/2016/08/05/2016080501284.html?Dep0=t
witter

88 이진영, "中 비트코인 투자 열풍…금융·전기車도 '블록체인'", 〈뉴시스〉, 2017. 1. 13.
http://www.newsis.com/view/?id=NISX20170112_0014637278&cid=10401

89 Garrett Keirns, "Hong Kong's Central Bank is Trialing a Digital Currency",
Coindesk, 2017. 4. 10.
http://www.coindesk.com/hong-kong-central-bank-digital-currency-prototype/

90 Theophilos Argitis and Doug Alexander, "Bank of Canada Experimenting With Blockchain-Type Technology", 《Bloomberg》, 2016. 6. 16.
https://www.bloomberg.com/news/articles/2016-06-16/bank-of-canada-experimenting-with-distributed-ledger-technology

91 Chanyaporn Chanjaroen and David Roman, "Singapore to Test Digital Currency in Latest Fintech Initiative", 《Bloomberg》, 2016. 11. 16.
https://www.bloomberg.com/news/articles/2016-11-16/singapore-working-on-interbank-payments-blockchain-with-r3-dbs

92 이영란, "블록체인 기반 디지털 화폐 2018년엔 사용 가능", 《초이스경제》, 2016. 9. 5.
http://www.choicenews.co.kr/news/articleView.html?idxno=28655

2장 사회적 기술

1 유발 하라리, 《사피엔스》, 조현욱 옮김, 김영사, 2015, p.23.

2 Bettina Leibeseder, 《A CRITICAL REVIEW ON THE CONCEPT OF SOCIAL TECHNOLOGY》, January 2011, Socialines Technologijos/Social Technologies, pp.7-24. 또한 https://en.wikipedia.org/wiki/Social_technology를 참조하라.

3 Richard R. Nelson, Katherine Nelson, 《Technology, institutions, and innovation systems》Research Policy 31, 2002, pp.265-272. 이 글은 http://citeseerx.ist.psu.edu/viewdoc/download?doi=10.1.1.500.5013&rep=rep1&type=pdf에서 다운받을 수 있다.

4 사회적 기술에 대한 비교적 쉬운 소개 글은 강철규의 〈사회적 기술에 의한 가치실현〉 (http://www.mhj21.com/sub_read.html?uid=77543)을 참고하면 좋을 것 같다.

5 https://ko.wikipedia.org/wiki/%ED%8C%8C%EC%9D%BC:Bicycle_evolution-numbers.svg

6 Wiebe E. Bijker, 《Of Bicycles, Bakelites, and Bulbs: Toward a Theory of Sociotechnical Change》, The MIT Press, 1995. 과학기술의 사회적 구성에 대해서는 위비 바이커 및 여러 저자들이 같이 쓴 《과학기술은 사회적으로 어떻게 구성되는가》(새물결, 1999)를 참고하라.

7 로버트 라이트, 《넌제로》, 임지원 옮김, 말글빛냄, 2009.

8 아담 스미스는 〈국부론〉에서 핀공장을 예로 들어 작업순서를 재배치한 것이 얼마나 생산성을 높였는지 보여주었다. (이담 스미스, 〈국부론〉, 비봉출판사, 2007)

9 '밈'은 리처드 도킨스가 《이기적 유전자》에서 처음 제시한 개념이다. 이에 대해서는 https://ko.wikipedia.org/wiki/%EB%B0%88를 참조하라.

10 새로운 미디어 기술이 도입됨에 따라 사회가 어떻게 변화해왔는지에 대해서는 필자가 쓴 《국가에서 마을로》(갈무리, 2012)를 참조하라.

11 강철규, 《사회적 기술과 경제발전》, 나눔, 2011, pp.65-66.

12 에릭 바인하커, 《부의 기원》, 안현실, 정성철 옮김, 랜덤하우스코리아, 2007, pp.418-419.

13 대런 애쓰모글루·제임스 A. 로빈슨,《국가는 왜 실패하는가》, 최완규 옮김, 시공사, 2012.

14 http://www.snapchat.com

15 Michel Bauwens & Vasilis Kostakis, "Peer-to-peer: a new opportunity for the left", 〈Roar Magazine〉, 2017. 1. 12. https://roarmag.org/essays/peer-to-peer-bauwens-kostakis/

16 https://steemit.com/steem/@steemitblog/steem-developer-update-graphene-2-0

17 https://github.com/tendermint

18 https://www.stellar.org/blog/stellar-consensus-protocol-proof-code/

19 박윤예, 1차 타깃은 개인보다 공공기관… '거번테크'새로운 시장 열릴 것", 〈매일경제〉, 2016. 6. 17.
http://vip.mk.co.kr/newSt/news/news_view.php?p_page=&sCode=111&t_uid=20&c_uid=1410183&search=&topGubun=

3장 코드는 법이다

1 임인택, "네이버 정치뉴스 '댓글' 대선 때까지 못 달아요.", 〈한겨레〉, 2007. 8. 17.
http://www.hani.co.kr/arti/PRINT/229606.html
또한 오마이뉴스 박형준 시민기자의 글 "네이버 '댓글 통폐합'정치토론 막는다"도 참고하라.
http://www.ohmynews.com/NWS_Web/View/at_pg.aspx?CNTN_CD=A0000711093

2 당시 네이버 '정치토론장'의 주소는 http://news.naver.com/nboard/read.php?board_id=news_ombuds_editor&nid=33로 되어 있었다.

3 김상민, "네이버, 정치 기사 댓글 '정치 토론장'에서 벗어나 다시 개별 기사로", 〈조선일보〉, 2007. 11. 27.
http://www.chosun.com/site/data/html_dir/2007/11/27/2007112701038.html

4 Lawrence Lessig,《Code: And Other Laws of Cyberspace》, Basic Books, 2000.

5 사물들이 인간들의 행동을 어떻게 제약하고 어떻게 유도하는지에 대해서는 도널드 노먼의 책《디자인과 인간심리》(학지사, 1996)를 참고하라.

6 Rob Kirchin, 〈Thinking critically about and researching algorithms〉,《Information, Communication & Society》(Journal) Volume 20, 2017.

7 Nick Diakopoulos,《Algorithmic Accountability: On the Investigation of Black Boxes》, Knight Foundation and the Tow Center on Digital Journalism at Columbia Journalism School, 2013, p.3.
http://towcenter.org/research/algorithmic-accountability-on-the-investigation-of-black-boxes-2

8 사이버물리 시스템에 대해서는 https://en.wikipedia.org/wiki/Cyber-physical_system 를 참고하라.

9 "미국 인터넷 절반 마비… 주요 웹호스팅 업체 디도스 공격당해", 〈한겨레〉, 2016. 10. 22.
   http://www.hani.co.kr/arti/international/america/766805.html#csidx6db1c6cfc078
   254b7c977b256c93c58

10 Michael Kan, "IoT 봇넷으로 이뤄진 수천 만대 대규모 디도스 공격, 21일 미국을 덮치다",
   〈IT월드〉, 2016. 10. 24.
   http://www.itworld.co.kr/news/101714#csidxa132cbf9ece4b77b913c009f9f73206

11 Chloe Marchbank, "IoT trouble and internet-breaking DDoS attacks: How to avoid
   one of 2017's worst trends", 〈Themerkle〉, 2017. 2. 3.
   https://themerkle.com/iot-trouble-and-internet-breaking-ddos-attacks-how-to-
   avoid-one-of-2017s-worst-trends/

12 한미희, "해킹당해 돈 뿜는 현금인출기… '유럽·아시아 10여 개국 털렸다'", 〈연합뉴스〉,
   2016. 11. 22.
   http://www.yonhapnews.co.kr/bulletin/2016/11/22/0200000000AKR201611221375
   00009.HTML

13 오원석, "국정원 해킹 SW 소스코드 열어보니… '텔레그램도 뚫는다'", 〈블로터〉, 2015. 7. 16.
   http://www.bloter.net/archives/232939

14 정유경, "당신이 궁금했던 '국정원 해킹사건' 핵심만 추렸습니다", 〈한겨레〉, 2015. 7. 16.
   http://www.hani.co.kr/arti/politics/politics_general/700510.html

15 이기범, "위키리크스, 'CIA가 삼성 스마트TV를 도청 장치로 활용'", 〈블로터〉, 2017. 3. 9.
   http://www.bloter.net/archives/273689

16 권상희, 100만 명 중 한 명 찾는데 10초… NEC 얼굴인식 SW 판매", 〈전자신문〉, 2016. 10.
   31.
   http://www.etnews.com/20161031000005

17 김아람, "미국 성인 절반, 경찰 얼굴인식 데이터베이스에 사진 등록돼", 〈연합뉴스〉, 2016.
   10. 19.
   http://www.yonhapnews.co.kr/bulletin/2016/10/19/0200000000AKR201610191557
   00009.HTML

18 강정수, "알고리즘 사회 1: 알고리즘, 노동사회의 질서를 바꾸다", 〈슬로우뉴스〉, 2014. 2. 11.
   http://slownews.kr/19042

19 오세욱, 김세아, 《디지털 저널리즘 투명성 제고를 위한 기술적 제언》, 한국언론진흥재단,
   2016, p.115.

20 http://boards.4chan.org/pol/

21 황정우, 임화섭, "인공지능 세뇌의 위험… MS 채팅봇 '테이' 차별발언으로 운영중단", 〈연합
   뉴스〉, 2016. 3. 25.
   http://www.yonhapnews.co.kr/bulletin/2016/03/25/0200000000AKR201603250101
   51091.HTML

22 Patrick Thibodeau, "IoT 살인, 시간문제일 뿐", 〈CIO Korea〉, 2014. 12. 1.
http://www.ciokorea.com/news/23191#csidx7307a4e5a2c9828b1c6bc94208ee4d4

23 Frank Pasquale, 《The Black Box Society: The Secret Algorithms That Control Money and Information》, Harvard University Press, 2015.
http://www.hup.harvard.edu/catalog.php?isbn=9780674368279

24 DJ Qian, "The Fourth Industrial Revolution: Blockchain Tech and the Integration of Trust", 〈Nasdaq〉, 2017. 2. 16.
http://m.nasdaq.com/article/the-fourth-industrial-revolution-blockchain-tech-and-the-integration-of-trust-cm749337

25 칼 폴라니, 《칼 폴라니, 새로운 문명을 말하다》, 홍기빈 옮김, 착한책가게, 2015, p.55.

26 http://www.bloter.net/archives/267095를 참조하라.

27 https://w3techs.com/technologies/details/os-linux/all/all

28 https://code.gov/#/

29 이학준, 〈오픈소스의 확산을 이끈 깃허브 이야기〉, 2016. 2. 25.
http://platum.kr/archives/55437

30 Kevin Helms, "Bitcoin Projects on Github Surpass 10,000", 〈Bitcoin.com〉, 2017. 3. 8.
https://news.bitcoin.com/bitcoin-projects-github-surpass-10000/

4장 관료제: 거대 사회집단을 위한 사회적 기술

1. 루드비히 폰 미제스, 《관료제》, 황수연 옮김, 지식을만드는지식, 2012.

2 Characteristics of an ideal bureaucracy, 〈Youtube〉, Khan Academy.
https://www.youtube.com/watch?v=2BIFnNT69yU&t=9s

3 피에르 클라스트르, 《국가에 대항하는 사회》, 홍성흡 옮김, 이학사, 2005.

4 Eleanor Robson, 〈The uses of mathematics in ancient Iraq, 6000-600 BC〉, 《MATHEMATICS ACROSS CULTURES: THE HISTORY OF NON-WESTERN MATHEMATICS》 edited by Helaine Selin, Kluwer Academic Publishers, 2000, p.94.

5 분산원장 개념에 대해서는 https://en.wikipedia.org/wiki/Distributed_ledger를 참고하라.

6 https://commons.wikimedia.org/wiki/

7 새뮤얼 노아 크레이머, 《역사는 수메르에서 시작되었다》, 박성식 옮김, 가람기획, 2007, pp.23-30.

8 Jack M. Sasson, John Baines, Gary M. Beckman, Karen Sydney Rubinson, 《Civilizations of the Ancient Near East》, 2000, p.273.

9 미첼 스티븐스, 《뉴스의 역사》, 이광재, 이인희 옮김, 황금가지, 2002, p.50.

10 헬레나 노르베리-호지, 《오래된 미래: 라다크로부터 배운다》, 김종철, 김태언 옮김, 녹색평론사, 1996.

11 소규모 공동체의 커뮤니케이션 양식에 대해서는 필자가 쓴 《국가에서 마을로》(갈무리, 2002)를 참고하라.

12 유발 하라리, 《사피엔스》, 조현욱 옮김, 김영사, 2015, p.51-52.

13 R.I.M.Dunbar, 〈Coevolution of neocortical size, group size and language in humans〉, 《Behavioral and Brain Sciences》 16 (4), 1993, pp.681-735.

14 유발 하라리, 《사피엔스》, 조현욱 옮김, 김영사, 2015, p.179, 182-183.

15 유발 하라리, 《사피엔스》, 조현욱 옮김, 김영사, 2015, p.188.

16 신명호, "하루 21시간 근무…'빡세게' 일한 조선 임금의 하루", 〈중앙일보〉, 2009. 4. 29.
    http://www.koreadaily.com/news/read.asp?art_id=835066

5장 블록체인 혁명

1 이에 대해서는 필자가 쓴 《국가에서 마을로》의 4장 3.1운동과 21세기의 촛불집회를 비교한 부분을 참고하라.

2 Jon Berkelley, "The trust machine - The technology behind bitcoin could transform how the economy works", 〈Economist〉, 2015. 10. 31.
   http://www.economist.com/news/leaders/21677198-technology-behind-bitcoin-could-transform-how-economy-works-trust-machine

3 Mark Andreessen, "Why Bitcoin Matters", 〈New York Times〉, 2014. 1. 21.
   https://dealbook.nytimes.com/2014/01/21/why-bitcoin-matters/

4 이 문제는 빌헬름 라이히가 평생의 질문으로 파고들었던 주제다. 또한 수없는 사람들이 '왜 사람들이 스스로 억압을 원할까?'라는 질문을 던지고 해답을 얻으려고 노력해왔다. 라이히의 문제제기는 너무도 뛰어나지만, 라이히는 이것이 신뢰Trust의 문제와 관련된 사실이라는 것을 인지하지 못했다. 그래서 그의 분석은 개인들의 심리구조와 사회적 억압이라는 틀에 머물러 있다. 이 문제에 대한 마르크스주의 심리학적 분석에 대해서는 빌헬름 라이히가 쓴 《파시즘의 대중심리》(그린비, 2006)를 참고하라.

5 http://www.coinmarketcap.com

6 https://blockchain.info/charts/my-wallet-n-users

7 https://bitnodes.21.co/

8 피넥터 보고서, 《블록체인 기술의 발전과정과 이해》, ㈜피넥터, 2016, p.15. http://finector.com/report/

9 Don Tapscott·Alex Tapscott, 《Blockchain Revolution》, Penguin Random House UK, 2016, p.37.

10 이미현, "블록체인 기술 활용 앞장서는 아태 지역… 호주 은행은 무역거래 실험도", 〈아시아투데이〉, 2016. 10. 24.
    http://www.asiatoday.co.kr/view.php?key=20161024010014199

11 스마트 컨트랙트 개념에 대해서는 P2P Foundation의 http://wiki.p2pfoundation.net/

Smart_Contracts를 참고하라.

12 Vitalik Buterin,《A Next-Generation Smart Contract and Decentralized Application
    Platform》, 2014. https://github.com/ethereum/wiki/wiki/White-Paper

13 스마트 컨트랙트에 대해서는
    http://blockgeeks.com/guides/smart-contracts/를 참고하라.

14 Don Tapscott·Alex Tapscott,《Blockchain Revolution》, Penguin Random House
    UK, 2016, p.47.

15 이준, "떠오르는 기술 '블록체인' 제도적 체계 마련 논의 필요",〈고대신문〉, 2016. 6. 5.
    http://www.kunews.ac.kr/news/articleView.html?idxno=22929

16 고은지, "대리운전 업체 8천 개·기사 11만 명… 연간 최대 3조 원",〈연합뉴스〉, 2016. 12. 28.
    http://www.yonhapnews.co.kr/bulletin/2016/12/28/0200000000AKR20161228109
    000003.HTML

17 유럽에서는 플랫폼 협동조합이 하나의 운동으로 추진되고 있다. 현재 존재하는 플랫
    폼 협동조합에 대해서는 다음 글을 참조하라. http://www.shareable.net/blog/11-
    platform-cooperatives-creating-a-real-sharing-economy(한글 번역: http://sharehub.
    kr/695362/)

18 https://arcade.city/

19 Hussein Dia "Could blockchain be the operating system of the cities of the
    future?",〈CityMetric〉, 2017. 3. 21.

20 김희준, "종이 없는 부동산 전자계약 전국시대 열린다… 연간 3천억 절감",〈뉴스1〉, 2017. 3.
    1. http://news1.kr/articles/?2923043

21 Melanie Swan,《Blockchain: Blueprint for a New Economy》, O'Reilly Media, 2015,
    Preface vii.

22 http://www.minwon.go.kr

6장 블록체인 정부

1 https://commons.wikimedia.org/w/index.php?curid=78606. By Original authors
   were the barons and King John of England. Uploaded by Earthsound. This file
   has been provided by the British Library from its digital collections.

2 Don Tapscott "When Blockchain Meets Big Banking",〈LinkedIn〉, 2016. 5. 17.
   https://www.linkedin.com/pulse/how-blockchain-change-banking-wont-don-
   tapscott

3 https://www.wetrust.io/

4 https://github.com/MrChrisJ/World-Citizenship

5 김세운, "'우리들의 천국' 초미니 국가, 한번 만들어볼까",《주간경향》, 2015. 5. 1.
   http://m.weekly.khan.co.kr/view.html?artid=201505012137195&code=970100

6   Melanie Swan, 《Blockchain: Blueprint for a New Economy》, O'Reilly Media, 2015, p.49.

7   https://en.wikipedia.org/wiki/Code_of_Hammurabi#/media/File:Code-de-Hammurabi-1.jpg

8   "미국 인터넷 절반 마비… 주요 웹호스팅 업체 디도스 공격당해", 〈한겨레〉, 2016. 10. 22. http://www.hani.co.kr/arti/international/america/766805.html#csidx6db1c6cfc078254b7c977b256c93c58

9   호주 정부 2.0 태스크포스 보고서, 《참여와 소통의 정부 2.0》, gov20.kr 옮김, 아이앤유, 2011.

10   Alan Morrison, "Blockchain and smart contract automation: How smart contracts automate digital business", 〈PWC〉, 2016. https://www.pwc.com/us/en/technology-forecast/blockchain/digital-business.html

11   https://www.flickr.com/photos/ibm_media/33251213875/in/album-72157679386099830/

12   Larry Dignan for Between the Lines, "IBM, Maersk aim to speed up shipping with blockchain technology", 〈ZDNet〉, 2017. 3. 5. http://www.zdnet.com/article/ibm-maersk-aim-to-speed-up-shipping-with-blockchain-technology/ 원소스는 IBM의 보도자료를 참고하라. https://www-03.ibm.com/press/us/en/pressrelease/51712.wss

13   Gautham, "Trafigura Plans to Use Hyperledger Blockchain for Trading Crude Oil", Newsbtc, 2017. 3. 29. http://www.newsbtc.com/2017/03/29/trafigura-hyperledger-blockchain-oil-trade/

14   Don Tapscott·Alex Tapscott, 《Blockchain Revolution》, Penguin Random House UK, 2016, p.25.

15   이진순, 《듣도 보도 못한 정치: 더 나은 민주주의를 위한 시민의 유쾌한 실험》, 문학동네, 2016.

16   https://www.dash.org/

17   Eric Sammons, "Rise of the Machines: Blockchain-Based Governance", 〈Medium〉, 2016. 2. 12. https://medium.com/@EricRSammons/rise-of-the-machines-blockchain-based-governance-91d05a332cdb#.5gqt4wx2o

18   http://www.boscoin.io/

19   이에 대해서는 보스코인의 화이트페이퍼를 참고하라. https://drive.google.com/file/d/0B7g0RG2GSm1PUGZVODFpQUdyQ2M/view

20 박수지, "133일, 19번, 당신이 든 촛불이 봄을 열었다", 〈한겨레〉, 2017. 3. 10.
    http://www.hani.co.kr/arti/society/society_general/786073.html#csidxee749e4214
    73372baa0ce034b4b3b3c

21 Satoshi Nakamoto, 《Bitcoin: A Peer-to-Peer Electronic Cash System》, 2008.
    https://bitcoin.org/bitcoin.pdf

22 'Distributed Autonomous Government'라는 개념은 블록체인 진영에서 몇 번 사용되었
    던 개념이다. 그러나 본격적으로 이 개념을 두고 논쟁이 일어나거나 깊은 논의가 진행되지
    는 않았던 것으로 보인다. 이에 대해서는 다음 글을 참조하라.
    https://www.cryptocoinsnews.com/how-bitcoin-leads-voluntary-government/ ;
    https://bitcointa.lk/threads/distributed-autonomous-government-distributed-
    autonomous-society.463200/

23 이 사건은 실제로 우리 군대에서 벌어졌던 일이다. 성연철, "군, 1만 원대 USB 95만
    원에 샀다", 〈한겨레〉, 2011. 9. 14. http://www.hani.co.kr/arti/society/society_
    general/496194.html

24 이 사건 역시 실제 청와대에서 벌어졌던 일이다. 남지원·박효순·조미덥, "청와대, 국민 세금
    으로 비아그라까지 샀다", 〈경향신문〉, 2016. 11. 23.
    http://news.khan.co.kr/kh_news/khan_art_view.html?artid=201611230717001

25 박창기, 〈대한민국이 4차 산업혁명에 성공하려면 정부 4.0으로 전환해야 한다〉(발제문), 정
    부혁신과 블록체인, 국민의당 정책토론회, 2016, p.11.

26 법률정보센터 '공공기록물 관리에 관한 법률'참조.
    http://www.law.go.kr/%EB%B2%95%EB%A0%B9/%EA%B3%B5%EA%B3%B5%EA
    %B8%B0%EB%A1%9D%EB%AC%BC%EA%B4%80%EB%A6%AC%EC%97%90%E
    A%B4%80%ED%95%9C%EB%B2%95%EB%A5%A0

27 박영환, "박근혜 정부 'MB 정권 비밀기록' 한 건도 볼 수 없다", 〈경향신문〉, 2013. 3. 17.
    http://news.khan.co.kr/kh_news/khan_art_view.html?code=910203&art
    id=201303072227505

28 김은정, "화폐가 사라진다… 덴마크 화폐 생산 중단, 노숙자도 모바일페이로 적선", 〈조선일
    보〉, 2017. 1. 13.
    http://news.chosun.com/site/data/html_dir/2017/01/13/2017011301533.html

29 "한국은행이 '동전 없는 사회'를 만들겠다고 전격 선언했다", 〈허핑턴포스트〉, 2016. 4. 25.
    http://www.huffingtonpost.kr/2016/04/25/story_n_9769706.html

30 김진솔, "한국은행, '동전 없는 사회' 시범사업자 모집", 〈매일경제〉, 2017. 1. 16. http://
    news.mk.co.kr/newsRead.php?year=2017&no=37473

31 이러한 주장에 대해서는 폴 메이슨Paul Mason이 쓴 《Post Capitalism》(Allen Lane, 2015)
    을 참고하라. 이 책은 《포스트 자본주의 새로운 시작》(더퀘스트, 2017)으로 번역되어 있다.

32 박수현, "마윈 '빅데이터 시대, 계획경제 우월해질 것'", 〈중앙일보〉, 2015. 9. 21.

http://news.joins.com/article/18709072

33 Don Tapscott·Alex Tapscott, 《Blockchain Revolution》, Penguin Random House UK, 2016, p.204.

34 진경진, "김부선 '난방비 비리' 아파트, 관리비리 사실로", 〈중앙일보〉, 2015. 8. 4. http://news.joins.com/article/18385144

35 https://www.uber.com/

36 https://www.airbnb.com/

37 Ari Levy, "Uber says it's trying to improve relations with angry drivers", 〈CNBC〉, 2017. 3. 21.
http://www.cnbc.com/2017/03/21/uber-trying-to-improve-relations-with-angry-drivers.html

38 유선희, "한국인 1인당 보험료 연간 340만 원", 〈한겨레〉, 2016. 7. 20.
http://www.hani.co.kr/arti/economy/finance/753117.html

39 블록체인이 보험 등을 사회적 연대에 기반을 둔 시스템을 바꿀 수 있을지에 대해서는 브렛 스콧Brett Scott이 쓴 《How Can Cryptocurrency and Blockchain Technology Play a Role in Building Social and Solidarity Finance?》(UN사회발전연구소, 2016)를 참조하라.
http://www.unrisd.org/unrisd/website/document.nsf/(httpPublications)/196AEF663B617144C1257F550057887C?OpenDocument

40 Lester Coleman, "How Government Organizations Can Set the pace for Blockchain Technology Adoption", 〈Cyptocoinnews〉, 2017. 2. 26.
https://www.cryptocoinsnews.com/government-organizations-can-set-pace-blockchain-technology-adoption/

7장 과제들

1 이석원, "비트코인 최대거래소 파산, 이유는?", 〈테크홀릭〉, 2014. 3. 3.
http://techholic.co.kr/archives/13441

2 박지훈, "미래 IT 기술의 기반, 블록체인", 〈허핑턴포스트〉, 2016. 7. 1.
http://www.huffingtonpost.kr/pakghun/story_b_10727922.html.
보다 자세한 사건의 내막은 http://www.newsbtc.com/2016/05/13/ethereum-user-reports-loss-7182-eth-mist-wallet/를 참고하라.

3 한승환, "The DAO 해킹 그리고 사망", 2016. 7. 2.
http://www.seunghwanhan.com/2016/07/the-dao.html

4 Frisco d'Anconia, "Ethereum Not Safe But Safer Than Other Blockchains: Vlad Zamfir", 〈Cointelegraph〉, 2017. 3. 9.
https://cointelegraph.com/news/ethereum-not-safe-but-safer-than-other-

blockchains-vlad-zamfir

5   전명산, [How to Solve Consensus Conflicts in Blockchain], Medium, 2017. 3. 23.
    https://medium.com/boscoin/how-to-solve-consensus-conflicts-in-blockchain-
    661982f466c3#.nk16p2d0r

6   https://qtum.org

7   https://dfinity.network/

8   Byron Connolly, "비트코인 블록체인에 관한 7가지 오해…가트너", ITWORLD, 2016. 4.
    19.
    http://www.itworld.co.kr/news/98878

지은이 _ 전명산 서울대 사회학과를 졸업하고 같은 대학 사회학과 대학원을 중퇴했다. 팬덤 다큐멘터리 〈이것은 서태지가 아니다!〉를 발표한 바 있으며, 블로그 기반 미디어 서비스 '미디어몹' 기획팀장, SK 커뮤니케이션즈 R&D 연구소 팀장, 스타트업 대표, 온라인영어교육회사 스피쿠스 기획 및 콘텐츠실장, 유에프오소프트 팀장 등을 역임했다. 현재는 블록체인 기술 전문회사 블록체인OS에서 근무하며 IT칼럼리스트로 활동하고 있다. 2012년에는 원시사회부터 21세기까지의 커뮤니케이션 구조를 분석한 책《국가에서 마을로》(갈무리)를 출간했다. 최근에는 IT 기술을 활용하여 우리 사회를 혁신하고 사회구조를 재설계하는 방안을 고민하고 있다.

블록체인 거번먼트

1판 1쇄 펴냄 2017년 5월 31일
1판 3쇄 펴냄 2018년 4월 9일

지은이 전명산
펴낸이 안지미
제작처 공간

펴낸곳 알마 출판사
출판등록 2006년 6월 22일 제406-2006-000044호
주소 우. 03990 서울시 마포구 연남로 1길 8, 4~5층
전화 02.324.3800 판매 02.324.7863 편집
전송 02.324.1144

전자우편 alma@almabook.com
페이스북 /almabooks
트위터 @alma_books
인스타그램 @alma_books

ISBN 979-11-5992-113-1 03300

알마는 아이쿱생협과 더불어 협동조합의 가치를 실천하는 출판사입니다.

종이 표지_한솔 스노우지 150g/㎡ 본문_그린라이트 80g/㎡